3岁对了，
一辈子就对了

迎接孩子的第一个叛逆期

★ 养育3岁孩子的"黄金准则" ★

白金版

王莉 著

朝华出版社
BLOSSOM PRESS

图书在版编目（CIP）数据

3岁对了，一辈子就对了：白金版 / 王莉著. -- 北京：朝华出版社, 2017.11
ISBN 978-7-5054-3991-7

Ⅰ.①3… Ⅱ.①王… Ⅲ.①学前儿童—家庭教育
Ⅳ.①G781

中国版本图书馆CIP数据核字(2017)第107677号

3岁对了，一辈子就对了（白金版）

作　　者　　王　莉

选题策划　　王　剑
责任编辑　　赵　倩
特约编辑　　王　林
责任印制　　张文东　陆竞赢
封面设计　　形式书籍

出版发行　　朝华出版社
社　　址　　北京市西城区百万庄大街24号　　　　邮政编码　　100037
订购电话　　（010）68996618　68996050
传　　真　　（010）88415258（发行部）
联系版权　　j-yn@163.com
网　　址　　http://zhcb.cipg.org.cn
印　　刷　　三河市三佳印刷装订有限公司
经　　销　　全国新华书店
开　　本　　710mm×1000mm　1/16　　　　字　　数　　283千字
印　　张　　20
版　　次　　2017年11月第1版　2017年11月第1次印刷
装　　别　　平
书　　号　　ISBN 978-7-5054-3991-7
定　　价　　39.80元

前言

当你的孩子从只会简单地说"爸爸""妈妈",到有意识地说"爸爸妈妈,我要……"时,就表明他已经迈进3岁的门槛了。这时,请你千万别再把这个小家伙当成刚学说话的孩子来对待,因为此时的他已经开始变得独立,俨然是一个小大人了。这一时期孩子的性格和身体出现的一系列发展变化,都是在为他的未来成长打基础。

有人说"3岁的幼儿是成人的雏形",这话虽然有些绝对,但也有一定的道理。潜心研究家庭教育的科学家们通过多项研究证明,在孩子成长的过程中,3岁时生理和心理的发育会影响他们的一生。

3岁看大:开发大脑潜能的关键期

科学研究显示,3岁之前是一个人大脑发育的重要时期。一个人出生时脑重量只有370克;满1周岁时,幼儿脑重就已经接近成人脑重量的60%;满两周岁时,幼儿脑重约为出生时的3倍,约占成人脑重量的75%;到3岁时,幼儿脑重已达到成人脑重量的80%以上。

3岁时,幼儿不仅脑重量迅速增加,而且大脑神经元网络化速度也最快。美国科学家利用"正电子发射计算体层摄影"技术,对幼儿大脑的发育进行扫描观察，发现孩子在出生之后，由于视觉、听觉、触觉接受大量的信号刺激，其脑神经细胞之间建立联系的速度远远超出了人们的想象。而且研究表明，3岁以后，大脑的复杂性和丰富性已经基本定型，并且停止了新的信息交流，这时大脑的结构就已经牢固成形。虽然这并不意味着大脑的发育过程已经完全停止，但这如同计算机一样，硬盘已经格式化完毕，就等待编程了。

所以在孩子3岁左右时，无论从心理还是生理方面，良好的育儿刺激对大脑的功能和结构都有重要的影响。

惊奇！3岁孩子的超强学习能力

孩子到了3岁便开始具有超强的学习能力，你可能认为他与生俱来就拥有这些能力，事实上，他是通过后天学习得来的。也许你认为学习一门外语是件很难的事，可是3岁的孩子却能轻松学会；移民的孩子会很快适应当地的社会风俗习惯，而不容易习惯陌生环境的事经常发生在大人身上；洗澡时，你只给孩子解开扣子，他就会自己脱衣服……3岁的孩子每天都在给你带来更多的惊喜。

3岁孩子的大脑就像一块海绵，对周围的事物可以不假思索地照单全收。这时如果父母给孩子提供系统的学习机会，那么他们的大脑在使用中会不断扩容，而且脑细胞间的联系会更多，就像互联网一样，渐渐变得四通八达。这样，孩子便可以产生惊人的学习能力。

我们来看看，3岁的孩子会表现出哪些惊人的学习能力：

·3岁孩子的想象力十分活跃，他可以对任何事物赋予独特的想象，而且特别喜欢问"为什么"。

·3岁孩子具有较强的阅读能力。他可以指认出日常生活中熟悉的文字，还可以察觉出文字的不同意义。比如，3岁孩子能够区分出妈妈贴在冰箱上的购物清单和餐厅里的菜单，它们的用途与功能是不一样的。

·3岁孩子的听音辨识能力也更加敏锐。如果爸爸妈妈经常给孩子念童谣、唱儿歌等，那么，他对语音的感知会变得更为敏锐。

......

当然，每个孩子的学习能力是不一样的。当你的3岁孩子没有达到你的预期时，不妨多给孩子爱的鼓励、耐心引导，这样对建立3岁孩子的自信心是有帮助的。

3岁存在语言爆发现象

科学家认为，孩子学习语言不是一字一句地学习，而是存在突然的"语言爆发期"现象。3岁是人类心理发展的一个分水岭，也是孩子语言爆发的关键期。在这个阶段，孩子的语言从无意识的状态过渡到有意识的状态，而且已经建立了他所在的生存群体和特定社会阶段所特有的心理结构和语言表达机制。

在孩子3岁期间，他们自己能够学习多个词语，且学习的中等难度词汇比简单词汇多。这就意味着父母无须为各种声称能提高孩子词汇量的"新发明"而花费时间和金钱。抓住这一时期，多跟孩子说话、多读书给孩子听，才是提升孩子语言能力的关键。

......

所以，在孩子成长的过程中，3岁的生长发育会影响其一生的发展变化。身为家长，只有把握好3岁的黄金期，孩子才会按照其自身的生长发育特点，发挥出潜能，健康成长。

当然，3岁也是一个容易走极端的年龄。鉴于智力和见识的限制，孩子虽然想遵从自己的内心，但往往很难形成明确并坚定的想法，因为他们最初形成的观念还仅仅停留在抗拒大人的指令之上。其实，这是因为这个时期的孩子什么都想尝试，试过后却又会害怕，觉得自己能做，做了之后却发现做不好，这就是第一叛逆期孩子的困境。因此，父母就需要有极大的耐性去应对孩子探索自我过程中出现的各种状况，不能只是靠细心抚慰或严厉训斥去对待。

与此同时，3岁的孩子也出现了一些新问题，诸如：

他们语言能力发展很快，但是思维发展却跟不上；

他们做事情、想问题总是以自我为中心，越来越任性；

他们情绪还很不稳定，大哭大闹仍是他们"要挟"父母的主要手段；

他们虽然参与合作，但与小伙伴的友好关系还不是很稳定；

他们害怕一些特定的东西，如某种动物、黑暗和水等。

……

在这些问题上，父母如果引导得好，孩子就会朝着父母欣赏的方向成长，而这就需要父母细心关注孩子每一天的变化。这其中，有让我们欣赏的表现，自然也有很多令我们担心的行为，作为父母，一定要多关注孩子的优点，通过不断强化孩子所表现出来的值得赞扬的方面，孩子就会在这个成长的关键时期，积累到足够多的良好素养。

如果父母能充分了解3岁儿童，看懂他们的"反叛"与"不听话"，洞察他们的情绪，引导他们快乐成长，那么才能算是尊重生命，才能够体现父母作为儿童成长的引导者的使命和责任。3岁对了，孩子的一辈子才能够顺遂，但其中所蕴含的艰深道理，也需要父母下大力气去学习。

Contents
目录

第一章　恭喜你！你的孩子进入了第一个成长转折期

> 度过了美妙的1岁和波折的2岁，3岁的孩子开始趋向于独立，同时也变得更加麻烦。他们学会了察言观色，知道怎么去降伏父母；他们会对你大声嘶喊"我不！"，开始左右父母的想法，并固执己见……是的，他们的第一个叛逆期来了！

第二章　从友善到叛逆：读懂孩子特殊时期的心理需求

　　3岁的孩子最让年轻的父母不知所措。当孩子表现得怕这怕那，当孩子对其他同伴有攻击行为的时候，父母都会担心。尽管好话说了一箩筐，孩子还是会和父母对着干，种种逆反表现让人头疼。其实，只要懂一些3岁孩子的心理，你就会发现，这个难缠的小家伙并非不可驯服，甚至还可以和他和平相处。

第三章　爱他，就要了解他：与3岁孩子相处的技巧

　　3岁的孩子已经不再是那个只要求吃好、穿暖、玩得开心的小孩了，他已经有了自我意识，自尊心也正处于发展之中。这个时期，父母和他们的相处模式就显得尤为重要。其实，与3岁孩子相处也要讲究技巧，用对了技巧不仅可以使年轻的父母与孩子相处时更加轻松，还有助于培养孩子的自我意识，使他们能够健康、快乐地成长。

第四章　3岁孩子总是喜欢对着干，妈妈怎么办

你是否遇见过这样的情况？让孩子洗澡，他偏不洗；让他吃饭，他偏不张嘴；让他不要在商场乱跑，他偏要乱跑……此情此景，父母朋友们肯定火冒三丈了吧，但在这里，还是要劝你不要对那个满眼无辜的小家伙发火。因为只要你懂一些早教技巧，就能让3岁叛逆期的孩子愿意乖乖和你合作！

第五章 制定合理规矩，孩子才会认真就范、不抵触

规矩在孩子成长的过程中起着极为重要的作用。一个建立了规矩观念的孩子，并不仅仅是"乖""听话"和"好调教"，更重要的是，遵守生活的规则能保障孩子在秩序中成长，让孩子学会判断是非善恶，自发地建立起良好的秩序与和谐的氛围。所以，父母如何给3岁孩子定规矩就显得格外重要。

第六章 妈妈这样说，孩子才能听进去

面对3岁孩子的不良行为和各种问题，父母往往总是反复叮咛，然而，这些对孩子来说90%以上都只是"耳边风"！——不但不起作用，反而惹孩子厌烦。长此以往，做父母的就会忍不住抱怨和指责。那么，父母应该怎样说，孩子才会听呢？

第七章　性格：为什么说"三岁看大，七岁看老"

中国有句俗话叫"三岁看大，七岁看老"，意思就是：看3岁小孩的行为，就能知道他长大后的脾气秉性；看7岁孩子的处事，就能知道他一辈子的性格。对于你的3岁孩子，此时最重要的并不是让他学会数多少数，会认识多少汉字等方面，而是引导他在个性和社会性方面得到健康的发展。

第八章 抓住孩子智能发展的加速期

3岁是孩子大脑发育最迅速的时期，也是智力发展的关键时期，在这一时期对孩子进行教育会收到事半功倍的效果，其重要性不言而喻。一旦错过孩子大脑发展的关键期，就算日后上再多的才艺班也补不回来。所以，想要让孩子变得更优秀，就要好好把握这个黄金时期，锻炼孩子的大脑潜能。

第九章 别做虎妈、狼爸：停止吼叫，与孩子建立理想关系

为人父母本来就是一件很艰难的事，更别提你的孩子还总是在一些小事上挑衅你的权威——让他往东，他偏往西。这很容易让你怒火中烧，不由自主地大吼大叫起来，往往还在冲动时对孩子说出一些过激的话，不仅伤害孩子，还让自己感到挫败和懊悔。

那么，究竟父母朋友们要以怎样的方式，做到不吼不叫、心平气和地表达对孩子的爱，并让这种爱润泽孩子的一生，成为他们成长的养分呢？

第十章 3岁到3岁半：如何提升孩子各方面的能力

3岁到3岁半的孩子拥有超强的学习能力，他们的想象力迅速提高，行为、语言和智力都在飞快地发展。同时，这个阶段也是培养他们各项能力的关键时期。父母要抓住这一敏感时期，培养孩子阅读、语言、数学、音乐等各方面的能力，帮助孩子在生活中进步，从而发挥出自己更大的潜能。

第十一章　抓住叛逆期，打开孩子学习能力的黄金大门

> 对于3岁的孩子，父母一定要多观察、多了解，以欣赏的眼光和包容的心态，对待他与别人的千差万别。如果孩子对某一事物或在某个方面已经展现出来最初的天赋，父母千万不要对这些现象视若平常，更不能盲目否定，而要发现他们的兴趣和天赋，因势利导，帮助孩子开辟一个新天地。

第十二章　巧妙应对孩子最典型的反抗行为

> 3岁孩子的成长是极其让父母操心的，他们总会出现各种各样的问题，使父母烦恼不已。本章列举了在孩子成长过程中最常见、最重要、最棘手的15个问题，并由育儿专家手把手指导你如何迎刃而解，还你一个可爱的天使。

第一章

恭喜你！你的孩子进入了
第一个成长转折期

度过了美妙的1岁和波折的2岁，3岁的孩子开始趋向于独立，同时也变得更加麻烦。他们学会了察言观色，知道怎么去降伏父母；他们会对你大声嘶喊"我不！"，开始左右父母的想法，并固执己见……是的，他们的第一个叛逆期来了！

叛逆期儿童的惊人能力

在孩子的成长过程中，几乎所有为人父母者都要直面这样一个非常令人头疼的阶段——在某个和昨天、前天并无差别的普通日子里，你家那个一直依赖你、顺从你的乖宝宝，似乎一夜之间长了脾气。他突然反对大人把自己当成小孩，有了那么多的"我要"和"我不"，迫不及待地想要冲出父母的保护，去奔跑、去探索、去创立自己的规则，并以此为基准建立自己想要的世界。

很可怕吧？其实，这就是孩子的叛逆期。

看到这里，很多新晋父母也许会长嘘一口气："还好还好，我的孩子离十五六岁还早。"但你所不知道的是，在孩子的成长过程中，叛逆期有两个，我们所熟知的十五六岁已经是孩子的第二个叛逆期，在孩子两三岁时，他们便开始有了"我"和"我的"意识，并已经进入人生的第一个叛逆期。

叛逆期在国外也被称为"狂躁期"或"困难期"，可见身处这个时期的儿童在意识层面的反抗和对外界的抗拒是多么强烈。然而，探究这一系列心理变化的深层次原因，你会发现这是孩子独立意识和自我意识的大爆发。因此，作为人生的第一个叛逆期，3岁这个年龄段便成为一个人心理发展的关键转折期。这一阶段的教育，是决定孩子未来人格力量强弱的基石。孩子在3岁左右时，自我意识萌芽，也就是有了"我"和"我的"之类的自我表现和自我发展意识，这个阶段的孩子，有的不只是个性和犟劲儿，也开始展现出很多令人惊喜的能力。父母如果能引导好这些能力的发展，孩子就会乐于朝着父母欣赏的方向成长。

1. 对自我的认知和评价

这个阶段的孩子，在做出某个行为后，会开始有意识地分辨对错，独立思考自己是怎么想的，以及父母和周围人的反应。比如，孩子在玩耍过程中一时兴起用画笔涂了墙，在这件之前从未做过的事情被大人发现时，如果你有意识地去观察，就会发现孩子会小心翼翼地注意你的表情和反应。假如孩子看到大人生气了并明确被告知这么做是错的，他就知道这么做的确不太好，这样的记忆就会被存储起来，以后他再想做这件事情时，也会鉴于父母的态度慎重考虑。而如果这一阶段没有引导好，孩子就会对自己的行为分不清对错，并有可能用破坏性的方式处理自己的感受。比如，如果事情没有按照他的期望发展，孩子就会用攻击或者哭闹等行为方式进行对抗。

2. 对玩伴的渴求和处理争端的能力

孩子到了两岁以上，会很明显地对其他小朋友表现出浓厚兴趣，并开始寻求父母之外的玩伴，这是孩子人格成长过程中非常重要的一环。如果教育得当，孩子会建立与小朋友相处的模式，并且会友好地处理相处过程中的争端与不快。

反之，孩子则会以暴力、破坏性的方式来处理与小朋友间的关系。在这样的情况下，孩子表现出的是自私自利，以及自我意识的极端膨胀，有些孩子还会因为挫败感转而出现自我否定、自卑等心理问题。

3. 超乎想象的模仿能力

3岁左右的孩子模仿能力超乎想象，父母的一言一行都会被孩子牢牢记在小脑袋瓜里，作为他以后处理这类事情的范本。父母在面对问题时的行为方式和情绪表现，也会被孩子模仿得惟妙惟肖。父母遇事镇定，孩子可能就是"淡定哥"；父母处事紧张、遇事退缩，孩子可能就会做事毛躁，缺乏担当。

有一位爸爸总是丢三落四，每当这个时候，妈妈就会蹙起眉头，生气地跟丈夫说："回去找！"没想到，此类场景被女儿看在眼里，并牢牢记在心里。有一天，一家三口出门后，爸爸又忘记了带驾照。这次，还没等妈妈开口，女儿就已经仰着脑袋，皱着眉，冲爸爸来了句"回去找！"，声音稚嫩而尖细。这让夫妻俩忍俊不禁，但妻子同时也意识到自己以前的行为有些不妥。之后有女儿在场时她就特别注意控制自己的情绪，因为她不想让女儿的性格里掺杂太多情绪化。

每个孩子都是父母血脉的延续，每对父母也都期望孩子能有更美好的未来。为实现这样的愿望，父母就需要细心观察孩子每一天的变化。这其中，有让父母欣赏的优秀表现，自然也有很多令父母担心的行为。作为父母，一定要多关注孩子的优点和优势，不断强化孩子所表现出来的值得肯定和赞扬的方面，这样孩子就会在成长的关键期形成良好品质。

3岁是情绪大爆发的一年：凡事对着干，自我意识萌发

在中国，父母在家庭生活中具有绝对的权威，这是由来已久的传统。因此，面对孩子的叛逆，很多父母颇为头疼。当挑战自己权威的对象是连话也说不利落，只是习惯用情绪来进行表达的"小人儿"时，那么亲子间的冲突往往会更加"惨烈"。

无论是从婴儿过渡到幼儿，还是从少年过渡到青年，这两个叛逆期的孩子都表现出对独立的渴求，以及对父母依赖性的逐渐淡化。"不行""不要""爸爸讨厌""妈妈躲开"等，都是3岁左右孩子开始出现并频繁挂在嘴边的词汇或话语；在行动上，一旦稍不顺意，他们就会用打人来表达自己

的不满。以前以父母为中心的孩子，此时会更倾向于听从自己内心里那个小人儿的声音，充满了执拗，仿佛准备好了随时跟大人对着干。

两岁左右的孩子，进入身体和心理的转换期，这一时期在心理学界称为"恐怖的两岁"。这个时期的孩子精力旺盛，在发现自己能自由控制身体之后，他们便开始从父母的羽翼下悄悄探出头来，尝试独立行走。同时，在心理上，他们似乎也已经了解到自己和父母是不同的存在，于是开始坚持自己的意见，并通过语言和行动来要求自己想要的东西，或表达自己的情绪和想法。

了解到这些之后，父母是不是觉得第一个叛逆期的孩子其实没那么糟糕？因为，你会为自己孩子的加速成长备感庆幸，曾经那个只知道躺在床上发呆、睡觉或憨笑的小不点儿，开始像蛋壳里的小鸡崽儿一样，全力向上，一点点击碎保护自己的屏障，融入这个他将与之相伴一生的世界中。在这个过程中，他在进步，在形成自己的想法和态度，在感受独立的艰难与快乐，并由此建立和派生出区别于他人的个人品质。

当然，这也是一个容易走极端的年龄段，鉴于智力和见识的限制，孩子虽然想遵从自己的内心，但往往也很难形成明确并坚持到底的想法，因为他们最初形成的自我观念还仅仅停留在抗拒父母的指令之上，所以，便常常会表现得左右矛盾，像故意和父母较劲儿一样。比如，妈妈让孩子坐在儿童椅上吃饭，他一边高声叫喊着"不"，一边梗着脖子执拗地不肯坐下。然而，当妈妈把他从儿童椅里抱出放到凳子上时，他又甩动着两条小腿，闹腾着想要坐回原位。反复几次，忍无可忍的妈妈会训斥孩子不听话，于是孩子就开始大哭大闹。其实，这个时期的孩子什么都想尝试，试过后却又会害怕，觉得自己能做，做了之后却发现做不好，这就是处于第一叛逆期的孩子的困境。因此，父母就需要有极大的耐心去应对孩子探索自我过程中出现的各种状况，不能只靠细心抚慰或严厉训斥来对待。

面对叛逆期的孩子，在限制、接纳与引导之间，显然后两种方法更为有效。因为严厉管教虽然可以维护父母的权威，却会使孩子失去良好的判断力，放弃理性思考而仅仅屈从于父母所谓的"权威"。而如果一味本着对孩子尊重的原则，对孩子过度顺从，则又会陷入溺爱的泥沼。这似乎是一个两难的选择。其实，要在不压制孩子自我意识的前提下抚平他们情绪中的波澜，有一种非常简单易行的方法，那就是由父母给出几个经过筛选且自己能够接受的选项，然后让孩子自己进行选择。比如，玩耍时，父母不要直接命令孩子不能随意丢玩具，而是应该这样说："你不想玩儿了可以把汽车放到玩具箱里，或摆在柜子上，你觉得放在哪里比较好呢？"睡觉的时候，父母也可以给出类似的选择："咱们是现在上床，还是5分钟后上床？"这样的做法既可以让父母在潜移默化中对孩子的行为做到良性引导，又可以让孩子因为自主选择打破被控制感，进而帮助孩子建立积极的自我意识。

如果孩子不愿意在既定的选项中进行选择，依旧想要坚持自己的意愿，而这样的意愿恰恰又是父母不能接受的，那就可以直接告诉孩子，这样的要求不在选择之列，然后重复给出自己的选项，让孩子来决定。这种情况下，父母最好不要对孩子过于民主，不断询问孩子"好不好""行不行"，大多数时候，这样做只是给孩子提供了一次又一次说"不"的机会，之后则需要父母花费更多的时间和口舌对孩子进行解释和劝告，反而起不到引导的作用。

另外，孩子在面对经常照顾自己的人时，更容易表现得逆反，比如妈妈经常照顾孩子，孩子在妈妈面前就更容易表现出逆反心理。因此，育儿专家也建议家庭其他成员要尽可能多地参与到孩子的成长中来，特别是父亲，要多陪伴孩子，与孩子建立良好的亲子关系。因为，一般来说，爸爸的一言一行都代表着家庭的规则，爸爸陪伴得多，孩子就更容易建立规则意识，也更善于等待和控制自己的情绪。

3岁是性格形成的关键期：个性塑造的"水泥期"

中国有句老话，叫作"三岁看大，七岁看老"，这句话所强调的，就是一个人在幼儿阶段的个性塑造，对其未来学习、事业、婚姻、家庭乃至社会各个方面的影响很大。这个结论看似只是前人经验的朴素总结，实际上却有着深刻的科学根据。多年前，伦敦精神病学研究所教授卡斯比就通过实验，为"三岁看大"的说法提供了强有力的证据。

1980年，卡斯比教授与伦敦国王学院的精神病学家们一起，对1000名3岁左右的幼儿进行面试。他们向每个孩子询问了22个关于行为特点方面的问题，之后根据面试结果，将这1000名幼儿按当时的行为表现划分为充满自信、良好适应、沉默寡言、自我约束和坐立不安五个类型。

23年后，也就是2003年，卡斯比和精神病学家们又将这1000名已经成年的实验参与者召集起来，再次与他们进行面谈，并对他们的亲戚和朋友进行调查。结果发现，这些已经26岁左右的青年人，成年后的性格并没有比幼儿时期有多大改变。比如，当年那8%的被列入"沉默寡言型"的儿童，与其他成年人相比，更容易隐藏自己的情感，且不善于影响他人，自我保护意识也比较强，很少去尝试可能会让自己受伤害的事。当年被贴上"坐立不安型"标签的10%的被试者，23年后在性格上仍旧表现得消极、易怒，即便对待生活中的小事也会有激烈的反应，"不现实""心胸狭窄""消极"，是他们成年后也难以剥离的特征。而那14%被归入"自我约束型"的幼儿，长大后的性格也和小时候一样，与同龄人相比更为谨慎，在成长过程中也更容易专注于学习和事业。

这个实验从科学角度充分证明，3岁是一个人性格形成的关键时期，孩子在这个时期形成的个性特征将会伴随并影响其一生。当然，这种作为人生主调的性格的形成，既有遗传的因素，也和环境有着非常密切的关系。父母作为孩子的第一任老师，如果在孩子小时候就善于根据他的性格特点，从细节入手加以培养、更正，那么一定能帮助孩子塑造出良好的性格，而这将会是父母送给孩子的最宝贵的财富。

就以独立性而言，一般情况下，性格独立主要表现在两个方面：一是生活中的独立性，比如自己收拾玩具、洗脸、穿衣服等；二是精神上的独立性，比如，在与同龄人交往过程中表现出积极性，对自己有掌控力，富有责任感和勇于承担的精神等。从小培养孩子的独立性，有助于塑造他们坚强的个性，让他们对于自身和自己所做的事情信念坚定，在之后的人生道路上敢于向前，不畏惧困难、不依赖别人，凭着自己的努力实现目标。这也就是我们提倡从3岁开始就培养孩子独立性的原因。

而孩子能否拥有独立、坚强的性格，需要父母紧抓日常生活中的小细节，有意识地对孩子进行培养和训练。比如，在画画时，有的孩子可能会根据父母的指导，把花瓣涂成红色，把叶子涂成绿色，而有的孩子则会固执地将花瓣和叶子涂成橙黄色，将房子也涂成橙黄色，甚至把整个画面都涂满橙黄色——因为这就是他昨天傍晚在楼下玩耍时看到的世界的样子。这个时候，父母千万不要用自己的思维去打破孩子眼中的斑斓，因为这恰恰是孩子具备独立思考能力的体现。哪怕孩子是错的，父母也不要一味苛责，要肯定孩子的自主思考，称赞这样的探索，帮助他树立自信心。相反，如果父母只是根据自己已经形成的逻辑要求孩子顺从，久而久之，就会让孩子在性格上变得依赖他人和不自信，总是担心自己做出的决定是不正确的，从而抹杀掉孩子自主探索世界的勇气和能力，长大之后，这类孩子就有可能变得懦弱和优柔寡断。

渴望交到好朋友，社交与情感的黄金期

人是社会性动物，即便是那个把一片面巾纸都能高高兴兴地扯上半个小时的孩子也不例外。那么，你的宝宝是通过何种途径了解自己和他人的关系的？是从什么时候开始交朋友的？3岁这个年龄段对孩子社交能力的发展有何意义？作为宝宝的第一个玩伴，父母又该如何协助他扩展"朋友圈"呢？

接下来，我们就选取孩子3岁之前成长过程中的几个关键点，帮助身处困惑中的父母逐步明晰孩子的社交成长路线。

想想宝宝一路的成长历程。

当他还是襁褓中的婴儿时，他就喜欢被抚摸、拥抱，喜欢有人在旁边说话，对着他笑，有时，他还会张着嘴巴，模仿大人吐舌头的样子。

长到3个月时，宝宝在醒着的时候会经常骨碌碌地转动双眼，或者费力地扭转脑袋，好奇地观察着这个他还不熟悉的世界，观察着身边熟悉或不熟悉的人。这个阶段，他会绽放人生第一个真正的笑容，更会用咯咯的笑声作为表达情感和与大人交流的工具。

4~7个月时，宝宝比以往更容易接受陌生人，也会用热情的回应来表达自己与父母已经建立起来的亲密关系。当然，随着活动能力的增强，这个阶段的宝宝可能会对同年龄段的小朋友表现出浓厚的兴趣，但交流范围还仅限于看一眼或抓挠一把的程度，他们不会在一起玩儿，更不会进行其他形式的交流。

宝宝长到1~2岁时，他会对周围的人和环境充满兴趣，啃咬和破坏都是他试图弄清自己和周遭世界联系的探索方式。这个阶段的宝宝，在进行语言学习的同时，也表现得很喜欢交朋友，特别是当他与同龄或稍大一点儿的孩子在一起时，会非常高兴，并且会花上不少时间和精力观察甚至模仿小朋友的行为举止。当然这种情况并不会一直持续，其间宝宝可能会突然不愿意与别人交往，父母的离开或陌生人的拥抱会令他很焦虑，甚至为此大哭，其实，这也是宝宝成长过程中必然要经历的分离焦虑期，在宝宝10～18个月时，往往表现得尤为强烈。

在2～3岁这个阶段，宝宝开始喜欢和其他小朋友一起玩耍，注意，这里的玩耍可不再是简单的观察或无目的的抓挠！他们想要的，是真正意义上的玩耍——想要和小伙伴搂抱着在沙发上滚来滚去，想要一起把毛绒玩具高高地抛起。但与学习其他技能一样，宝宝的社交能力也不会发展得一帆风顺，他需要不断地尝试，会犯这样那样的错误。他可能总是以自我为中心，只是因为小伙伴没有在游戏中遵照他的"布局"进行，就生气地将对方推倒在地；可能当小朋友来家里时，他会急忙把自己喜欢的玩具藏起来，不愿与人分享；又或者，和小伙伴在交往过程中稍有冲突就伸手打人……别担心，所有这一切的出现，并不代表你的孩子生性自私或喜欢暴力，这只是伴随3岁左右儿童独立意识发展的衍生物，在父母的帮助下，宝宝会逐渐与他人熟悉，会喜欢这种交往。这就是宝宝社交技能发展的开始。

那么，父母又该如何抓住3岁孩子的成长关键期，让他的社交能力更上一层楼呢？下面，我们将结合中外育儿专家们的观点，为3岁宝宝的父母提供4条社交发展黄金培育法则，希望对宝宝社交能力的发展有所裨益。

1. 重视家人的作用

每个宝宝天生都是小社交家，即便不会说话，他也能通过哭和笑，以及别的表情和动作，甚至是目光接触，实现和身边人的互动。而逐渐掌握这种互动规则的大人们，也能从小家伙的表情和肢体信号中"破译"他的需求。

父母及其他亲人的抚摸、拥抱以及对他那些单一表达的及时回应，为他提供了充分的安全感，有了这样的爱作为保障，孩子便有了足够的自信去探索世界，去经历和遇见，并与遇见的人建立关系。

家人是孩子社交行为最初的对象，从与家人的交往中汲取到的爱与希望，是孩子社交能力发展的第一推动力。

2. 懂得尊重的意义

跟3岁孩子谈尊重，也并不是过于艰深的话题，比如，见人要问好、不能抢小朋友手里的玩具、不要随便打断别人的谈话、在别人休息时不要大声吵闹、不强迫小伙伴遵循自己的游戏规则……这些交往中的规则，其实就是尊重。

然而，尊重并不仅仅代表规则。父母要让孩子逐渐明白，小伙伴不是随意玩耍和摆弄的玩具，每个人都有自己的想法和愿望，尊重就是对他人意志的关照，是对他人需求的感同身受，就像父母对自己的照料和遵循一样。但父母也要记住，让孩子真正了解并学会尊重他人并不是一朝一夕就能完成的，需要持续的努力与耐心。

3. 分享是其他友谊技巧的基础

3岁左右的孩子正处于自我意识的发展阶段，他们开始建立"所有权"的概念，知道抓在自己手里的玩具是"我的"，别人盘子里的食物是"他的"，但他们始终弄不明白，大人为什么会要求他们把本来抓在自己手里的东西给别人。

我们习惯把孩子的这种不懂分享的行为认定为自私，其实这是完全错误的。这种"自私"的表现，是他们将来学会分享的必经之路。正是因为不知道"送"出去的东西还会被"还"回来，他们才会做出极力护卫"我的"的可笑举动；正是因为不懂"我的"不是形式上的拥有，而是一种实质性所有，才会紧抱自己的物品不让别的小朋友触碰一下。因此，只有当孩子真正明白什么是"我的"之后，才能在不断的练习与反复中，逐渐体会到分享的快乐。这同样也是一个漫长的心智成长历程，需要慢慢领悟，需要在清楚什么能给自己带来快乐，同时也期待着别人的脸上出现笑容时，分享行为才能真正主动出现。

4. 学会欣赏孩子，帮助他们以合适的方式与他人建立联系

如果和朋友家的孩子比起来，你家的小家伙似乎并不那么热衷于与人

交往，这很正常，你家的孩子可能本身就性格沉静。即便他再长大些，你也没有必要一定要"催促"他像"别人家"的孩子，甚至成为社交明星。每个孩子的个性及交往特点都不尽相同，有的孩子不太喜欢人多的场合，朋友也不多，对于这样的孩子，父母要多观察，看他一个人的时候是否能玩儿得开心，是不是感觉快乐，如果是，大人就不必担心，而要学会欣赏孩子的这种安稳与沉静。

或者，你家的小家伙虽然表现得不太合群，但并非因为他无法和别的小朋友发展友谊，而是他不喜欢别人的游戏方式。这种情况，同样也需要父母的观察与引导。如果你家的男孩特别不喜欢像别的孩子那样打打闹闹，你就可以鼓励他玩儿一些相对安静的游戏，或引导他与性格相对平和的孩子交朋友；如果你家的女孩在人多的时候会表现得特别紧张不安，那么，小的圈子或者一对一的交往，可能就会让她更为从容和舒适。

而且，身处社交探索阶段的孩子如果能拥有一个长时间接触且关系颇为固定的"好友"，则会对他们社交能力的发展有很大的帮助，这能让他们更多地积累与别人交往的经验，即便在人多的时候他们仍会表现得不太自在，但拥有一个好朋友这件事情，也会让他们在以后的人际交往中拥有更多自信。

开始自主思考——智能发展的加速期

刚刚过完3岁生日的晓晓，最近特别爱问问题，看见什么都好奇地提问，而且一问起来就没完没了。

比如昨天，晓晓跟妈妈一起去参加聚会。路上，妈妈就告诉晓晓："见了阿姨要问好，不能哭闹，不然大家就不喜欢晓晓了。"一群人见面后，晓晓果真很乖，不仅不怯生，小嘴儿甜得把阿姨们一个个叫得笑逐颜开。得到赞扬后，晓晓更是心情大好，又是唱歌又是背诗，而且问题一个接着一个。

"这是谁的杯子？"晓晓指着桌上一套还没人用的餐具问。

"苗苗阿姨的。"

"苗苗阿姨呢？"

"在路上还没来。"

"她是不是坐的汽车？"

"是呀，苗苗阿姨自己开汽车来。"

"那为什么还不来？"

"路上车好多，苗苗阿姨正遇上堵车，一会儿就到。"

"什么叫堵车？"

……

对于女儿的这种爱想爱问，晓晓的妈妈特别骄傲，所以不管女儿怎样刨根问底，她总是很耐心、细致地解答。于是，在妈妈的教育和鼓励下，本就聪明的晓晓更是举一反三，一天长一个新本事。比如，头天晚上妈妈给晓晓讲的故事里，有一个过马路要看红绿灯的情节，没想到晓晓听过一遍就记在了心里。有天过马路时，晓晓突然问："妈妈，我们是不是要等灯变成绿色才能走？"故事里的规则，晓晓竟然知道在现实生活中运用，为此全家人都欣喜不已。

爱问问题，是这个年龄段孩子的正常表现。他们对于新鲜事物感到好奇，但以他们的智力和经验，又无法对这些事情进行解答，所以就会不断地提问。而对于已经知道的事情，他们又会在自己的小脑袋瓜里不断地进行思考和加工，并在适当场合迫不及待地使用，以对自己的想法进行验证，并将验证结果纳入自己的知识储备。

显然，进入3岁这个年龄段的儿童已经表现出极强的思考能力，而且，他们的智能也和身体一样，进入一个快速发展期。那么，父母应该从何时开始对孩子进行早期教育和智力开发呢？同时又该如何抓住时机使孩子的身心健康快速地发展呢？

从生理学角度来看，人的大脑细胞有70%～80%是在3岁之前形成的，智力水平也有一半是在4岁前形成。"挖掘儿童潜力应该从0岁开始，是否对0～3岁儿童进行早期教育，将直接影响他们的智力发展水平"，这是医学专家经过10年临床研究得出的结论。当代医学和儿童心理学的研究也证明，婴儿一出生就具备了一定的接受和学习能力。也是基于这样的认识，美国著名儿童心理学家、教育学家本杰明·布鲁姆进行了这样一个实验，他对近千名婴幼儿从出生开始进行跟踪观察，直到他们成年，由此得到一个轰动教育界的结论："5岁以前是儿童智力发展最迅速的时期。如果将人在17岁时的智力水平认定为100%，那么，他出生后的前4年即可获得50%，到8岁时达到80%，剩下的20%，则是在8～17岁获得的。"1975年，美国心理学会将这一结论列为15年来最有意义的一项教育研究成果。

由此可知，学龄前时期是人类大脑发展最迅速的时期，因而也是儿童智力发展的关键时期，在这一时期对儿童进行早期教育和早期智力开发的重要性也就不言而喻了。一般情况下，2岁半到3岁的宝宝，在语言方面，词汇量增长迅速，能够说简单的完整句子，也能用刚学来的新词和大人交流，同时，语速和表达能力也在不断提高。在智能方面，能听口令做体操，按规则做游戏，会以正确的方式握笔画图，能用积木搭简单造型，能在家长的启发和帮助下复述简单的故事情节，有些小朋友甚至能复述较长的事情，能够说出父母的名字、常见物品和常吃的食物名称，能分得清简单的色彩，也能自己穿脱衣服等。

因此，无论语言还是智能方面，3岁左右的儿童已经达到了相当高的程度。而学界还有一种"儿童潜能递减法则"的理论，这种理论认为，一个生来具备100%可能能力的儿童，如果从出生就开始对他进行教育，那么就可能使其成为一个具备100%能力的人。如果从5岁开始教育，即便教育得非常出色，长大也只能成为具备80%能力的人。而如果从10岁开始教育，则无论教育得多么出色，最后也只能成为具备60%能力的人。可以说，教育开始得越晚，儿童能力实现得就越少。

苏联教育学家马卡连柯曾说："教育的基础主要是在5岁以前奠定的，它占整个教育过程的90%。在这以后，教育还要进行，以帮助其进一步成长、开花、结果，而你精心培植的花朵在5岁以前就已绽蕾。"家长朋友们，请记住这句话。

"你是男孩，我是女孩"：3岁孩子性别意识的觉醒

男孩和女孩的性别差异在早期时更多地体现在生理方面。孩子真正建立起心理上的性别意识，认识到"你是男孩，我是女孩"时是在3岁左右，而且这种性别意识是需要父母来正确引导的。

3岁的慧慧是个小女孩，但她有着一头男孩一样的短发，穿一身短袖短裤，说起话来粗声粗气的。很多人第一眼见到慧慧都会把她当成男孩，而慧慧的妈妈却为此十分得意。因为，这一切都是她塑造的。

原来，慧慧妈妈非常喜欢男孩，自从怀孕起她就认为肚子里的孩子是个男孩，并且准备了一系列的男孩用品和服装。没想到，生出来的却是个小女孩。妈妈为了圆自己的梦，从小就把慧慧当成男孩来养。给她穿男孩的衣服，玩男孩的玩具，理男孩的发型，而慧慧也如她所愿成为一名"假小子"，无论是行为、动作，还是说话、办事，都风风火火的，一派男孩子

作风。

孩子在3岁以前性别意识并不太强烈，在3岁左右时他们开始意识到自己或者他人所属的性别，即自己是男是女。然后才能循着这种性别角色来做事、说话，形成一定的行为方式，成为社会所认可的性别角色。

无论是把女孩当男孩养，还是把男孩当女孩养，都是错误的教育方式，对孩子也是一种极大的伤害。比如案例中的慧慧，因为被妈妈一厢情愿地当成了男孩来养，结果真的成了一个"假小子"。心理学家认为，这种教养方式很容易造成孩子的性别意识混乱，心理性格和生理性格不一致，甚至影响孩子成年后的社交、恋爱、婚姻等。

英国的社会学家德拉梅特指出，男性与女性在衣着、兴趣、才能、行为等方面存在差异。正确的性别教育不仅仅是孩子对自身了解的启蒙，更是孩子形成健康人格的基础。因此，父母应该重视对3岁左右的孩子进行适当的性别教育，使得孩子对自己的性别角色有一个正确的、基本的认知。

方法一：利用外在形象，对孩子进行性别教育

不同性别的人的外在形象也不同，即便是小孩子也是如此。在给孩子选购服装时，父母要多给小女孩选择裙子，摇曳多姿的裙装能更好地提高女孩的审美，培养她温柔似水的个性。在颜色上则要侧重于粉色、红色等艳丽的颜色，这样的颜色更能体现出女孩的柔美。

给小男孩则要搭配挺直的短裤、背心，这种服装造型更容易培养他们干脆利落的个性。从颜色上来说，小男孩则应侧重于蓝色、白色等清凉的颜色，更能凸显出男孩的阳刚之气，显得更加大方得体。

方法二：利用玩具和游戏，对孩子进行性别教育

如果家有小王子，那么父母不妨多引导他们玩玩小汽车、枪、机器人等机械类的玩具，还要多多参加爬山之类的户外运动，培养他们勇猛、刚强、爱冒险的男性特质。

如果家有小公主，则不妨多陪她们玩玩布娃娃、过家家等游戏，学一学绘画、乐器等，这样有利于培养她们温柔、体贴、安静、善于照顾人的女性特质。

方法三：多给孩子找一些同性的伙伴

牛牛家的小区里男孩很少，所以他从小就与一群女孩在一起玩。虽然他也常常调皮捣蛋，但是牛牛跟女孩们在一起，更多的是玩一些比较安静的游戏，比如在树叶上画画、观察小花小草。时间长了，妈妈发现牛牛说话总是温言温语的，做事也格外小心谨慎，失去了男孩大大咧咧的个性。于是，妈妈开始刻意地减少牛牛与女孩接触的机会，而带牛牛去外面找一些男孩做玩伴。

男孩和女孩的性格不同，在一起玩可以取长补短，互相学习。但是，如果男孩总是"混"在女孩堆里，或者女孩总是"混"在男孩堆里，就不太合适了。3岁的孩子模仿力强，很容易受到同伴的影响，尤其是父母发现孩子出现模仿异性伙伴的行为、服饰、喜好等倾向时，一定要及时进行干预，引导孩子多与同性伙伴一起玩耍。

方法四：利用父母的示范作用，对孩子进行性别教育

对于孩子来说，父母是他们学习性别角色的极好榜样。他们通过模仿来完成性别的认同，女孩通过妈妈的衣着打扮、行为举止等来学习作为女性应该是什么样的；而男孩则通过爸爸的性格特征、一举一动来学习作为男性应该是什么样的。因此，爸爸一定要抽出时间来多多地陪伴儿子，而妈妈则要多陪伴女儿，指引他们向着正确的两性世界发展。

叛逆期的真相：3岁不乖没有错，3岁太乖要小心

在宝宝3岁以后，对于自家那个原本乖巧可爱的小"开心豆"，很多父母都会突然间换了评价，"一点儿都不乖""说什么都不听""每天净跟他生气了"……对于宝宝成长过程中的这种突然的变化，很多父母都会手足无措。但是你也许不知道，宝宝的不乖，其实是他们成长发育中的一种必然。3岁时，宝宝不乖没有错，相反，如果宝宝此时太乖，父母就需要多加小心了。

刚将儿子送入幼儿园的龙龙妈妈最近正在为儿子的事苦恼不已，因为自打儿子上学后，她从老师口中听到的从来都不是表扬，而是抱怨，儿子在学校里每天闯的祸都够写本书了。老师不让小朋友们钻树丛，龙龙偏偏要跟几个小朋友趁老师不注意的时候跑到小树丛里玩儿；老师让小朋友们玩耍时要小心，不要撞到别的小朋友，可是块头本就比别的小朋友大的龙龙总是表现得很鲁莽，横冲直撞难免撞到别的小朋友；跟小朋友们做游戏时，他总是很急躁，有时还会对别的小朋友发脾气……

3岁左右的孩子，出现龙龙这样的叛逆行为，与他们自身的成长发育有关。发育过快和发育迟缓的孩子，都有可能出现不乖的情况。

随着经济的快速发展，现在的宝宝普遍营养更好，发育状况比过去同样3岁的宝宝快很多。一旦宝宝身体的发育速度超过脑部控制系统的发育速度，他们的身体就往往不受自己控制，也常常可能表现出一种"故意"的神情，这就会让爸爸妈妈错误地认为宝宝的暴躁、莽撞、没轻没重都是"故意"的，因而被爸爸妈妈看作"不乖"和"不懂事"。相反，有的宝宝可能发育比较缓慢，个头儿小小的，语言表达、身体协调和运动等能力似乎也不

如别的小朋友，也更容易表现得鲁莽。比如，对于大人不让干的事情，发育有些滞后的他们还无法像别的孩子那样做出判断，便很容易忽略危险或单纯为了好玩儿硬着头皮前行，就很可能撞到别人或伤着自己。另外，因为语言能力有限，很多想说的话往往不能得到充分表达，这时候孩子也很容易表现得急躁，有时甚至对别人发脾气。这些通常也会被爸爸妈妈认定为"不乖"。

对于这些突然变得不乖的孩子，父母们在照料时应及时注意到他们的身体发育状况，从而对宝宝的不乖行为做出准确判断。如果孩子是因为发育过快无法控制身体而犯了错误，家长不应该只是责骂和批评，而应该从正面进行引导，逐步改善他们对自己身体的控制能力。比如，孩子因为跑太快把别人撞倒了，你就可以这样引导他："如果你被别人撞倒了，你会不会生气呢？""你受到了伤害，希望别人向你道歉，现在你伤害了别人，是不是也应该向别人道歉呢？"对于那些因为身体能力还未得到完善而不断犯错的孩子，父母就应该耐着性子，鼓励孩子尽情表达自己。遇到障碍时，也不要因为孩子不如别人就责难他，要适时引导，多鼓励多交流，从而改善孩子的语言和行动能力。

对于那些两三岁就表现得像小大人一样，听话、懂事、随时随地都知道照顾别人情绪的乖孩子，父母也不要因此就高枕无忧。专家认为，小孩子乖不是问题，但3岁正是孩子自主意识、独立性萌发并快速发展的时期，这个时期的孩子如果太乖、过于顺从，就会养成凡事听别人安排的习惯，丧失做事的主动性，从而影响到孩子主观能动性和创造力的发展。讨好型的人总是在琢磨别人需要什么，而不知道自己需要什么，因而不能活出自己，这对一个孩子的一生来讲，并不是什么好事。

那么，这类"乖宝宝"是如何形成的呢？

专家指出，有些孩子的乖是性格所致，有些孩子的乖则是被教育出来的。有的父母本身性格就很强势，他们常常希望孩子听自己的，不允许孩子自由发展，常以非常严厉的方式对待孩子，使得孩子在潜意识里就认定自己不乖不行，从而成为"退缩型"儿童；有的父母在教育中总是有意无意地强化"乖"的理念，比如，一旦孩子做出顺从、配合父母的行为，父母就表现得特别高兴，并伴以褒奖："看，我的孩子多乖！""宝宝真乖，妈妈喜欢你。"……父母的这种行为，在孩子那里就会被解读成"只有听话才能换来爸爸妈妈的欣赏"，也因此会压制自己的天性以获得父母的宠爱；还有一种父母，本身性格就很温顺，作为孩子的第一任老师，孩子眼中的父母无论何时都是顺从、无异议的，那么，孩子在行为处事中也会学习父母，逐渐形成顺从的性格。

了解"乖孩子"个性形成的原因后，父母在日常教育中就要多加注意，凡事尽量多询问孩子的意见，少否认、多鼓励，给予他们自由成长的空间。同时，要容忍并善于理解孩子的"不"，倾听他们的不同意见，以培养他们的主动性和创造性。

应对关键时期，左脑与右脑均衡的教育很重要

每个人在成为爸爸或妈妈后，最为自豪的事情肯定就是看到自己的宝宝健康成长，而且比别人家的宝宝聪明，从小就成为同龄人中的佼佼者。但是，很多宝宝的智力发育似乎都和父母的期望有差距。这是什么原因呢？专家研究表明，儿童智力的发展和左右脑的均衡发育有着非常大的关系。

众所周知，人的大脑分为左脑和右脑。左脑主管语言、逻辑、数学、顺序、符号、分析等方面，善于把复杂的事情条理化，因而被称为"思维脑"和"学术脑"；右脑则被称为"艺术脑"和"创造脑"，指导韵律、节奏、

图画、想象、情感、创造等方面，是创造力和想象力的发源地。对大多数人来说，左右脑发展往往有强弱之分，处于强势地位的通常是左脑，处于弱势地位的通常是右脑，左右脑的分工合作是通过左脑把看到、听到、摸到、尝到、闻到的信息搜集起来，转换成语言，再传到右脑加以印象化，然后再回传给左脑进行逻辑处理，再由右脑进行创造发挥，最后再传回左脑，转化成语言和行动。

在3岁之前，人的右脑已经发育成熟，而左脑则要到4～5岁时才能变得发达。3岁左右的儿童思考主要依靠右脑，还没有用逻辑和文字来表达感受的能力，更别奢谈责任和时间观念。因此，对于3岁左右的孩子来说，做出蹲在地上看一中午蚂蚁，或不顾妈妈的催促依然慢慢吞吞的行为就不足为奇了。因此，有的父母希望自己的宝宝更加聪明，便会刻意地去开发他左脑的功能，比如，在宝宝很小的时候就不断地给他讲故事等。这样的做法固然有它的作用，但同时也存在偏颇，因为对宝宝智力的开发，左右脑都不能忽视，适时进行"全脑开发"，宝宝才能更聪明。而要想将孩子大脑的潜能全部开发出来，就必须先摸清宝宝小脑袋里的秘密通道，根据需求设计生活和学习策略。

1. 全感官学习

在进行家庭教育时，要努力将孩子的七大感官系统（视觉、听觉、触觉、嗅觉、味觉、本体觉、前听觉）全部调动起来。比如，给宝宝讲故事时，不要只是干巴巴地讲述情节，可以这样描绘诸如此类的充满想象力的场景："有一个黄头发的小男孩，他穿着一件浅蓝色的大衣，毛茸茸的特别温暖柔软。他小心地蹚过一条小河，来到森林里，踮着脚，从一棵茂密的大树上摘下一颗鲜红的小果子，尝了一口，酸酸甜甜的真好吃啊！于是，他摘了满满一草帽果子，然后躺在草地上，闻着青草的香味，听着小鸟歌唱，风吹过他的脸庞，柔柔的舒服极了。"这样的讲述方式不仅能激发宝宝的创意及想象力，具象化的情节描述方式也会深深吸引宝宝的注意力，当然，如果妈妈能够带着宝宝去公园实际"演绎"故事内容，宝宝则能得到更深刻的全感官学习。

2. 左右脑协同开发

人类的左脑与右脑有着非常具体的分工，左脑负责语言逻辑，右脑掌管知觉影像，父母可以多多利用左脑与右脑的不同特性加强宝宝的全脑开发。比如：用讲故事、看绘本、听音乐等方式来激发宝宝右脑的画面想象力与音感能力；用背唐诗、玩逻辑推理游戏、认字阅读、因果关系训练的方式，强化左脑语言与数理的基础。

孩子的聪明来自于多元且丰富的刺激，父母要从数理逻辑、语言、视觉空间、音乐感、肢体动作、自我内省、人际、自然观察这八个方面全方位看待宝宝的学习，并将大脑的开发随时随地融入生活，比如，教宝宝用积木搭房子学习空间智能，带宝宝去公园看花草培养观察力，带宝宝参加社交活动提升人际交往能力。这样，家庭教育才能不再拘囿于简单的认汉字、记单词、背诗歌上，而是从源头激发孩子大脑的活力。

3. 全力提升孩子解决问题的能力

在陪伴宝宝学习和玩耍的过程中，父母可以有意识地设计一些亟待解决的问题，让宝宝自己想办法解决。比如，可以故意将玩具放置在比宝宝高一点儿的地方，告诉宝宝自己取，这样，宝宝只能自己想办法垫个脚凳或者用工具才能将玩具取下来；或者，用布条把两个玩具简单地捆绑在一起，让宝宝想办法将两个玩具分开。当然，在进行这样的游戏时，如果发现游戏超出宝宝的能力范围，父母可以先演示，然后让宝宝模仿大人的解决方法。类似的游戏不仅可以增强宝宝的思考及判断能力，而且有助于宝宝解决问题能力的提高以及相关生活经验的积累。

第二章

从友善到叛逆：读懂孩子
特殊时期的心理需求

3岁的孩子最让年轻的父母不知所措。当孩子表现得怕这怕那，当孩子对其他同伴有攻击行为的时候，父母都会担心。尽管好话说了一箩筐，孩子还是会和父母对着干，种种逆反表现让人头疼。其实，只要懂一些3岁孩子的心理，你就会发现，这个难缠的小家伙并非不可驯服，甚至还可以和他和平相处。

父母的疑惑：孩子为什么突然哭闹不停

一位妈妈这样描述她的烦恼："我家孩子才3岁多脾气就特别暴躁，经常为了一点儿小事，或者根本不知道为什么就开始大哭大闹。哄劝、呵斥、打骂，什么方法都没有用，他每次都要哭闹到全家人仰马翻、精疲力尽才罢休。"对很多家长来说，这位妈妈的经历想必不是什么新鲜事，特别是宝宝如果正处于3岁这一阶段，往往"作"得让父母心力交瘁，发自内心地觉得自家孩子性格真是太糟糕了。

事实上，宝宝的爱哭、爱闹、脾气大，跟任性毫无关系，更谈不上是性格缺陷，他们只是在用大人不太容易看懂的方式，来引起大人的注意，或表达他们对某人、某事的不满。当然，这样的形式在大人看来有些极端，但对于年仅3岁的幼儿来说，这可能是他们摆脱紧张情绪和宣泄不满的最佳手段。

那么，具体而言，宝宝们究竟为什么哭闹不停呢？

原因一：特殊的情感表达方式

对一个3岁左右的幼儿来讲，语言能力的发展还远不能让他们把需求或者负面情绪完整地表达出来，但此时的他们已经有了强大的"自我"观念，这两方面相互对立，于是，突如其来的哭闹和愤怒，便成了他们表达情感的方式。

比如，朋友带着孩子来家里玩儿，小孩子很容易被新鲜的东西吸引，于是，新来的小家伙便很快被你家孩子的那一箱玩具所吸引。而你家那个小主人呢，突然化身为"小战士"，全力想把这个"入侵者"赶走，这个不让玩儿，那个不让碰，搞得小客人哇哇大哭。"让弟弟玩一下你的玩具，不要那么小气！"你刚呵斥了他一句，他马上就哭闹起来，家里瞬间一团乱麻……对很多父母而言，这种场合是最要命的，别人的行为并无不妥，自家孩子发作得也不无道理。他还不懂得"给予"和"借用"的区别，那他的东西要被别人"抢走"了，难道不该生气吗？他不接受这样的规则，也想用哭喊来表达自己的诉求和存在。

对一个3岁的幼儿而言，重要的不是一件玩具，而是时时刻刻拥有父母的爱。在他们的心目中，自己在父母心里应该是占第一位的，不管自己的实际行为是"开心果"还是"捣蛋鬼"。所以，这种情况下宝宝的发火和哭闹不仅有表达和宣泄的作用，还是宝宝确认自己在父母心中地位的信号。因此，此时父母不应该一味指责孩子"小气"或者"任性"，而要让他知道，你只是希望他学会分享，并不是要从他那里永久地剥夺什么。最为重要的是，要让孩子知道你最爱的是他，最关注的也是他，你不是帮着别人夺走他心爱之物的"坏爸爸"或"坏妈妈"。

原因二：对自己"无能"的愤怒

3岁这个年龄段的孩子已经开始希望对事物有所控制，但他们发现自己的小身体和小脑袋实际上根本撑不起他们的"大梦想"时，除了叫喊和流泪，似乎根本没有别的办法可以表达对自己的愤怒。

2岁半的翔翔在幼儿园玩耍时试图从一个特别窄的树缝中钻过去，试了两次后，不是被树枝剐了衣服就是扎了脸，生气的他站在院子当中大哭起来。老师怎么说都劝不住，把树枝撩起来让树缝变宽让他顺利通过都不行。直到老师偷偷把树枝掰掉，让他侧着身子成功地钻了一次，这场闹剧才宣告结束。

就像翔翔一样，很多3岁左右的宝宝都觉得自己已经长大了，而且能够独立完成很多事情了，这正是他们想说的，只是想通过哭闹的方式表达出来。在这种情况下，父母应该有足够的耐心引导孩子，轻声告诉他"别着急，哭是没有用的"，然后，帮助孩子一起寻找解决问题的办法，但切忌一味说教和要求孩子全部照搬自己的做法，而要一步步引导孩子找出解决问题的办法，并让这成为他的一种经验和经历。

原因三：释放压力

今年3岁的可可刚上幼儿园，在度过了第一个星期的适应期之后，她每天都高高兴兴地去学校，很少哭闹。可是有一天，她半夜突然哭醒，嚷嚷着自己不愿意去幼儿园。之后的好几天，她每天半夜都会以同样的理由哭闹很久，令父母疲惫不堪。

身处社会中，每个人都能感受到压力，即便是3岁的孩童也不例外，而且也并不是只有大人才有权利因为压力大而进行宣泄。孩子在外面和别的孩子玩耍，或从幼儿园回家后便哭哭啼啼，看什么都不顺眼，这可能只是因为他们在玩耍中受到了伤害，或者是太累了。这个时候，他们身边就需要有一个既温柔又坚定的大人来帮他们安静下来，否则，他们便会被自己的负面情绪控制，也会被自己突然爆发的暴脾气击倒。

为什么孩子总是不停地"搞破坏"

你是否遇到过这样的情况：刚买的新画报，还没讲几遍，一不注意，那"熊孩子"就很"豪气"地把书撕成两半；你心爱的飞机模型，被调皮的孩子扔到水池子里，从此，模型再也没能飞起来……此情此景，父母肯定会火冒三丈了吧？但在这里，还是要劝父母不要对那个满眼无辜的小家伙发火，这一切，真的很可能不是他的错哦！

以下是"破坏王"的破坏行为大分析。

原因一：研究探索

妈妈给3岁的甜甜买了一套新彩笔，有各种各样的颜色，真好看。妈妈递给甜甜一个本子，告诉她只能在上面画画，不能到处乱画。甜甜画啊画，画了一会儿就没兴趣了，这时她想到，彩笔是不是画在别的上面也有颜色呢？于是，她便在地板上试了试，可以；又在墙壁上涂抹了几道，也行；然后又在窗帘上画了几下，原来彩笔画在哪里都有颜色啊……

探索新事物，几乎是所有小孩子"搞破坏"的原动力，这十分考验父母的忍耐力。"他们哪里懂得那么多啊？"面对突如其来的破坏，爸爸妈妈只能用这样的话来宽慰自己。是呀，他们只是感到好奇，做父母的又怎能因为生气就阻止他们的探索行为呢？所以，爸爸妈妈此时最明智的做法，就是努力把损失降到最小。可以把珍贵的东西收起来，或者观察孩子在探索行为中的一举一动，弄清他们究竟对什么好奇，然后对症下药，为他们答疑解惑或适当提供一些他们感兴趣的东西。

原因二：尝试新可能

妈妈给果果买了一个遥控汽车，果果非常喜欢。刚开始，果果每天都在地板上操纵着遥控汽车到处走，可是渐渐地就觉得腻烦了。然后他想到，如果让遥控汽车从高的地方往下走，是不是就能飞起来呢？于是，果果踮着脚把遥控汽车放在窗台上，拉动操纵杆让遥控汽车从窗台上飞身跃下……结果，摔断了里面的线路，遥控汽车再也动不起来了。

育儿专家研究发现，宝宝最喜欢的并不是商场里售卖的那些已经设定好玩法的玩具，而是更喜欢积木、乐高，甚至一个盒子等这种他们可以决定玩法的东西，这也是孩子总喜欢"搞破坏"的原因。

对于这种情况下的破坏，父母能做的还是尽可能地减小损失。因此，父母给孩子提供玩具时，最好能提供足够结实又能充分激发孩子创造性的玩具，这样就能有效地减少"破坏"行为的发生。同时，在玩耍过程中，父母应该告诉孩子什么叫爱惜。就像果果，当他想试一试遥控汽车从高处落下是不是能飞起来的时候，父母就应该告诉他，这个玩具是妈妈花了很多钱买的，如果摔坏了，就不会买新的了。

原因三：模仿大人的举动

每天早上，朵朵都会看到妈妈在梳妆台前，把那些瓶瓶罐罐里面的东西抹在脸上。这一天，趁妈妈做饭时，朵朵拿起妈妈的口红在脸上画，在衣服上画，在地上画……

3岁的孩子已经有了独立意识，他们希望自己能够像爸爸妈妈一样做很多事情，比如化妆、盛饭、倒牛奶等，但这些超出他能力范围的事情往往会给父母带来很大困扰。这时候，父母不必大发雷霆，最好是控制住自己的情绪，然后慢慢告诉孩子，哪些事情可以慢慢学着做，怎么做，哪些事情一定要等到变成大人以后才能做。这样，亲子间的冲突便能够很快化解，而孩子也能从中积累一定的生活经验。

原因四：引起大人的注意

童童妈妈在厨房做饭，童童跌跌撞撞地爬上椅子，像爸爸平时做的那样摆好了碗。这是童童第一次做这样的事，她特别兴奋地喊妈妈来看，但妈妈忙着做饭，只是随意答应了一声。"妈妈，妈妈，快来看！"她又兴奋地喊了两声，妈妈还是没能过来。童童着急了，把手里的筷子一股脑儿扔到了地上。

对于孩子而言，能否得到父母充分的关注，与吃得饱穿得暖同样重要。而孩子往往又有这样的经验，就是当他们安安静静地自己玩耍时，父母也会专注地干自己的事情，而一旦自己调皮捣蛋做出超常规的事情，父母的注意力马上就转移过来了。因此，孩子在需要大人关注又得不到响应的时候，就很容易采取捣乱的方式吸引父母的注意。所以，在孩子"搞破坏"时，父母不应该一味指责，而要多留心他最近的动向，说不定他的"破坏"情绪是源于您对他的忽视。他想用"破坏"行为表达自己内心的困扰，也想提醒父母注意自己，打破他内心那小小的孤单。

进入秩序敏感期——孩子开始对混乱产生厌恶心理

一向温顺的娇娇最近变得较真儿起来。比如，吃饭的时候，她要求用勺子自己吃，这让大人们非常高兴。可娇娇吃得慢啊，而且饭粒撒得到处都是。有时奶奶看得着急，就接过勺子想要喂她，娇娇突然就不高兴了，紧闭嘴巴不愿张开，有时她还会厌恶地推开奶奶，然后自己拿起勺子继续吃。玩儿玩具的时候，娇娇喜欢让妈妈陪在身边，但她会事先给妈妈规定游戏规则，如果妈妈不小心乱动了什么，她就会大喊大叫，一定要让妈妈把玩具摆放在她规定的位置上才罢休。早上去幼儿园，眼看要迟到，可娇娇还在慢吞吞地自己对拉链头儿。爸爸一着急，弯下腰就帮她把拉链拉了起来。结果娇娇非常生气，硬是坚持把拉链拉开，自己费劲儿对了半天重新拉上才肯出门。再比如，晚上睡觉前，娇娇一定要让妈妈给她讲画报，而且看书的顺序必须按她事先排好的进行，要是哪天妈妈忘记讲了，或者讲画报的顺序不对了，娇娇就会提醒妈妈。不仅如此，娇娇睡觉时，一定要挨着妈妈，如果半夜醒来看到挨在身边的是爸爸，她就会表现得烦躁不安，定要找到妈妈后才能安心睡去。

类似的事例还有很多，是娇娇真的变得"娇气"、爱较真儿了吗？其实不是，这些事例充分表明，3岁的娇娇开始进入了秩序敏感期。

秩序敏感期，是指幼儿对秩序极为敏感的一个非常重要和神秘的时期。在这个时期内，幼儿对秩序有非常强烈的要求，并逐步获得对物体摆放空间或生活起居习惯顺序的适应性，即秩序感。按照蒙台梭利的观点，儿童具有两重秩序感，即内部的秩序感和外部的秩序感。内部的秩序感使儿童意识到自己身体的不同部位和它们的相对位置；外部的秩序感则向幼儿传递对外部世界存在的规律和关系的感知与理解。

1～3岁的幼儿由内部的秩序感逐步转向外部的秩序感，非常渴望身边的一些东西都拥有良好秩序，因此，他们便会对物品的摆放位置、动作发生的顺序、事件展开的方式等有近乎苛刻的要求。对于此时的他们来讲，秩序成了生命的一种需要，就像水和空气一般，当得到满足时，孩子就会产生一种快乐的感觉，而一旦遭到挑战，孩子就会感到不安、焦虑，甚至表现得非常极端。

幼儿在这个阶段往往表现得不可理喻，因此有的专家也称这一阶段为"执拗的敏感期"。然而，这样的秩序感对儿童成长及未来发展有着不可替代的作用。秩序感为孩子道德的发展奠定了基础，他们现在所强调的人与人、人与物之间的各种规则，就是道德。同时，秩序感还帮助孩子进行初步的思考和逻辑推演，如果在这一阶段幼儿能够获得良好的秩序感，之后才会顺利形成对比、分类、排序等具体思维形式，为其智力发展奠定良好的基础。

那么，父母要如何对待处于秩序敏感期的孩子，并抓住这个成长的关键期促进其身心发育呢？

建议一：正确认识和理解孩子的秩序敏感期

父母要充分认识孩子在秩序敏感期内的心理特点，并努力理解孩子在这一时期出现的种种不可理喻的行为背后的原因。如果孩子的需求是合理且非原则性的，父母便可以尽量满足他们在秩序敏感期内的"有序愿望"；如果孩子的需求是非理性的，父母就需要通过拥抱、讲道理、转移注意力等方式平息孩子的情绪。当然，无论孩子提出的要求是否合理，父母都一定要细心和耐心，使得孩子刚刚产生的宝贵秩序感得到应有的呵护和培育，而不会因为被简单粗暴地对待，让其刚一萌芽就萎缩。

建议二：维护孩子的秩序

孩子发现某些事情超出他限定的秩序时，就会有非常强烈的愿望让一切回归原位。比如，原本系在毛绒玩具脖子上的围巾被系在了洋娃娃身上，一个2岁多的孩子就会注意到这种不协调，并把一切还原，这会让他感觉平静和快乐。因此，父母要对孩子进行细致观察，了解他们对秩序所做的规定，并努力维护这种秩序感，这会有助于孩子以后建立规则。

建议三：给孩子提供一个健康有序的环境

身处秩序敏感期的孩子，会对顺序、生活习惯及物品属性有近乎严苛的标准，一旦这种标准遭到破坏，就会给他带来不安全感，也因此会让他将很多精力转移到对无序环境的抗争中，从而浪费生命成长的时间。

蒙台梭利认为，如果成人未能给孩子提供一个有序的环境，孩子便不能建立起对各种关系的直觉，孩子的智能也无从构建。父母没有办法掌控生命的内在秩序，但在陪伴孩子成长的过程中，父母可以做到的，是保护、理解与尊重，并尽可能地为孩子创造一个健康有序的环境。尽量把家里的日常用品归置整齐，用后也一定要记得归位；孩子的物品和他们对物品的处置要求更要得到尊重，尽量不要去更改原来的位置，也不要频繁地变动孩子的床铺、居室、生活环境等；如果不得已要对孩子已经习惯的环境进行变动，也要注意为孩子预留一个适应期和过渡期，并为孩子可能产生的各种不适应感做足准备。同时，父母也要引导孩子自己收拾用品和玩具，这不仅能让孩子养成健康有序的生活习惯，还能帮助孩子获得更有序的成长空间。

2岁半至3岁：私有意识产生，明确指明"这是我的"

占有欲是随着人成长发育而产生的一种非常正常的心理，3岁左右，孩子就会产生"以自我为中心"的意识，在这种意识的支配下，孩子往往从"我"出发，认为很多东西都是自己的，不许别人碰自己的东西。同时，出于好奇和独占的心理，这个阶段的孩子还会"抢"别人的东西，甚至从别人那里把自己喜欢的玩具"偷"回来。

[事例一]

3岁的齐齐非常不喜欢邻居家的小哥哥，理由呢，用齐齐自己的话说就是，"哥哥讨厌，哥哥抢齐齐的玩具！"而齐齐口里"抢"的事实究竟是怎样的情况呢？其实只不过是邻居小朋友来家串门时因为新鲜而玩儿他的玩具。齐齐妈妈跟齐齐说了很多次："对小朋友不要小气，要懂得分享，你可以把玩具借给别的小朋友玩儿，他们不会带走的。"可齐齐对妈妈的话却从来没有听进去过，每次有小朋友来，齐齐就像母鸡护小鸡一样，把所有玩具都保护起来，一下都不让别人碰。

[事例二]

一天晚上，妈妈把舟舟从幼儿园接回来后在他书包里发现了一块积木，于是问舟舟："这是从哪里来的？"舟舟毫不犹豫地说："这是我的。"妈妈从来没给舟舟买过这样的积木，便又继续试探："这个积木跟家里的不像啊，是幼儿园的吗？"舟舟说："这就是幼儿园的。"妈妈这才知道儿子拿了幼儿园的玩具，她继续问："幼儿园的东西你为什么拿回家了？"舟舟的回答仍旧理直气壮："这是老师给我玩儿的，这就是我的。"这时，妈妈蹲下身子，耐心地劝慰他："宝贝，幼儿园的东西是给所有小朋友一起玩儿的，不是你自己的，你也不能把你喜欢的拿回家。"接着，妈妈拿出家里的积木："看见了吗？这个才是你的。"然后又指着儿子拿回来的积木说："这个呢？是幼儿园的，是所有小朋友的，明天上学的时候我们把它还给幼儿园好吗？"舟舟点了点头。

私有欲与霸道和自私有着本质的区别，前者是孩子自我意识萌芽的最早表现。对3岁左右的孩子来说，他们只是模糊地有了"我"的概念，但对"你的""我的"和"他的"的概念区分得还不是很清楚。他们总是一厢情愿地认为，只要是我喜欢的就是我的，即便已经拥有了一定的是非观念，但有时还是不能约束自己的行为。他们总是希望能完全拥有自己喜欢的东西，不喜欢与人分享，有时甚至会"不择手段"地将自己喜欢的东西据为己有。基于这些，这个阶段的孩子出现自私、霸道、掠夺甚至偷窃等行为，便也不足为奇。

因此，对于幼儿的"自私"行为，爸爸妈妈还是要认真分析，寻找对策，不能用苛刻的语言进行责备，以免伤害他们的自尊心。当然也不能放任不管，以免孩子在私有意识的支配下将诸如"偷窃"之类触发道德底线的行为看作是正常的。随着年龄的增长，通过合理有效的家庭和学校教育，孩子的这种"以自我为中心"的意识会逐渐淡薄，"占有欲"也会逐渐消失。如何帮助和引导孩子度过这一时期呢？

建议一：顺利度过敏感期的最基本做法是，在孩子对于物品的"归属权"特别较真儿的时候，父母不要一味地强硬阻止，顺着他就好。之后，再找适当机会对孩子进行点拨。比如，当别的小朋友将自己的东西与他分享的时候，就可以抓住机会适时地提醒他："小朋友把好吃的分给你吃，你高兴吗？"等他点头后再继续引导他："你拿你喜欢的东西与别人分享，别人也会很高兴的。"之后，父母也不要立刻就要求孩子进行分享，而要继续以这种方式强化孩子对分享的好感，并让孩子在社交中逐渐尝试着将玩具和食物分给别的孩子，通过这样的实践，孩子慢慢会分清"借出"与"给予"的区别，知道玩具给别人玩儿之后还是能够要回来的，并切实体会到分享给自己和他人带来的欢乐之后，他就慢慢愿意主动分享了。

建议二：当孩子做出分享行为的时候，大人一定要接受并持续鼓励。比如，当孩子愿意把食物分给你吃时，你一定要愉悦地接受，不要说"妈妈逗你的，你吃吧，我不吃"。这样的话在孩子看来往往就是对分享的拒绝，会使孩子失望，慢慢地，他就会在心底把失望和分享联系在一起，也就不愿意分享了。

建议三：根据孩子这个时期的心理特点进行有意识地引导。比如，如果想让不愿意吃东西的孩子吃饭，父母就可以边吃边说："这碗饭真香啊，这是谁的午饭呢？是我家宝宝的。那宝宝不愿意吃饭的话，这碗饭要给谁吃呢？给小熊还是小鹿？"这时，孩子往往会急匆匆地将饭碗抢过去，告诉妈妈这是他自己的，谁也不许吃。这样的做法既让孩子愿意吃东西，又在无形之中强调了"私有意识"，孩子的"自我"意识也便慢慢形成了。

3至4岁：从审美发展到了对事物完美的追求

从完整性的审美发展到对事物完美的追求，这样的变化使孩子在审美上有了更大的探索，也表明儿童的精神世界开始从单调走向丰富和深入。然而，追求完美的敏感期总是和执拗结伴而来，也正因为如此，3至4岁便成为成年人眼里不可理喻的年龄。

[事例一]

向阳的姑妈给向阳买了一件粉红色的T恤，上面有一个向阳喜欢的超人图案。这天早上，妈妈拿出这件新衬衫准备给去幼儿园的向阳换上，可向阳摇着脑袋说什么也不肯穿。妈妈问他："为什么不穿姑妈给你买的衣服啊，看这上面的小超人，穿上多帅呀！"向阳依旧摇着头："我不穿，这是女孩儿的衣服。"妈妈笑了："怎么会是女孩儿的衣服呢？这明明是男款啊。"向阳噘着小嘴："我们幼儿园女生才穿粉色的。""可是上面有超人啊，女孩儿衣服上怎么可能画超人呢？"妈妈依旧没有放弃。"反正就是女孩儿的衣服，我不穿！""你这孩子，让你穿就穿，小小年纪挑肥拣瘦的像什么样子！"就这么吵吵嚷嚷一早上，最终，向阳还是在哭了一阵子之后穿上这件衣服，垂头丧气地离开了家。

[事例二]

冬冬吵着要吃面包，妈妈便给他买了一个。因为担心他吃不了，妈妈就先掰了一小块给他。冬冬见状不干了，哭着说什么也不肯吃，非要整块儿的。妈妈怎么哄怎么劝都没用，只好又买了一个新的"赔"给他，这场冲突才平息。

[事例三]

3岁的娜娜最近变得"臭美"极了。她总是趁妈妈不注意的时候用妈妈的口红把小嘴涂得通红，或者把香水喷得到处都是。有时，还会煞有介事地穿上妈妈的高跟鞋，并把妈妈的围巾在自己身上缠成裙子的形状，扭着小腰在家里走来走去，说自己是演员。

爱美是人类的天性，就算孩子也不例外。进入3岁以后，孩子对"美"的需求，从原来只是单纯地欣赏和审视，逐步向追求和创造发展。比如，吃水果的时候，他会有意识地挑选最大、最光亮、上面没有任何疤痕的那个。大人把掰了一块或者咬了一口的食物给他时，通常遭到的就是拒绝。

随着年龄增长，孩子对审美的追求会逐渐从食物转移到其他物品和生活环境上来，对完美追求到挑剔，这通常出现在3至4岁的孩子身上。比如，折纸的时候，他要求每一边都整整齐齐，一旦因为折错有了他不喜欢的折痕，他就会将已经完成的全部毁掉，找张新纸重新开始。同时，这个年龄段的孩子对自身的美也有了一定的追求，不喜欢的衣服就不愿意穿；爱照镜子，一有机会还喜欢将父母的"漂亮"衣服套在身上。

这些行为的出现，对身处完美敏感期的孩子来说，实属正常，也应该得到大人的理解，而不应一味地被冠以"不听话"和"臭美"的标签。成熟父母此时应该做的，是为孩子的又一次成长感到高兴，并陪伴他们度过人生的又一个敏感期。

建议一：理解孩子对美的执拗

必须吃完整无瑕疵的食物，喜欢打扮，对固定的问题有固定的解决办法……上述事例中的向阳、冬冬和娜娜，就是身处完美敏感期孩子的典型。

当孩子出现这些行为时，父母要做的是观察行为、分析心理，以及建立在观察和分析基础上的理解，不要只是粗暴地将这一切定义为"任性""不听话""事儿多"，让本就因为不完美而痛苦的孩子，又在不被理解的泥沼中越陷越深。

建议二：给孩子定义"美"的参照物

如果没有父母的正确引导，孩子对于美的追求，可能就真的是"越美越好"，没有限度。孩子总是希望做到最好，一旦无法达到，就会痛苦、灰心，甚至丧失对自我的信心。这个时候，父母一定要为他们追求的美设定参照物，从而将孩子从对自己的苛责中拉出来，并维护他们的自信心。比如，当孩子在折纸时总是因为不满意撕掉重来，妈妈就可以对孩子这样说："你已经做得很好了，妈妈在你这么大的时候，根本叠不成这个样子呢。"

建议三：让孩子理解美的真谛

为什么维纳斯雕像可以流芳百世？就是因为它将残缺作为一种美流传了

下来。世界上本没有完满的美，大人知道，孩子们也应该知晓。只有这样，孩子才会理解现实的真谛，并保持内心的强大。因此，在家庭教育中，父母不要只是一味地让孩子看到圆满，还要让他们认识缺憾、理解缺憾，并对美的定义从外表上升到内心，最终获得持续前行的动力。

4至5岁：开始强烈感觉占有、支配自己所属物的快乐

进入4岁以后，秩序对孩子的成长开始变得意义重大。对身边事物和事情的变化，4至5岁的儿童在内心有着自己的系统，也由此开始强烈地感觉到占有、支配自己所属物的快乐。

［事例一］

姑妈给丢丢从国外带回来一个玩具——一个既能变成飞机，又能变成汽车，最后还能变成机器人的变形金刚。丢丢高兴极了，爱不释手，就算睡觉，也要把这个百变金刚放到被窝里。

第二天，丢丢照例跟着爸爸早早去幼儿园。爸爸帮他提起小书包时，才发觉他的书包今天沉甸甸的，跟平时不太一样。爸爸好奇地拉开书包，发现新买的变形金刚，此刻正静静地躺在丢丢的书包里。

"丢丢，你上学为什么还带着变形金刚？"爸爸问。

"我想拿去学校，给老师和小朋友看看，那天于子涵把他的变形金刚拿到学校去了，大家都围着他玩儿，我的比他的大，也比他的好，大家肯定会喜欢。"丢丢一脸炫耀的表情。

"不能带去学校，那么贵的东西，让小朋友们玩儿坏了怎么办？"爸爸

满口拒绝。

"玩儿不坏，我让他们小心点儿。"

"你说小心就能玩儿不坏啊，我说不行就不行！"妈妈也坚决不同意。

"我真的会小心的，爸爸妈妈，让我带去吧！"丢丢一个劲儿地恳求爸爸妈妈。

"说不行就不行，你这个孩子什么时候变得这么不听话了！"面对儿子的恳求，爸爸妈妈的态度依然坚决。

……就这么吵了一早上，最终，丢丢还是在哭了一阵子之后，放下变形金刚，垂头丧气地去了幼儿园。

[事例二]

下班回家的爸爸给小米带回来个大惊喜——"快看看，一个像隔壁悠悠家那种眼睛会眨啊眨的芭比娃娃。""哇，爸爸太棒啦！"小米大叫着拆开了装娃娃的纸盒，不过，很快她人却突然不高兴了，"不是这样的，这个跟悠悠的不一样。"

"啊，不是吧，怎么不一样啦？"爸爸急忙问女儿。

"悠悠的娃娃是直头发，可以编小辫儿，这个是卷头发的。"小米的表情特别认真。

"原来是头发不一样啊，那既然爸爸都买回来了，小米就先这么玩儿吧，以后爸爸再给小米买直头发的娃娃。"爸爸努力地安抚着女儿的情绪。

"不行，这个娃娃好丑，不要这个。"小米的犟劲儿一上来，小脑袋摇得就像拨浪鼓一样，"爸爸你给我换，我要和悠悠一样的。"小米的态度表现出前所未有的坚决。

在各种劝说均宣告无效之后，小米爸妈决定尊重女儿的要求，第二天，带着小米一起去商场，终于换回了一个像悠悠的那样的娃娃。

4至5岁的孩子，开始步入成长的又一个敏感期——社会规则敏感期。这个时期的孩子对于规则特别重视，对于做不做某件事，怎样做某件事，内心都有着十分严苛的标准。这时候，他们会对任由自己支配的行为感到快乐，同样，也会因为别人强迫自己改变想法的行为感到痛苦，所以，这个阶段的父母一定要给予孩子支配权的充分尊重，不要强迫他们去做一些违背自身规则的事情，否则，就会对孩子的心理造成伤害。

建议一：不要试图说服孩子接受大人的规则

大人有自己的社会法则，孩子也有他们的内在需求与意识。在他们的认知中，对于自己所有物的支配方式，以及在内心创设的规则，已经形成统一系统，并通过行为将自己的这些认知表现出来，而很多行为，却是大人不愿意接受的。像第一个事例中的丢丢妈妈，她不仅没有尝试着去了解儿子的需求，反而强迫孩子接受甚至是遵从大人世界的规则。

放弃想法，改变规则。这样的做法看似让"任性"的孩子收了心性，但却在无形之中对孩子的自尊和自主意识造成了伤害，由此影响到孩子心理的健康发展。然而，在我们的现实生活中，崇尚如此"管教"和"打压"方式的父母并不少，甚至可以说，这样的教育方式在绝大多数父母身上都出现过，这就不得不提醒家长们多多注意了。

建议二：尽量尊重并支持孩子的决定

在大多数大人眼里，一个四五岁孩子的决定根本不值一提，但对孩子而言，那也是在深思熟虑之后开出的意识之花，如果父母能尊重他们的决定，用心呵护这朵尚且稚嫩的花朵，那么孩子的独立性和规则意识就能继续发展。

事例二中的父母做得就很好，他们并没有将女儿的"挑三拣四"看成任性，而是充分尊重她对所属物的支配权与选择权，这样，她的规则意识就能更加健康、快速地发展。不仅如此，如果一个孩子的决定从小就能得到父母的支持，对于其性格的发展，也不无裨益。当然，在很多时候，一个四五岁孩子的选择可能是错的，因此，父母一定要对孩子的想法以及这种想法的导向有精准的预判，对于正确的选择，当然是无条件尊重与支持；对于偏激甚至是错误的选择，父母也要善于将孩子的决策引向正确的道路。

建议三：适时向孩子灌输正确理念

通常情况下，对孩子决策情况产生影响的因素主要有两个：一是性格和已经形成的思维方式；二是身边人特别是父母对他们的影响。比如，如果父母待人慷慨大方，经过长时间的耳濡目染，孩子往往懂事且善于分享；而如果父母性格刻薄，凡事斤斤计较，孩子的性格也往往会狭隘。正所谓习惯成自然，如果父母能非常聪明地抓住生活的点滴适时教导，就可以将真、善、美的种子植入孩子的观念中，使得孩子逐步建立并完善好的规则。这样，孩子自然也会遵守规则，并将这种规则意识逐步地转化成性格的一部分。

第三章

爱他，就要了解他：
与3岁孩子相处的技巧

3岁的孩子已经不再是那个只要求吃好、穿暖、玩得开心的小孩了，他已经有了自我意识，自尊心也正处于发展之中。这个时期，父母和他们的相处模式就显得尤为重要。其实，与3岁孩子相处也要讲究技巧，用对了技巧不仅可以使年轻的父母与孩子相处时更加轻松，还有助于培养孩子的自我意识，使他们能够健康、快乐地成长。

爸爸的疑问：为什么孩子总是和妈妈比较亲近

孩子是最简单最直接的感情输出者，你对他好，他就对你好；你时时刻刻体贴照顾他，他自然就会黏着你不放。

乐乐的爸爸平时工作非常忙，早出晚归，常常是乐乐还没起床，爸爸就要上班去了；爸爸还没下班，乐乐已经睡了。爸爸平日里不但顾不上照顾、陪伴乐乐，甚至连见面的时间都很少。

因此，每到周末，爸爸都特别希望能跟乐乐在一起玩，培养培养父子感情。但是，每次爸爸主动要求陪伴乐乐时，他却总是把爸爸推开，遇到事情还是喜欢去找妈妈，黏着妈妈。无论是吃饭、睡觉、洗漱，还是讲故事、做游戏，乐乐都一定要找妈妈。这让爸爸既郁闷又困惑。

其实，这是一种很常见的现象。一方面，孩子天生就是亲近妈妈的。尤其是对于0~3岁的孩子来说，他们在妈妈的细心呵护中成长，在妈妈的怀抱里认识这个世界，最熟悉的就是妈妈的味道和感觉，妈妈就是他们安全的港湾，所以他们会很自然地对妈妈产生浓浓的依恋之情。

另一方面，在很多家庭中，爸爸的精力和时间基本都放在了工作上，就像故事里的乐乐爸爸，在家庭生活中时常处于缺位状态，孩子在日常生活中很少与爸爸产生交集，自然就会对爸爸有些疏远。在这种情况下，要求乐乐对爸爸完全敞开心扉是不可能的，这必然需要一个过程。

与妈妈的细腻温柔不同，爸爸往往更加严厉、果断、态度强硬，他们不溺爱孩子，鼓励孩子自己动手、独立解决问题。这从另一个角度弥补了妈妈带孩子的不足，给了孩子积极正面的引导。美国耶鲁大学持续12年对一群孩子的成长进行跟踪调查后所做的研究表明，由爸爸带大的孩子智商更高，学习成绩更好，未来在社会上也更容易成功。由此可见，爸爸在孩子成长过程中的作用十分重要。

有的爸爸会说："我也很想与孩子亲近，但是没时间啊。"其实，爸爸对孩子的陪伴不要只考虑"量"，而应多注重"质"的提升。这样，才能利用有限的时间让孩子感受到来自爸爸的深情厚爱。那么，具体该如何做呢？

方法一：对孩子表达自己的"爱"

与妈妈相比，爸爸常常吝啬于表达自己对孩子的爱。他们不善言辞，不会充满爱意地称呼孩子"宝贝"，也不会常常拥抱孩子，更别说亲吻孩子的脸颊和额头了。

然而，孩子是最单纯的，他们的眼睛看不到，身体感受不到，就会觉得爸爸心里没有自己，不爱自己。因此，爸爸要想与孩子亲近，一定要从改变自身做起，要学会大声说出对孩子的爱。

如果不习惯拥抱，那就拍拍孩子的肩膀、摸摸孩子的头。通过这些肢体语言来建立与孩子的亲密关系。

如果不能直接说"爱"，那就在孩子进步时给予夸奖，在孩子失败时给予鼓励。通过关爱的话语，让孩子感受到爸爸的支持。

方法二：多陪孩子玩一些专属于父子之间的活动

喜欢玩各种游戏是孩子的天性，而在一个家庭里面，爸爸通常就是那个游戏高手。他们更擅长与孩子玩闹，也更容易放下大人的架子，成为孩子最好的玩伴。另外，爸爸比妈妈有力量，运动能力也更强，因此一些力量型的、激烈的、有难度的运动或者游戏更适合由爸爸带着孩子来玩，比如摔跤、骑车、打球等。

因此，爸爸要想让孩子亲近自己，那就先抽空多与孩子做一些这方面的活动吧。不需要太久，15~30分钟足矣。让孩子在与爸爸的"专属活动"中感受到父爱的力量，学到爸爸的处事原则和观念，从而建立起对爸爸的依恋之情。

方法三：设定一个与孩子聊天的时间

无论工作多么忙，爸爸每天或者每周都要尽量抽一些时间跟孩子聊聊天，最好有一个固定的时间，比如晚饭后、睡觉前、周末的时间。与孩子聊聊他一天或者一周的生活，问问孩子遇到了什么开心的事情，交到了哪些新朋友，等等。这样既可以增加对孩子的了解，又可以促进亲子关系。

壮壮的爸爸工作虽然特别忙，但是他与壮壮保持着非常亲密的关系。因为父子俩有一个固定的聊天时间，就是每周六的晚上。每到这一天，爸爸无论多忙都会抽出时间与壮壮聊天。而壮壮则会跟爸爸分享这一周所发生的事情，有快乐的，也有烦恼的。爸爸一边静静地听着壮壮的诉说，一边针对壮壮的问题帮他想办法、出主意。壮壮特别喜欢与爸爸相处的这段宝贵的时间，父子俩的关系好得连妈妈都有些妒忌了。

孩子的童年是转瞬即逝的，想要跟孩子亲近的爸爸，不要再等待了，积极行动起来，每天给孩子一个拥抱，每天陪孩子玩一会儿，每天跟孩子聊聊他的生活，让孩子在爸爸的陪伴下健康成长吧。

妈妈要多花心思，才能帮孩子顺利度过特殊时期

俗话说：三岁看大，七岁看老。3 岁是孩子成长中非常关键的时期，也是一个非常特殊的时期。奥地利著名的心理学家弗洛伊德就曾将 3~6 岁定义为孩子动荡不安的时期。

小羽 3 岁了，原本十分乖巧的他，最近突然变得让爸爸妈妈有些不认识了。外出穿衣服时，他不再穿妈妈给他挑选的衣服，而是执拗地要穿自己想穿的那件。搭积木时，遇到高难度的造型时，小羽常常会因为搭建不好而发脾气，但是还不肯让妈妈帮忙，一定要自己独立完成。下楼梯时，一定要从左边走，如果走错了，必须重新走一遍楼梯。妈妈被他的这些变化搞得精疲力尽，快要失去耐心了。

其实，小羽的这些变化都是 3 岁孩子的正常表现。与婴儿时期相比，3 岁的孩子已经有了较为成熟的语言能力和较多的生活经验，大脑发育也比较完善了。他们开始产生自我意识，想要独立，也想要不断地通过"不"来表达自己的意见，并且逐步确立起自己的秩序感。他们远不如一两岁时那么听话了，而这些恰恰是他们用来确认自我价值的方式。

作为妈妈，千万不要因为孩子的这些变化而方寸大乱，更不可以强迫孩子放弃自己的想法，一味地顺从，而应该多花一些心思，帮助孩子顺利度过这一时期。

方法一：营造温馨和谐的家庭氛围，给孩子宽松的成长环境

面对 3 岁孩子的"一根筋"和叛逆，有的父母很容易就说出"再无理取闹，我就不要你了。""你听话，懂点儿事。"等压制和伤害孩子的话。其实，3 岁的执拗期是孩子成长中的必经阶段，是不以任何人的意志为转

移的。

作为妈妈要学会坦然接受，宽容地对待孩子的变化和叛逆，并且与爸爸以及其他家人做好沟通交流，学习站在孩子的角度去考虑问题，试着去理解孩子内心的想法、尊重他的意见，让孩子的自我意识得到充分的表达，为孩子顺利度过这一时期而营造温馨、和谐、宽松的家庭环境，从而有助于孩子成长为有主见、独立、做事有秩序的人。

方法二：理解和适当满足孩子的成长需求

这一时期的孩子常常做出一些成人所不能理解的行为，比如孩子总是爱说"不"，让他吃东西，他说"不"；带他出去玩儿，他说"不"。其实，很多时候他说"不"只是想挑战一下大人，看看自己是不是变得有"力量"了。

再比如，孩子一定要按照固定的顺序穿衣服，按照固定的路线回家，必须由他来按电梯，等等。其实，这些都是孩子在建立自己的秩序感。他希望所认识的世界是有秩序的，是可以理解的，一旦秩序被打破，他就会大哭大闹。

"叮咚"，门铃响了，是妈妈回来了。小雪赶快跑到门口打算给妈妈开门，结果不承想，奶奶正在门口收拾鞋柜，随手就把门给打开了。看到妈妈就这么走进了门，小雪一下子就哭了起来，"不行不行，妈妈出去！"奶奶不满地说："这孩子，妈妈回来不赶紧亲亲，怎么还要妈妈出去！听话，别闹了。"小雪根本听不进去奶奶的话，一边说着让妈妈出去，一边还用力地往门口推妈妈。奶奶还要阻止的时候，妈妈拦住了奶奶，说："妈妈知道，小雪是想亲自给妈妈开门，对不对？那妈妈就出去再按一遍门铃。"说完，妈妈就走了出去关上门，不一会儿，门铃再次响起，这下小雪赶紧打开了门，笑眯眯地迎接妈妈进了屋。

当孩子做出不可理解的表现，又不涉及原则性的问题时，妈妈不妨顺从孩子的想法，让他做主，满足他的这种成长需求。就像故事中的小雪妈妈，非常配合地走出家门，重新让孩子来开一遍门。如果与孩子的需求出现分歧，也切不可用家长权威去逼迫孩子，更不可打骂孩子，而要学会变通，耐心地引导孩子去做出合理的选择。

方法三：重视孩子个性的培养，绝不纵容孩子的不当行为

英国伦敦的精神病学家曾经对1000名3岁的孩子进行过跟踪调查，发现这些孩子长到26岁时，其性格特征、举止行为竟然与3岁时基本一致。可见，3岁时对孩子性格的培养和塑造，决定了他的一生。因此，作为妈妈既要重视这一阶段孩子个性的培养，给予孩子一定的自由，同时又绝不能纵容孩子的不当行为。

面对孩子的无理要求，妈妈最好不要和孩子发生正面冲突，可以尝试采取冷处理、转移目标、分散注意力等方式，适当地约束孩子的不当行为，引导孩子成长为懂原则、有想法的人。

3岁既是孩子性格形成和能力培养的黄金时期，也是孩子未来发展的重要起点。妈妈做对了，孩子才能更好地成长。

3岁孩子的需求——爱与自由

任何父母都非常爱自己的孩子，而且他们也都对此深信不疑。然而，很多时候现实情况却是这样的：

3岁的丁丁想吃蛋糕，妈妈拿出来后发现一整块蛋糕对于丁丁而言有点儿大，担心他一次吃不完，于是就掰了一半给他。没想到，丁丁一看蛋糕是半块儿，马上大哭起来，"我不要这个，我要重新拿一块！"妈妈很奇怪，"这块儿蛋糕怎么了？这是妈妈刚刚拿出来的啊。"丁丁哭着说道："这块儿不完整了，我要一个新的！"妈妈听懂后生气了，说："那么大一块儿蛋糕你一下子又吃不完，剩下不就浪费了吗？不行，就吃这一半！"任凭丁丁如何哭闹，妈妈就是不肯妥协，坚持要给丁丁一半蛋糕。

　　怎么样？如此情形是不是很常见？当孩子想要自己穿衣服却穿了足足半小时毫无进展时；当孩子一连串地对你说"不"时；当孩子没按到电梯，一定要重新再来一遍时……有多少父母能够对孩子给予理解和爱呢？

　　美国心理学家罗杰斯认为，只有无条件地接受，才能令一个孩子感受到被爱。父母对孩子的爱应该是无条件的，这一原则在孩子出生后到3岁前，似乎也在被无数父母秉承着。妈妈无微不至地照顾着孩子，爸爸给孩子提供各种支持和帮助。然而，随着孩子由婴儿变成3岁的幼儿，他们开始出现自我意识，有了独立的需求，要求实现自我价值时，这一切却发生了变化，更多的父母对孩子的爱变成了有条件的——你必须让我来帮你穿衣服，尽快出门，我才会爱你；你必须听我的，我才会爱你；你必须不纠结于秩序，我才会爱你……

　　美国心理学家埃里克·弗罗姆曾表示，爱就如同其他的艺术一样，是需要学习才能够掌握的。作为父母，必须通过认真的学习和努力才能懂得什么是对孩子真正的"爱"。3岁的孩子无论是从智力、体力、能力，还是语言、认知等各方面都有了突飞猛进的发展。3岁的孩子开始出现以下特征：

　　他们开始有了独立的倾向，要求自己尝试完成吃饭、穿衣等任务。

　　他们的情绪非常敏感且不稳定，很容易受到环境的影响。比如他们正在号啕大哭时，可能别人一逗就笑了。

　　他们对亲近的人，比如妈妈，有着强烈的情感依赖，在分离时很容易产生焦虑。

他们开始扩大社会交往的范围，有了人际交往的欲望和想法，但是又因为以自我为中心，所以常常与小伙伴发生冲突。

他们喜欢模仿、重复，并从中认识事物、学到需要的知识。比如常常要听同一个故事，玩同一种游戏，甚至捉迷藏都喜欢藏在同一个地方。

他们的语言能力迅速发展，词汇量猛增，开始用"我"来表达需求和愿望，喜欢用"不"来表达自己的意见，出现了自我意识的萌芽。

……

3 岁是孩子从婴儿到幼儿的一个重要的过渡期，同时也是诸多敏感期的开始，作为父母只有给予这一时期的孩子更多的爱与自由，才能帮助他们更好地成长。

方法一：给予孩子充分的理解和宽容

作为父母要充分理解 3 岁孩子的心理特征，在看待问题的时候，要注意从孩子的角度出发，既不要担心孩子做得不够好、耽误时间，也不要把孩子正常的情绪表达和反抗行为看作是故意与父母作对。要学会耐心地对待孩子的执拗，给孩子独立的空间和机会。

蒙台梭利认为，每个孩子都有一个精神胚胎，其中藏有心灵成长的密码，当给予孩子自由时，他们就可以充分地获得发育，实现自我，并最终成为具有独立判断能力和丰富创造力的人。

方法二：给予孩子爱与自由并不等于放任不管

爱与自由是孩子健康成长的沃土，但是，自由也是要有度的，是有规则的。

爸爸妈妈带亮亮外出就餐，餐厅中间有一个大大的鱼缸，里面游着几条漂亮的小鱼。在等餐的过程中，妈妈带着亮亮在鱼缸边观赏，看着看着，亮亮忍不住去用手捞鱼。妈妈本想制止他，但是突然想到之前看到过一篇文章，说要给孩子自由探索世界的机会，于是便任由亮亮把手伸进了鱼缸。结果亮亮不但把鱼缸的水搅浑了，还把鱼都捞出来扔在了地上。

越来越多的父母认同要给孩子爱与自由的理念，在生活中注重给予孩子充分的发展空间和探索机会，然而，给孩子自由不等于放任不管。就像故事中的亮亮妈妈，为了让孩子"自由"地探索，没有制止孩子的不良行为，导致他伤害了小动物，也影响了他人。这种自由是绝对不可取的。任何人的自由都是有度、有一定规则的，对于3岁的孩子来说也是如此。3岁的孩子毕竟年龄还小，对很多事情都懵懵懂懂，父母要让孩子清楚地知道什么是不可以做的，什么是不被允许的，要给孩子一定的界限，指引孩子做出正确的行为。

奥地利心理学家阿尔弗雷德·阿德勒曾说："母爱的真正本质在于关心孩子的成长，这也就意味着关心母亲和孩子的分离。"每个孩子的成长之路其实都是与父母渐行渐远的过程，他们从对父母的极度依赖而逐步走向独立，走向自我，成为一个单独的个体。而父母要做的就是在这个过程中，用强大的爱和充分的自由帮助他实现分离，从容地走向属于自己的世界。

技巧一：接纳孩子的感受

每个孩子的内心都渴望得到爸爸妈妈的接纳和认可，这也是他们一生自信、自爱和幸福的源泉。

妈妈在厨房忙着做饭，正在自己的房间里玩玩具的楠楠突然呜呜呜地大声哭起来："我的宝贝都不见了！"妈妈赶紧来到楠楠的房间问："怎么了？发生了什么事情？"正在看书的爸爸也凑了过来，"楠楠，怎么了？"楠楠好不容易止住哭声说："我的宝石都不见了，我明明放在书架上的。"爸爸很奇怪地问："什么宝石？"楠楠说："就是昨天我们去沙滩捡的那些宝石啊！"爸爸恍然大悟地说："就是那些破石头啊，没了就没了吧，改天再去捡！"听到爸爸这么说，楠楠哭得更伤心了。

妈妈赶紧把爸爸推了出去，过来搂着楠楠说："妈妈知道了，楠楠找不到宝石了，心里很难受。"楠楠听到妈妈的话，点点头说："嗯，那些都是我挑了很久的。"妈妈说："是啊，真的好可惜，那么漂亮的宝石找不到了。"楠楠慢慢停下了哭声说："妈妈，要不明天我们再去捡宝石吧。"妈妈爱抚着楠楠的头说："好啊，咱们再去捡，没准儿会有更漂亮的呢！"楠楠笑了，"太好喽！我要捡更多更漂亮的宝石！"

很多时候，从成人的角度来看很不起眼的小事，对于孩子来说却是天大的事情。就像故事里的楠楠爸爸很不理解孩子居然会为了几块破石头而哭。其实，面对孩子的这种感受，父母最重要的就是学会接纳。很多父母都说非常爱自己的孩子，甚至愿意为孩子付出生命。但是，对孩子如果连最基本的接纳都做不到，又如何能让孩子感受到来自父母的那份爱呢？

方法一：接纳孩子的感受，要学会管理自己的情绪

很多父母都知道接纳孩子感受的重要性，也看过很多这方面的书籍，然而，当事情发生时，却往往控制不住自己的情绪。当父母面对孩子发火时，会让孩子感觉自己的感受是不正确的，是错误的，很容易否定自我，对孩子的成长是非常不利的。

养育孩子其实也是父母修炼自我、不断提升的过程，下一次当你想发火时，不妨先深呼吸3次，仔细想想，自己到底为什么发火，不发火是否可以解决问题。作为父母，要先学会管理好自己的情绪，才能真正地做到接纳孩子，接纳孩子的感受，从而理解孩子、培养孩子。

方法二：接纳孩子的感受，要认可孩子的情绪

孩子的哭、笑、闹、怒，都是有原因的，要接纳孩子的感受，就不要简单地对他们的这种情绪进行主观评判，而是要认可他的情绪，让孩子感受到自己是被理解的。这样孩子才会敞开心扉，将内心的真实想法与父母分享。

"快来，刷牙洗脸了！"晚上睡觉前，妈妈招呼蓉蓉来洗漱。"我不要刷牙！"蓉蓉大声说道。妈妈说："哦，你不想刷牙。"蓉蓉说："对，我不想。"妈妈又说："看来刷牙让你很难受。"蓉蓉打断妈妈的话说："不是刷牙难受，是牙刷难受。"妈妈说："哦？牙刷难受？"蓉蓉继续说："嗯，这个新牙刷太硬了，刷得我嘴疼。"这下妈妈恍然大悟，原来是因为新换的牙刷不舒服导致孩子不想刷牙。

案例中的这位妈妈如果从一开始没有接纳孩子的感受，而是简单地从自己的角度出发，就很容易做出"孩子不讲卫生"的判断。然而，庆幸的是，她没有这么做，而是接纳了孩子的感受，从而一步步引导孩子说出了不想刷牙的真实原因。

方法三：接纳孩子的感受，重要的是倾听，而不是问为什么

很多时候，孩子只是需要发泄一下，只是想跟父母诉说一番，并不一定是想要得到什么答案。作为爸爸妈妈要学会倾听，让孩子说出自己的感受，给孩子自己思考的时间，让他们从诉说中自己找到解决问题的办法。美国心理学家托马斯·戈登曾说："当孩子受到鼓励和尊重，坦诚地说出困扰他们的情绪时，这种情绪才能得到释放。这些积极的倾听方式正是促成这种情绪宣泄的办法。它能帮助孩子弄清自己的情绪。在他们说出自己的情绪后，这些情绪常常会奇迹般地消失。"

方法四：接纳孩子的感受，并不是无底线地放纵孩子

"妈妈，我还想看一集动画片。"已经看了半小时电脑的苗苗对妈妈说。妈妈说："不可以，你已经看了很久了。"苗苗说："求求你了，妈妈，就再看一集。"妈妈很坚决地说："不行，你的眼睛已经很累了，需要休息了。"被妈妈拒绝的苗苗开始大哭，妈妈走过来搂住苗苗说："妈妈知道你很想再看一集，但是你超过时间了就不可以了。你要是难受在妈妈怀里待一会儿就好了。"过了一会儿，苗苗在妈妈的怀里渐渐地平静下来，问："妈妈，那我明天还可以看吗？""当然，明天眼睛休息好了，当然可以看了。不过还是不能超过半小时。""嗯，好的，妈妈。我现在想去玩会儿我的玩具了。"

接纳孩子的感受，鼓励孩子说出自己的感受，并不是要接纳孩子的所有行为，也并不是孩子一哭闹，就要向孩子妥协，无条件地服从孩子的心愿。当孩子想要做的事情不合理的时候，作为父母一方面要理解孩子被拒绝后的哭闹情绪，另一方面也要用坚定的态度告诉孩子："我能理解你的心情，但是不能这样做。"让孩子明确做事的界限，从而学会遵守规则。

技巧二：不要刻意去修正孩子的个性

"我家的孩子啊，特别调皮，一会儿看不见就上蹿下跳。"

"我女儿太胆小了，什么都不敢去尝试。"

"我家儿子就是个倔脾气，让他往东偏往西。"

"我家孩子就是不爱表现，每次幼儿园表演节目都没有他。"

常常听到有的妈妈这样评价自己的孩子，似乎每个父母都认为自己的孩子有这样那样的缺点，希望他们更加完美。

然而，正如世界上没有两片完全相同的树叶一样，每个孩子的个性也是不一样的。专家指出，孩子的性情和气质是天生的，是很难改变的，父母对其的影响力也是十分有限的。因此，作为父母不要再刻意地去修正孩子的个性，而应尊重孩子的个性，并顺势而为，帮助孩子更加健康自由地发展，实现自己的人生价值。

方法一：尊重孩子的个性

孩子发展中所存在的个体差异是客观存在的，作为父母要尊重孩子的个性，要认可孩子，接受孩子，并学会发现孩子个性上的优势，不要总盯着孩子的不足。

媛媛是个安静乖巧的孩子，生性腼腆，不爱出头，在人前一说话就爱脸红。妈妈希望能锻炼、改变一下她的性格，于是总是想方设法为她创造在众人面前表现的机会，比如，家里来了客人就会特意把她叫出来给大家唱个儿歌，背首诗，甚至还特意给她报了个演讲主持的课外班。但是，这一切都令媛媛无所适从。

她非常不乐意去上课，每一次上课对于她来说都仿佛是一种折磨。以至于到后来，一想到第二天要去上课，她头天晚上就不肯睡觉。为此，爸爸跟妈妈和她沟通了，决定再也不让媛媛去上演讲课了，媛媛重新变得快乐起来。

每个孩子都是独一无二的，个性也大相径庭。外向活泼的孩子，看起来会稍显不稳重；爱玩好动的孩子，相对来说注意力持续的时间会比较短……但是，无论哪种个性的孩子都有属于自己的一片天空。作为父母不要执着于去修正、改变孩子的个性，而应接受孩子本来的样子，让孩子自然地成长，帮助孩子在保持个性的同时又能获得长足的发展。

方法二：顺势而为，充分发挥孩子个性中的优势

聪聪是一个非常内向的小男孩，每次妈妈带他外出，路上遇到人他都不好意思打招呼，带他去游乐场玩，别的男孩早就冲了进去，而他却常常站在场外观察半天，直到确定安全了才肯进去。常常有人夸奖聪聪听话、安静，但是妈妈听起来却有点儿感觉不是滋味，她总希望聪聪的个性能有所改变。

然而，当聪聪进入幼儿园后，妈妈却从老师那里得到了很高的评价："聪聪是一个非常安静、善于思考的孩子，他的学习能力和接受新知识的能力很强，尤其是动手操作能力非常棒，可以让他多接触积木、机器人方面的课程。"正是基于老师的高度评价，妈妈开始试着让聪聪接触积木、机器人的相关知识，并且为他报了兴趣班。聪聪果然展现出了与众不同的才华，在积木搭建、电脑编程等方面的能力都远远地超过了同龄的孩子。

不同性格的孩子各有自己的闪光点，作为父母要学会接受孩子本来的个性和真实的样子，按照孩子不同的个性优势去因材施教，从而充分发挥他的潜能。

方法三：适当引导，弥补孩子个性中的不足

尊重孩子的个性并不是说对孩子个性中的不足视而不见，作为父母可以运用恰当的方法来引导孩子的行为，帮助孩子做出一定的调整。

3 岁的西西是个野性十足的孩子，每天的精力都十分旺盛，不是跑就是跳，仿佛浑身有使不完的劲儿。妈妈对他的这种闯劲儿略感头疼，但是也没有刻意地去约束他。

经过对西西的观察，妈妈发现如此活泼好动的西西也有安静的时候。西西很喜欢观察小动物，有时候走在路上发现蚂蚁在搬家，他能蹲在那里看半个小时。于是，妈妈就从西西的兴趣入手，给他买了很多科普类的书籍，陪他一起亲子阅读，还常常带他去参观自然博物馆，了解更多的关于昆虫、植物的知识。渐渐地，西西也能坐得住了。

孩子的性格是先天的，各不相同，却并无好坏之分，但是对于孩子性格中的不足是可以微调的。父母在了解孩子的基础上，可以有针对性地对孩子性格中的消极面进行引导和改造，从而帮助孩子更好地成长。

技巧三：时时处处让3岁的孩子感觉被尊重

每个人都有被尊重的需要，3岁的孩子虽然年龄小，但也是非常渴望得到父母的尊重的。

妈妈带青青去买衣服，到了商场，妈妈忙着给青青挑了一些款式来试。青青突然看到了一个白色的公主裙，蓬松的裙摆上面缀着一个大大的蝴蝶结，真是太漂亮了！青青很兴奋地把衣服拿到妈妈跟前说："妈妈，我喜欢这一件。"正埋头选衣服的妈妈抬起头看了一眼青青手中的裙子说："不行，白色的太爱脏了。不能买！"青青继续说："妈妈，我喜欢这条裙子。"妈妈一边从青青的手中夺下了裙子，放回货架上，一边对站在旁边的售货员笑笑说："小孩子懂什么啊，这么白的衣服连半天都穿不了就成黑的了。"被妈妈拒绝的青青失落极了，再看着似笑非笑的售货员阿姨，她的心情更是糟透了。

很多父母总觉得孩子那么小，什么也不懂，于是常常以爱的名义去剥夺孩子被尊重的权利。就像案例中的青青妈妈以自己的主观判断压制了孩子的想法，并且还当着售货员的面表达了对青青的不尊重。

其实，每一个孩子都是独立于父母存在的个体，他们有自己的思想和情感，有自己的见解和认识，有自己的喜好。他们并不是父母的附属品。得不到尊重的孩子，长大成人后也很难学会尊重他人。因此，作为父母一定要学会尊重孩子，把孩子放在一个平等的位置上去沟通和对待。那么，作为父母要怎样让孩子感受到自己的尊重呢？

方法一：尊重孩子的隐私

现在每个孩子基本上都有属于自己的房间，也有属于自己的玩具、书籍等各种物品。作为父母要尊重孩子的这些私人物品和私人空间，不可以随意丢弃、挪用孩子的东西，如果需要则必须先征得孩子的同意。

方法二：尊重孩子的意愿和想法

妈妈给琳琳买了一双漂亮的小皮鞋。要出门玩时，妈妈给琳琳拿出了这双小皮鞋，但是琳琳却怎么也不肯穿。妈妈奇怪地问："你不喜欢这双新皮鞋吗？"琳琳说："喜欢，但是我穿着不舒服，我不想穿。"妈妈有些不满地说："这么漂亮的鞋放在家里干什么？"琳琳还是执意不肯穿，妈妈气极了说："不穿就别出门了！"

孩子虽然小，但也有自己的思想，在很多事情上有自己的想法。作为父母要学会尊重和理解孩子，倾听他们的心声。对于涉及孩子的事情尤其要询问并尊重孩子的意见，比如出门打算穿什么衣服、鞋子，喜欢买什么玩具等。故事中的琳琳妈妈不顾孩子的意见，非要孩子穿着不舒服的皮鞋出门，是不可取的。父母要耐心地倾听孩子的心声，给予孩子表达意见的机会，有助于锻炼孩子的思维能力、决策能力，提高孩子的独立性和自主性。

方法三：不要当着众人的面批评教育孩子

爸爸的同事来家里做客，松松热情开朗地跟王叔叔打招呼，还帮妈妈把洗干净的水果端出来，王叔叔一个劲儿地夸松松懂事，有礼貌。爸爸谦虚地说："你别看他在你面前表现得这么乖巧，实际上特别淘气，很爱惹我生气。这不，你来之前刚往家里的面粉袋子里倒了一碗水……"爸爸历数着松松的种种调皮捣蛋的故事，笑着与王叔叔聊，然而松松的脸色却越来越难看，默默地回到了自己的房间里。

英国教育家约翰·洛克曾这样说："父母越不宣扬子女的过错，则子女对自己的名誉就越看重，因而会更小心地维护别人对自己的好评。"

时时处处让孩子感受到父母的尊重并不是件容易的事情。作为父母要用心地去与孩子相处，把孩子看作有独立意识、有自己的思想的人去尊重，这对孩子一生的顺利成长有着十分重要的作用。

技巧四："蹲下来"和孩子沟通

请想象这样一个场景：你的3岁孩子将玩具弄得满地都是，你想要孩子自己将玩具整理好。此时如果你一手叉着腰，一手指着地上的玩具，并不耐烦地对孩子说："你快点儿把这些玩具收起来，你看看家里都乱成什么样了！"你的孩子会是什么反应呢？有的孩子可能会表现为害怕，觉得自己好像犯了错，不知所措，即使孩子听从了你的命令，心里也会感到委屈，不情愿；而有的孩子可能会更加逆反，因为你居高临下的姿态给孩子造成一种强势的感觉，孩子根本不喜欢你的这种带有一定强制性、命令性的教导方式。

如果父母换一种方式与孩子沟通，效果又会如何呢？首先，父母蹲下来和孩子保持平视，孩子就不会感到有被威胁的感觉了；然后一边说"宝宝，我们一起把玩具收好，让家里变得更整洁，好不好"，一边捡起一件玩具放进盒子里。你的孩子看到你这么做了，他也会模仿你的行为，把玩具放进盒子。

澳大利亚的很多父母都有蹲着和孩子说话的习惯。有这样一个来自澳大利亚的家庭，父母带着一对可爱的儿女去公园玩。因为他们在分配玩具时出了一点小小的意外，所以3岁的儿子总是想抢姐姐的玩具。于是，爸爸蹲了下来，双手握住儿子的双手，诚恳地说道："亲爱的，这个布娃娃是姐姐的，你不要拿姐姐的玩具好不好？"儿子看着爸爸充满期望和鼓励的眼神乖乖地点了点头，然后主动将玩具还给姐姐。

越是平等民主的家庭，教育出来的孩子就越开朗、越自信。如果父母都不尊重自己的孩子，孩子又怎么能成为一个自尊、自爱的人呢？

如果你总是站着面对孩子，你与孩子之间就不仅仅是身高上的距离，而是两代人之间不可逾越的距离，是两颗心之间不能沟通的距离。蹲下来，从与孩子平等的高度体会孩子的心情。当你从孩子的高度看待某些问题时，你的想法也许会改变，并会同意孩子的想法，满足他的需求。

当孩子做错事情时，蹲下来询问事情的来龙去脉，坦诚相对，帮助孩子认真对待自己的问题或缺点，改正错误。当孩子遇到困难时，蹲下来和孩子一起讨论解决的方法。这样孩子就能更清楚地感受到父母对自己的关爱、支持和信任，从而增强面对困难的勇气。当孩子获得成功时，蹲下来摸摸他的小脸，对他竖起大拇指，说句表扬的话："宝贝，这件事你做得太好了！"孩子会从父母的目光和话语中得到肯定与鼓励，以后会做得更好。

父母和孩子交流时，不仅身体要蹲下来，心灵也应该"蹲下来"，将自己的心放到和孩子同一高度上。不能只讲求形式，仅仅身体蹲下来，心理上却还保持着父母的权威和优势。只有身体和心灵同时"蹲下来"，孩子才会感受到父母的诚意，愿意将自己的快乐和困惑与父母交流。

技巧五：不打不骂，给孩子最温暖的教养

3岁的孩子语言能力开始增强，很多事情想要自己做主，想要独立，常常不听从父母的指令，而自作主张，甚至开始反抗。因此，这个时期的孩子与父母常常发生冲突。

3岁的晓晓正处在语言学习的敏感时期，听得多了输出自然也就多了。这一天，晓晓想吃巧克力，妈妈给了他一块后，他还想吃。妈妈耐心地给他讲道理："一天不能吃太多的巧克力，否则会对晓晓的小牙有害处，虫子会去吃晓晓的牙齿的。"没想到晓晓很生气地说："你真是个臭妈妈，不许我吃巧克力！"正在一旁看电视的爸爸一听就火了，抬手就给了晓晓一巴掌，吼道："怎么跟妈妈说话呢？"

在教育孩子时，有的父母控制不住自己的情绪，很容易着急上火，甚至还有的像晓晓爸爸这样动手打孩子。在他们的观念中，孩子"不打不成器"，必须通过严厉的管教方式才能让孩子杜绝不好的行为。

事实上，这种不科学的教育方式对孩子的消极影响是非常大的。研究

表明，经常受到体罚的孩子会有更多的侵略性，并且容易形成反社会的人格。另外，父母打骂孩子也给了孩子反面的示范，很容易让孩子学会用暴力解决问题。经常被打骂的孩子常常有逆反心理，越是父母不让做的，他越要去做。

打骂孩子本来是为了教育孩子，然而结果却适得其反。作为父母，要学会用文明、理性的方式来教育孩子，用爱来给予孩子最温暖的教养。

方法一：耐心倾听、平等对话

有的父母总喜欢在孩子的面前保持权威，希望得到孩子的仰视和尊重，常常用指责或者命令的语气来跟孩子沟通。然而，这往往很难取得良好的教育效果。要想实现真正的对话，父母必须放下身段，把孩子当作平等的人来对待，耐心地倾听孩子的心声；要学会换位思考，从孩子的角度去理解他们；真诚地对待孩子，真正地了解孩子，从而进行科学的引导。

方法二：不要带着情绪教育孩子

山山的爸爸最近工作有些不顺利，有个项目出了点儿问题，在全体员工大会上他被老板呵斥了一顿，丢尽了面子，心情非常不好。结果，回到家一进门就看到山山正在跟妈妈闹脾气。

原来山山想找一辆玩具车，但是翻遍了玩具箱也找不到。妈妈正在忙着做饭，山山却不依不饶地非要妈妈帮忙来找。爸爸本来心情就不好，一听山山这么无理取闹就更加生气了，对着山山就是劈头盖脸地一顿训斥。山山被爸爸凶巴巴的样子吓坏了，大哭起来。

很多时候父母之所以会对孩子发火、动手，往往是因为自己的情绪不好，就借着孩子的错误来发泄自己内心的郁闷。本来只是一件很小的事情，如果带着情绪去教育孩子，很容易就被催化成一个大事件。因此，父母一定要先控制好自己的情绪，如果心情不好就暂时不要管教孩子，等冷静下来再去跟孩子谈。

方法三：最温暖的教养就是带着爱静待花开

卷卷的爸爸是一名非常优秀的书法家，爸爸也希望卷卷能从小得到书法艺术的熏陶。但是，爸爸并没有刻意地去教卷卷写书法，而是给了卷卷一支笔，一沓纸。每天爸爸练习书法时，就会让卷卷陪着一起。至于卷卷在旁边干什么，爸爸并没有刻意地去要求。

常常是爸爸在一旁写得潇洒自如，而卷卷在一旁又是打翻墨汁，又是涂得满手满脸都是，一副狼狈不堪的样子。妈妈有时候忍不住抱怨爸爸，"别让卷卷跟着胡闹了"。爸爸却只是笑笑，还是坚持要卷卷一起。慢慢地，卷卷开始像模像样地模仿起爸爸练习书法了。

每个孩子都如同花骨朵，有属于自己的花期，有属于自己的人生轨道。父母在陪伴孩子成长的过程中不要急于求成，多给孩子一些时间，多一分耐心的等待。希望每一位父母都能在教育孩子的过程中勿忘初心，时刻保有第一眼看到孩子降生时的那份毫无保留的爱，这份爱就是给孩子的最好、最温暖的教养。

第四章

3岁孩子总是喜欢对着干，
妈妈怎么办

你是否遇见过这样的情况？让孩子洗澡，他偏不洗；让他吃饭，他偏不张嘴；让他不要在商场乱跑，他偏要乱跑……此情此景，父母朋友们肯定火冒三丈了吧，但在这里，还是要劝你不要对那个满眼无辜的小家伙发火。因为只要你懂一些早教技巧，就能让3岁叛逆期的孩子愿意乖乖和你合作！

孩子为什么会发脾气：认识孩子的"怒"

一位妈妈这样描述她的烦恼：

我3岁的女儿最近常常大发脾气，一旦有什么事情不合她心意，就会立刻躺倒在地上，大哭大闹。而且她每次发脾气大人都劝不住，开始是哄，后来是劝，现在无论呵斥还是打骂，都没办法将她的情绪安抚住。我现在都不愿意带她出门了，因为你都不知道她什么时候会爆发。她以前不是这样的啊，以前一直都是我的乖宝宝，温顺又有耐心，这孩子现在究竟是怎么了？

对于这位妈妈的描述，想必很多父母都不会陌生，而且对于自家孩子从"天使"到"魔鬼"的突然转变，也往往如这位妈妈一样，表现得手足无措。

2岁之后的孩子，"我"的意识如雨后春笋般蓬勃生长，身体和精神的双重发育，让好奇宝宝们一心想探索自己的能力，进入未曾探索过的领域，甚至去尝试超越自己能力的事情。于是，3岁左右的宝宝最明显的特点就是"犟"，总是把自己当成敌人，自己跟自己较劲儿。频繁的失败必然会引起挫败感以及与挫败感相伴而生的愤怒，所以，除了"脾气犟"之外，这一时期的宝宝还有一个普遍特征，那就是点火就着，极其易怒，频频哭闹。面对这样的变化，很多父母一时摸不着头脑，就会用老办法应对："不行，那个东西你不能碰！""宝贝，你干吗呢，那个地方不能爬！""放下，这不是玩具，你还太小，这个你长大了才能用"……急于证明自己独立性的孩子，再加上依然时时处处把孩子当婴儿照顾和看护的大人，便有了太多的不理解和不认同，双方的冲突自然激烈了起来。

家人的过分宠爱也是导致"天使"变"魔鬼"的一个因素。在城市里比较普遍的"1+2+4"的家庭模式下，家里年纪最小的那个人，却往往是整个家庭中谱儿最大的那个，6个大人围着一个"小公主"或"小少爷"转，是再平常不过的事。于是，平日里的过分宠爱，自然让这些家庭"老大"听不得任何批评或相反意见，稍有"忤逆"就大发雷霆。另外，很多"小公主"或"小少爷"也都有过大吵大闹后就让大人妥协的经历，所以，在发现哭闹的妙用后，自然把发脾气当作与父母抗争或挣得同情的有效手段。

除此之外，家庭环境对孩子情绪控制力的发展也有很大影响。如果父母本身脾气不好，高兴时就把孩子宠得像宝，情绪不好时动辄责骂，或者对孩子的许诺没有兑现，长期的影响之下，孩子就会对父母行为乃至整个家庭环境产生困惑，长时间的压抑与不满，也会演变成防不胜防的暴跳如雷。

一个人能否成功，情商是很关键的因素。而情商的重要组成部分，就是情绪管理能力。每个人都会遇到令人生气、伤心、沮丧和失望的事情，不同的是，情绪管理能力强的人，能够用健康的方式表达情绪，哭喊、尖叫、摔东西、骂人甚至打人，都不会将一个人的身心引向健康的方向。因此，孩子的情绪控制能力，是需要父母花费很多心思去教育和培养的。

1. 树立好的行为榜样

面对无理取闹的小家伙，不发怒、保持清醒头脑解决问题显然非常困难，但作为父母，你这个时候必须做到。当亲子双方都怒火攻心的时候，大人们最好先离开一下，等自己平静后再来解决问题，当然，这样的冷处理对孩子也同样有效。"你是个乖孩子，不会……"待双方都冷静之后，如此恩威并施的劝慰显然要比单纯的训斥或教导更容易让人接受。

当然，除了让孩子知道在情绪爆发时如何控制自己之外，父母在平时也要多了解孩子身心发展的特点及需要，注意给他们营造平等、民主，充满爱和理解的家庭环境。"你觉得这么做怎么样？""能不能等一会儿？""你听奶奶的话好吗？"培养孩子从小就学会用语言和协商的方式解决问题，这可以有效防止儿童情绪波动，减少哭闹、耍赖等暴脾气行为。

2. 帮助孩子正确"出气"

沮丧是很多孩子乱发脾气的根源。当孩子想做什么却无能为力，或孩子正兴高采烈地进行的行为由于危险或不符合规矩遭到大人的制止时，他的沮丧情绪便很自然地产生了。然而，对于一个心智尚不成熟的3岁幼儿来说，他是无法因为危险或规矩就成功抑制住自己与生俱来的探索世界的好奇心的。此时，发脾气便成为他修复情绪障碍的必然途径。这个时候，如果父母不分青红皂白地禁止孩子发脾气，他的沮丧情绪就会悄悄积累，同时也会压抑他探索世界的欲望，这对孩子的未来发展，无疑是更大的隐患。

相反地，父母应当转移孩子的注意力，帮助他平静下来。比如，当孩子因为不能出去玩儿而生气时，就可以让他看他平时爱看的动画片或让他听平时爱听的音乐，以吸引他的注意力。待这件事冷却后，再向孩子说明不能出去玩儿的理由。当然，父母千万不要因为孩子耍赖，就心软迁就他的不合理要求，这样只会助长他乱发脾气的毛病。

3. 公共场合绝不妥协

当孩子在公共场合哭闹时，家长往往会为了息事宁人而倾向于妥协，这就容易给孩子造成发脾气是达到目的的有效手段的误解。因此，父母在这个时候的态度和引导方式对孩子特别重要。如果孩子提出的要求是合理的，及时满足他是非常有必要的；相反，如果是不合理要求，就要直接告诉他，等回家再说。父母一定要立场分明，态度坚定，这样，慢慢地孩子就不会再利用这种场合提不合理要求。

黏人是儿童迈向独立的第一步

[事例一]

3岁多的恒恒似乎总是怯生生的。去公园，恒恒总是玩一会儿就躲到妈妈身后，远远地看别的小孩在路上嬉笑打闹，让他过去，他反而贴得妈妈更紧；去别人家做客，他更是寸步不离地躲在妈妈身后，不叫人，不说话，紧紧攥着妈妈的手，像一只躲避猎人的小麋鹿。

[事例二]

一直以来，半岛都属于比较不黏人的小孩，一年之前，他还能自己玩儿玩具，不需要大人陪。可现在呢？哪怕是出门，也要让妈妈抱着，每次妈妈都累得要命。讲道理、谈条件，甚至以比赛走路的方式哄他自己走，都丝毫不起作用。他一出门就要求抱，不抱就哭。就算在家，最常听到的话也是"妈妈快过来，陪我……"半岛的妈妈越来越困惑，本来不怎么黏人的儿子，为什么越长大，反而越依恋父母了呢？

找妈妈，通常是学龄前儿童觉得不安全、内心急需寻求保护的表现。对于孩子的黏人，专家认为，应该以"15个月"为分界线来看待这个问题。

宝宝能否形成安全、稳定的情感状态，15个月左右是关键时期。在这个阶段，父母如果能够给孩子无微不至的关爱，对他们的喜悦、不满给予快速、准确的回应，就能提升孩子的安全感，从而提升孩子参与人际交往与探索新事物的勇气。"对待15个月之前的孩子，你可以随意宠他，不仅不会宠坏他，还有助于他和你（父母）之间建立起安全的依恋关系。"专家如是说。

而在孩子15个月以后，特别是进入3岁左右这个阶段，随着身体和意识的快速成长，孩子在真实体会到自己独立人格的同时，也会更喜欢黏着大人。看到这里，有的人肯定会说，这话有点儿自相矛盾吧！但育儿专家告诉我们，黏人的确是儿童迈向独立的第一步。

一方面，与父母（尤其是第一抚养人母亲）在身体和心理两个方面的首次分离，会让孩子感到既高兴又害怕，此时，他们就需要父母的怀抱或安慰来获得安全感。回想一下，你的孩子刚刚学会走路时，是不是试探性地走几步，就会马上回身扑入大人的怀抱？又或者，在需要妈妈陪伴着玩耍时，是不是每过一会儿就要回头确认妈妈还在不在？是的，和初学走路的时候一样，3岁左右的幼儿进入身体和意识发育的更高阶段，此时，他们就需要以黏人的方式确认，"即便我和妈妈不是一体了，她依然一成不变地爱着我。"事例一中的恒恒便是如此。只有这样的需求得到充分满足后，孩子才能更自信、勇敢地走向独立。

另一方面，意识的快速发展，会让以往那个完全依附于父母的小家伙开始从心理上追求与大人的平等感，这不仅方便他和妈妈之间的交流，也更容易让他体会到成为"大人"的感觉，于是，就像事例二中的半岛一样，动辄就要求妈妈抱起他便也在情理之中了。

所以说，这是个特殊而又关键的时期，是为掌控孩子一生幸福的关键要素——安全感进行的努力与付出，因此，建议家长们不要对孩子的黏人表现出不解、不耐烦甚至是不高兴的情绪，要充分了解和尊重孩子的愿望，在能够承受的范围内，多抱抱、多陪陪孩子，要知道这可能是他这一生中对父母最为依恋的时光了。如果因为客观原因实在无法随时陪伴，不妨让孩子用哭泣来发泄一下，当孩子情绪平静后一定要安抚，让他知道即使妈妈没有抱他，也丝毫不影响对他的爱，这是孩子情绪恢复的必要步骤。

而孩子如果是因为胆小或缺乏交往技能不愿意放开妈妈的手，父母也不要太急于将他推开，应该耐心地陪着他一起适应，帮他找到舒服的感觉。抑或是，教授孩子一些与他人交往或融入群体活动的技能，帮他招揽到一两个朋友，并通过鼓励提升孩子与他人交往的自信，孩子渐渐就会在小伙伴中间体会到群体活动的快乐，也就自然而然地变得勇敢和乐于向前了。

孩子不听话，是希望你听听他的心里话

如果将父母对孩子的期望进行排序，那么乖巧、听话大概会排在第一位。培养一个从小就听话懂事的孩子，对于在养育过程中经历种种困难的父母来说，是多么幸运的一件事。然而，理想往往丰满，现实却很骨感，孩子进入3岁之后，父母会惊讶地发现，原本的"小天使"突然变成了"小恶魔"，几乎在一夜之间就有了自己的小主意，化身为"皮""犟""执拗"的代言人。因此，在西方教育界，很早之前就有了"难缠的两三岁"一说，这一说法所强调的，就是两三岁的孩子难以管教。不过，父母在被"小恶魔"气得"心绞痛"的同时，有没有想过，宝宝为什么突然就变得不听话了呢？他们的执拗行为，是不是这些心智尚不成熟的小家伙又在以蹩脚的方式向你传递某些信息呢？

［事例一］

3岁的雯雯蹲在酒柜旁边，饶有兴致地抠着一扇柜门上的花纹。抠了一会儿，她拉开柜门，抓出一只茶杯看了看，然后放回，一松手，柜门啪一声弹了回去，又关上了。自此雯雯对柜门产生了兴趣，不断地打开、松手……啪一声弹回去。最后一次，柜门弹回去的时候，她忘记把放在柜子上的手收回，柜门啪的一声回弹，夹到了她的手掌，疼得她大哭起来。妈妈闻声赶来，气得朝她的小屁股上打了两巴掌："不是早就跟你说了小孩子不能自己开柜子吗？你怎么就不听呢！"

雯雯的心里话

妈妈为什么不让我自己打开这些柜门呢？好吃的放在里面，妈妈每天在脸上涂来涂去的东西放在里面，漂亮的衣服也放在里面……家里高的低的，有那么多柜子，每个里面都放着非常好玩儿的东西，爸爸妈妈每天都能打开，我也能啊！

雯雯之所以不听妈妈的劝阻，执意打开柜门，完全是出于好奇。3岁左右的孩子，对于柜门，甚至电门、火柴之类的物品，还不具备对其危险性做出预判的能力。而且，鉴于他们的认知水平，就算父母已经明确告诉他们某些物品可能会造成危险，不要去触碰，他们也往往一知半解，无法完全理解父母告诫的全部含义，只是跟着自己强烈的好奇心想去探索。不仅如此，3岁儿童被禁止的行为有很多，他们也不可能都完全记牢。

所以，要想禁止孩子玩儿开柜子、爬窗台、摸电门、玩火之类的危险活动，父母一定要让孩子眼见为实。可以找一些故事书、电视节目给孩子看，让他们知道，如果夹伤、摔伤、触电或烫伤，会非常疼，而且有可能危及生命；又或者，让孩子在小范围内感受一下危险，就像雯雯，她记不住柜门会夹手，父母就可以把她的手放在柜子上，用门轻轻夹一下，让她轻微感受到疼痛。所有这些做法，都可以给孩子留下深刻的印象，以后孩子也就会自觉遵守父母的指令了。

[事例二]

"牛牛，让你睡觉，说半天你怎么还睁着眼睛呢？"妈妈起身看了一眼牛牛，伸手捂上他的眼睛。妈妈的手刚一离开，牛牛又睁开眼睛，这次，他还抬起小脚，冲着天花板蹬呀蹬。"你干什么呢，赶紧睡觉！"妈妈一把把儿子的腿从空中打落，把他往怀里搂了搂。然而，在妈妈的臂弯里，牛牛又悄悄地睁开了眼睛……

牛牛的心里话

又要睡觉啊，我还没困哪。窗帘外面还有光，是不是还有小朋友在外面草坪上玩儿？天这么黑，感觉屋顶比白天低了好多呀，伸脚试试，我要是能踩住的话是不是就说明我是大孩子了！

3岁的孩子自我意识逐渐增强，他们开始有了自己的想法与意志，并身体力行地去尝试。他们不喜欢接受父母的安排和摆布，不高兴时，甚至还会执拗地和父母对着干，因为在他们眼里，自己已经是大孩子了。

对于身处第一个叛逆期的儿童，避免他们"不听话"的有效方法，是父母给出选择，让孩子自己决定并执行。比如，对事例二中的牛牛，妈妈就可以问："你是愿意乖乖睡觉，明天早早起床按时去幼儿园得小红花，还是想再玩儿一会儿，明天起晚迟到，别的小朋友都有小红花，而你没有呢？"进入集体生活的孩子，荣誉感和归属感已经非常强烈，在这样的选择题中，孩子多半会选择前者。

解读孩子的行为一——任性

大多数家长都有这样的体会：宝宝在3岁之前很乖巧听话，但到了3岁后，性情就开始有了变化，已经不那么听话了，甚至变成了倔强的"小怪人"，让他向东他偏朝西，不让他做就哭啊闹啊，举家不宁。

[事例一]

每天放学后，妮妮都要求在外面玩儿一会儿，最近，她待在外面的时间越来越长，妈妈怎么催促都不愿意回去，如果非要带她回去，她就哭闹。可是，眼看天黑得越来越早，每天的晚饭时间都得推迟。这可怎么办呢？

[事例二]

有天，妮妮爸妈带妮妮去楼下公园玩儿，开始的时候，公园里没人，妮妮一个人一会儿滑滑梯一会儿转转椅，玩儿得特别开心。过了一阵儿，公园里又来了别的父母和小朋友，妮妮就指着滑梯说那是她的，别人不能玩儿，还为这哭嚷了半个多小时，爸妈怎么哄劝都没有用。妮妮爸妈觉得丢脸，强行把她抱回家，她反而哭得更厉害了，最后，直到自己哭够了才停止。

[事例三]

有天放学回家，妮妮闹腾着非要吃冰激凌，妈妈不同意，说冰激凌太凉了，冬天不能吃。妮妮的小脑袋摇得像拨浪鼓："不行！就要吃！幼儿园小朋友可以吃，我也要吃！"之后，不管妈妈说什么，妮妮都是这么一句，后来，硬是买了冰激凌才肯回家。

对孩子而言，所谓任性，是指对个人的需要、愿望或要求毫不克制，抗拒大人的管教，或对大人的要求表面答应，但当大人不在场时，就由着自己的性子来。

3岁之前，宝宝无论是身体还是意识，大多依附于大人，所以一般都比较顺从，对父母的指令能很好地遵守。进入3岁以后，由于主观意识的发展，宝宝的主观能动性越来越强，对很多事情都有着自己的规矩和想法，因而，对成人的要求、安排就表现得不屑一顾，有时甚至故意逆着来，你说向东，他偏偏朝西，这些都是身处3岁叛逆期的宝宝的正常表现。

但如果宝宝的任性还伴有其他行为习惯问题，父母就应该多观察宝宝的行为，弄清"任性"背后的深层次原因。比如，有的宝宝没有时间观念、作息不规律，喜欢的东西得不到就哭闹不停，这有可能是父母长期娇纵的后果。如果父母的爱不适度，总是无节制地满足孩子吃、穿、玩的要求，孩子就无法形成完整且确定不变的生活规则和行为准则，就会任性。比如，有的孩子喜怒无常、自制力差、认识问题极端，父母就需要反思自己的行为，是不是对待孩子太过严厉粗暴，压制了他的正常需要或表达意见的愿望，使得孩子以执拗的方式抗拒粗暴，发泄不满，使逆反情形更为严重。又或者，是不是由于孩子的表现与父母的期望存在差距，父母因为无奈对孩子的行为放任自流，久而久之便导致孩子倔强了呢？

纠正宝宝任性，家长需要做到细心耐心，这可以从以下几方面入手：

第一，为宝宝设定行为界限，引导他们养成良好习惯

要让宝宝明白，什么事该做，什么事不该做，而有些事情，做到何种程度就必须停止了。之后，父母对于宝宝超越界限的行为，要采取严格且统一的惩罚制度，不能只是以一句"这是最后一次"或"下不为例"就草草了事，那样只会娇惯宝宝，助长他们任性的毛病。

第二，不过度关注宝宝的任性

当宝宝因为不合心意哭闹时，父母要表现得漫不经心，这样宝宝就会觉得自己的哭闹根本吓唬不了谁，也不能成为帮助他达到目的的手段，渐渐地，他就会安静下来。同时，父母也要善于将宝宝的注意力引向别处，以转移他的任性。比如，宝宝在商场吵着要买糖果，看见玩具，又要买玩具，此时，父母就可以设法让宝宝去观察别的东西，以让他忘掉刚才哭闹想要得到的东西。

第三，多给宝宝自己做的机会

总觉得自己已经成为小大人的3岁孩子什么事情都想自己干，那么，父母就可以放手多给他们一些锻炼的机会，比如穿衣服、系鞋带、叠被子，甚至盛饭、给大人夹菜等。虽然他们在很多时候都会因为不得要领，将事情搞得一团糟，但家长也应该耐心鼓励和引导，千万不要因为太费时间，或觉得孩子在添乱就打消孩子自己动手的想法，更不应该包办，因为这很容易让孩子失去信心和动手的机会。

第四，少说"不可以"

父母总以为给孩子设立种种"禁止"条款就能有效修正孩子的行为，但实际上，对于身处叛逆期的孩子，你越是禁止某种行为，就越会让这种行为得到强化。聪明父母的做法是，在孩子停止错误行为时，应该立即给予肯定、赞赏或者奖励。

解读孩子的行为二——不好好吃饭，怎么办

3岁的叮当家，每天吃饭都像是一场战役。

叮当有些挑食，妈妈和奶奶精心给他准备的饭菜他往往没吃几口就跑开了。为保证他的营养，爸爸妈妈不厌其烦地告诉他这种蔬菜有营养，那种蔬菜能帮他长高……可遇到自己不爱吃的东西，叮当就倔强地紧闭嘴巴，无论大人怎么劝说都喂不进去一点儿。更糟糕的是，边玩儿边吃已经成了叮当吃饭的习惯。于是，每天吃饭的时候，奶奶就得端着碗等在旁边，在孙子玩儿的时候插空塞一口进去，孙子跑了，还得继续端着碗在后面追，一顿饭往往得吃一个多小时。就算叮当今天愿意坐在餐桌边吃饭，两只手也是一刻都不闲着，抓起这个放下那个，勺子舀着饭还到处扬，一顿饭下来，桌上地上乱七八糟，到处都是饭粒……

面对3岁的孩子，父母经常会觉得无奈和困惑，尤其在吃饭这个问题上

最为明显。不好好吃饭、偏食挑食、爱吃零食，是现在很多孩子的通病。可是，良好的饮食习惯是让儿童摄取足够营养并保证正常发育的唯一途径，如果不是因为身体不舒服，或体内缺乏相应微量元素而不愿意吃饭，那么，面对着一桌子精心调配的各式美味，我们的孩子为什么就不能坐下来好好吃一顿呢？

原因一：心理性厌食

饥饱感是每个孩子从呱呱坠地起就自然拥有的一种能力。婴儿阶段，孩子主要靠母乳或奶粉来满足正常成长的需要，婴儿吃饱了也就自觉不吃了，所以妈妈们也就不太需要控制婴儿吃多少。断奶之后，妈妈们不太容易判断孩子是不是饱了，而且断奶之后的孩子进食时太容易被身边的零食或玩具吸引，妈妈们就越发不知道他是吃饱了还是急着玩耍而不吃了，因此，总是要求孩子多吃点儿，甚至在孩子已经明确告诉妈妈自己已经吃饱了之后，也依然坚持把食物送进孩子嘴里。

一些妈妈总觉得，食物只要到了孩子肚子里就会被吸收，转化为孩子成长发育所需的营养。殊不知，孩子在不自主情况下的进食，脑部不会产生接收食物的信息，口腔没有味觉，消化系统就不能分泌消化食物的液体，最后东西没少吃，能被消化吸收的却很少。长此以往，人体的消化系统还可能产生功能性紊乱，孩子就更不愿意吃东西了。

原因二：饮食无规律

一日三餐，规律性的饮食习惯，是人类在长期生活中形成的。而很多3岁儿童的现实情况是，正点儿吃饭时他们不饿，饭后又嚷嚷着要吃东西。为保证孩子的营养，父母就会给孩子补充食物，有时甚至是零食。总是不规律地摄入食物会导致肠胃蠕动和分泌紊乱，而饮料、雪糕、糖类等高热量零食又会因为血糖升高而产生饱腹感，孩子就更不容易觉得饿了。

所以说，只要不是孩子身体原因，不正确的喂养方式才是使得孩子不爱吃饭的罪魁祸首。父母要想培养孩子良好的饮食习惯，还应该多从自身的喂养方式入手。

首先，不强迫孩子进食。3岁的孩子在一天内应该吃三次正餐和三次加餐，进食时间可以由父母根据孩子的实际情况自行安排，但食物要保证足量以及营养的均衡，这样，孩子就会根据自己的口味恰当地吃够他们所需要的量。父母切不可想当然地给孩子规定进食量，比如昨天中午孩子吃了一碗饭，就觉得他今天中午也必须吃一碗才能饱，还要结合早餐的情况判断，可能孩子昨天早上喝的米粥，今天早上吃的面条，所以昨天中午就自然会比今天中午多吃些。

其次，改变孩子不恰当的饮食习惯。不按固定的时间吃饭、爱吃零食，都是影响孩子营养摄入的不良习惯，对于这些毛病，父母一定要狠下心给孩子改正过来。给孩子规定严格的吃饭时间和吃饭规矩：比如，不能边玩儿边吃，吃饭的时候不能看电视等。如果孩子坚持玩耍，父母就要严肃地让他在吃饭和玩耍之间做出选择，不吃饭就将饭碗和零食收走，在下顿饭之前，无论他怎样要求吃东西，也不能给他。

也许有的父母会问，这样做孩子会不会饿着？不必有这样的担心，对一个3岁儿童来讲，一两顿饭不吃，根本不会对他的成长发育造成损害。如果他早上不吃，中午又不吃，到晚上肯定就会因为饥饿好好吃饭。在这个过程中，父母和其他家庭成员一定要意见一致，坚持不给孩子任何食物，以使孩子养成良好的饮食习惯。

最后，父母要做好榜样。在英国营养专家的一项调查中，发现80%的妈妈都存在偏食的情况，而这些妈妈带出来的孩子也多半偏食。这就说明，父母的饮食习惯会直接影响孩子。因此，要想改变孩子偏食、挑食、不爱吃饭的习惯，父母首先要从自己的饮食习惯着手，给孩子树立良好的榜样。比如，多吃粗粮，多吃蔬菜，在轻松愉快的环境中就餐等。

解读孩子的行为三——怎样应对孩子的不礼貌语言

[事例一]

爸爸带点点去同事家做客，开始，点点和叔叔家的小妹妹玩儿得挺好，过了一会儿，可能是妹妹不小心推了她一下，点点就不高兴了，大声责骂道："你这个坏蛋！推疼我啦！"

[事例二]

开饭了，多伦又坐在电视机前不愿意离开。妈妈叫他，他就答应一声，身子却不动。一会儿，爸爸急了，过去一把把儿子抱起来，放到了餐椅上。多伦不愿意了，一边叫喊着"爸爸坏"，一边从椅子上挣扎着跳下来，又噔噔噔地跑回到电视机前。爸爸也生气了，过去直接关了电视。这次，多伦顿时发起火来，他哇哇大哭，大声喊道："我讨厌爸爸，让爸爸走开！"

实际生活中，像点点和多伦这样不讲礼貌、用语粗俗的孩子并不少见。一个3岁孩童的语言习惯，不但反映了他的家庭教养，还深刻地影响着他的性格和未来的社会交往。那么，一个3岁儿童为什么会说出这样的话呢？

2~4岁，正是儿童语言发展的敏感期，大人说什么，小孩子一听就会，而且还总能用"对"地方。所以，他们能说出这样的话并不稀奇。

父母是孩子的第一任老师，父母因生气脱口而出的不文明的语言，再配以非常愤恨的神情，在孩子看来，就是一种很豪爽并能够有效解决问题的途径，所以，善于模仿的他们，一定会默默记在心里，一有机会就运用一下。当然，除父母的"言传身教"之外，从电视节目上、社会生活中，孩子都能听到并学会一些不文明的语言。

正所谓"人之初，性本善"，没有一生下来就粗暴无礼的宝宝，当然也没有一生下来就彬彬有礼的宝宝。任何一个讲文明、懂礼貌的孩子，都是通过父母后天有意识、有技巧的教导培养出来的。

方法一：言传身教，让孩子懂得礼貌用语的重要性

榜样的力量是无穷的，孩子最早学习礼节的模板就是父母，因此，父母一定要规范自己的言行，通过自己的言传身教培养孩子良好的语言习惯。

比如，父母回家后，要主动和长辈以及其他家人打招呼问好，出门时要告别；和长辈说话态度要谦虚，即便是家人间，也要使用礼貌用语，如"您""请""谢谢""对不起"等。当然，父母和孩子说话，或者孩子对父母表达了特别的关心，父母也要使用礼貌用语回应。家人之间使用文明用语并不是无所谓的客套，而是彼此间的尊重。孩子理解了这点，并习惯于这样说话后，到外面也自然会使用文明语言，待人彬彬有礼，而且是发自内心的。

方法二：避免过激反应

如果孩子对你喊出了"大笨蛋"，或者在社会交往中无意间就说出了脏话，请尽量不要生气，也不要立即教训甚至当着别人的面呵斥他。请记住，在幼儿早期教育中，无论何种状况下的呵斥，都是百害而无一利。所以，当这种情况出现时，父母应该蹲下身来平视孩子，平静而坚决地告诉他："我们的孩子可不能是个动不动就张口骂人的孩子。"然后，你要教会孩子用礼貌的方式表达自己的想法，如事例一中，妈妈就可以教给孩子这样说："如果你想让妹妹和你玩儿的时候多加注意，你就要好好说。你可以这样对她说，'妹妹，你这么推我，我胳膊会很痛。'这样，她就知道自己的行为给你造成了伤害，以后就不这样做了。"

方法三：容忍并尊重孩子的不同意见

没有父母希望自己的孩子长大后像个木偶一样，没有想法与自主意识，只是任人摆布。那么，从现在起，你就要允许孩子不听话，容忍并理解他的自我意识。

你要知道，他突然说出的不文明用语，是表明他不高兴了，而这样的不高兴背后，往往就是因为他有着不同的意见。所以，你允许这样的不同意见存在，但要让孩子明白，用不礼貌方式表达的要求，不可能有好的效果。就像事例二中的多伦，妈妈就可以告诉他，因为他想多看一会儿电视，但爸爸干涉了他的活动，就说爸爸坏，最后只会导致爸爸伤心失望。之后，妈妈就可以教多伦怎样用积极的方式提出要求。"你可以跟爸爸说，我能不能再看一小会儿电视，看完这一点点，我就去吃饭好吗？"长期的教导加上孩子语言表达能力的逐渐成熟，慢慢地，孩子就能够用礼貌的方式提出要求了。

方法四：表扬孩子的礼貌行为

当孩子自觉使用礼貌用语时，父母就可以通过及时夸赞的方式来强化这种行为。不过，父母的表扬一定要明确和具体，不要只是笼统地夸"宝宝乖""宝宝真不错"等，而要说明表扬的具体原因，让孩子明白你为什么表扬他。"奶奶刚才给你橘子的时候你说了'谢谢'，真棒！"，或者"今天一见刘叔叔你就主动问好了，真是个好孩子！"……孩子得到了夸赞，而且很明确地知道为什么被夸赞，好的行为就会被强化，继而有利于他养成好的行为习惯。

教孩子如何发泄愤怒情绪

伤心、失望、沮丧、愤怒，即便是这个世界上生活得最幸福的人，在漫长的人生道路上都无法避免产生这些负面情绪。有能力独自面对失望的人，反而更容易得到快乐，所以，把孩子当宝贝的父母，与其想方设法呵护孩子避开负面情绪，倒不如引导孩子正视挫折，舒缓情绪保持心态平和与淡定。

爸爸妈妈很早就与彤彤约定，周末全家人一起去新开的"儿童水世界"游玩。前一天晚上，彤彤躺下之后还又特意起来，把她最喜欢的机器猫玩偶放到妈妈包里，说要带机器猫一起去"洗澡"。

第二天清晨，彤彤刚一睁眼就一骨碌爬了起来，不仅没用妈妈催促，反而特别着急地催妈妈赶快给她穿衣服。可是，正当一家三口收拾好准备要出门时，爸爸突然接到单位电话，说有急事要马上去单位，下午才能回来，这样，本来说好的"去水世界大玩儿一场"肯定就去不成了。彤彤知道后，特别生气，尽管爸爸解释了很久，她还是不断哭泣着说爸爸是骗子……

在生活中，我们难免会遭遇这样那样的意外，所以，无论父母如何规避，这样的状况都不可能避免。而如果父母能够有针对性地对孩子的愤怒进行有效疏导，那么，孩子在孩童时期就可以理性面对自己的愤怒，乃至长大之后也可以保持乐观心态。

反应一：情绪激动型

如果孩子表达愤怒的方式是放声痛哭，或者躺在地上打滚耍赖，那么父母首先要让他知道，什么是能够改变的，什么是不能够改变的。其次，父母就可以告诉孩子，父母理解他的愤怒，并安慰他"你愤怒没有关系，这种情况下我也会愤怒"，以此让孩子知道面对不如意的事情时，出现负面情绪是很正常的。接下来，父母就得告诉孩子，虽然理解他的愤怒，但愤怒并不能解决问题，要想达到目的，必须保持理性找寻其他的途径。

像上面的例子，面对女儿的愤怒，妈妈就可以这样劝慰彤彤："爸爸只有好好工作，才能赚到足够的钱给彤彤买好吃的，买好看的裙子，而出去玩儿这个事情，可以改时间再约。爸爸不是不跟我们去儿童水世界，而是换个时间大家再一起去。今天确实临时有事，你能理解他，对吗？"当然，事后父母一定要记得履行诺言。

反应二：独自生气型

这类孩子在生气时，通常不会大哭大叫，而是情绪低落，躲在一边生闷气，有时还会刻意躲开父母的关心与照料。父母要想帮助这样的孩子从坏情绪中解脱出来，可以采取转移注意力的方式解决问题，同时帮助孩子增加自信心。

比如，如果上述例子中的彤彤是这种类型的小孩，妈妈就可以给她设定一个选择的机会，让她觉得能够解决问题。此时妈妈就可以说："爸爸不能带我们去儿童水世界了，那不如妈妈带你去。"或者也可以这样问："爸爸今天实在太忙了，不然我们等等他，换个时间下周再去，让他提前跟单位说好，只跟你玩儿不加班好不好？"

当然，为了舒缓情绪，父母也可以有意无意地让身处低落情绪中的孩子忙碌起来。比如，收拾屋子时，让孩子帮忙整理东西，或擦擦桌子。虽然他的加入可能会让屋子变得更乱，但有助于调节孩子的情绪，让他以积极的态度对抗刚才的坏情绪。

反应三：转眼忘记型

显然，这类孩子属于心胸十分开阔的类型，前几分钟还因为某件事愤怒，没过多久，就被其他的事情吸引了注意力，转而忘记了刚才的负面情绪。虽然这类孩子不会明显地表现出失落、失望、沮丧的情绪，但父母仍需要教会孩子发泄不满情绪的办法。

有研究表明，能够从愤怒情绪中快速恢复过来的孩子通常会很容易得到别人的帮助，因此，父母可以为这类孩子创造一个包括父母、其他亲人以及小伙伴在内的圈子，让孩子在失落时可以随时求助于他们，从而继续保持他们的开阔心胸。

第五章

制定合理规矩，孩子才会
认真就范、不抵触

规矩在孩子成长的过程中起着极为重要的作用。一个建立了规矩观念的孩子，并不仅仅是"乖""听话"和"好调教"，更重要的是，遵守生活的规则能保障孩子在秩序中成长，让孩子学会判断是非善恶，自发地建立起良好的秩序与和谐的氛围。所以，父母如何给3岁孩子定规矩就显得格外重要。

设定清晰的家规，即使孩子发脾气也不能破例

俗话说，"不以规矩，不能成方圆"，成人的世界之所以能井井有条地持续运行下去，与完整有序的社会规范有着密不可分的关系。3岁孩子所面临的，可能是离开父母温暖的臂弯，进入幼儿园，并逐步参与社会生活。他们的活动范围比以前扩大，接触的人也比以前广泛复杂，这就需要他们必须掌握一些基本的社会规范以便能更好地适应社会，并与他人和谐相处。

因此，这个阶段的爸爸妈妈，无论是出于培养孩子秩序感的想法，还是为孩子未来适应社会的考虑，绝大多数都已经开始为孩子设立清晰的规矩，但这个过程并不那么容易。

订立规矩必然会对孩子的行为产生诸多限制，这对正处于心理快速发展并且极其渴望亲自探索世界的3岁儿童来讲，是绝对不能忍受的。所以，从3岁儿童口中我们最常听到的话，就是一个铿锵有力的"不"字。你告诉他在地上要穿鞋，不能光着脚站，说多少次他好像都听不见。再对他说，他就不高兴了，生硬地回给你一个"不"字。你和女儿说不能动妈妈的化妆品，可是你越说，她好像越对那堆瓶瓶罐罐的东西好奇，总是有事没事去梳妆台看看，抠出里面的东西闻闻抹抹；你告诉孩子要懂得分享，即使是自己喜欢的玩具，也可以先让给别人玩一会儿，可他就是为了一个平日里都不多看一眼的小汽车与别的小朋友争得不可开交；你叮嘱他玩儿滑梯的时候要排队，可他一滑下来就马上跑到了队伍的最前面……

3岁的孩子不仅不遵守父母订立的规矩，而且一旦规矩不够明确，他还

会试探父母的底线，打擦边球。比如，你告诉孩子不能爬到飘窗上玩儿，他可能就会先站在沙发上，看你对他的行为有无反应；如果你对他的这个行为没有太激烈的反应，接下来，他就可能在沙发上蹦蹦跳跳；如果你此时只是告诉他不能跳，会把沙发踩坏，也可能掉下来摔伤，他接下来就可能爬上沙发靠背；如果你的态度依旧暧昧，他就会一步步向着爬上窗台的目标迈进；在这期间，如果你在某个时候生气了，他就会乖乖下来。

所以，给孩子订立规矩是非常困难的事，需要爸爸和妈妈共同的坚持和耐心，也需要双方的配合与确定一致的育儿理念。

要点一：重视爸爸的作用

在孩子的教养过程中，爸爸和妈妈有着迥然不同的角色定位。妈妈多通过身体和语言与孩子进行交流，爸爸则以游戏和运动的方式与孩子建立联系，因此，在规矩方面，妈妈大多容易妥协和迁就，爸爸则更倾向于遵守与不断订立新的规矩。这样，孩子天生就对爸爸具有一种敬畏感，他们会观察爸爸是什么样的性格，又是怎样去面对挫折，会采取怎样的方式化解危机等，然后在实践中有意无意地模仿。所以，在给孩子订立规矩并要求他遵守规矩的过程中，爸爸的作用是非常大的，尤其是在妈妈更易于迁就孩子的家庭关系中，爸爸说一不二的态度会让孩子明白规矩必须严格遵守。当孩子对规则持有这种严肃态度后，他就不会再试探父母的底线，或者打擦边球了，而是严格遵守，不越雷池一步。

要点二：让孩子知道规则的意义

只是单纯地命令孩子应该怎样、不该怎样是没有用的，命令只会让孩子立志反抗，迫不及待地尝试违反规则带来的刺激感。这时父母的正确做法是，给孩子订立规矩时，一定要将订立规矩的原因以及可能引起的后果清晰地告诉孩子。比如，在外面玩儿的时候，孩子喜欢到处乱跑，父母就可以这样告诫孩子："不许在大街上乱跑，外面有很多车，你到街上乱跑就可能会被撞伤，或者被行人碰倒。"其实，孩子喜欢在外面到处跑，也是因为身处意识大发展时期的他们对周围的事物感到好奇，这样的探索对孩子是有好处的，一味地压制反而不利于孩子的发展。这时，你可以告诉孩子："妈妈知道你喜欢在外面自由奔跑，但乱跑会有危险，等星期天妈妈有时间了带你去公园好吗？在那儿，你能自由自在地跑，还能看美丽的花。"

要点三：父母要讲究方式方法

如果你一直是通过"威逼利诱"的方式才将自己的孩子变成了懂规则守礼仪的"乖宝宝"，那么，一旦有一天你不再使用这些方法，他就会对规则毫无敬畏；父母也不要总是在孩子耳边念叨，以为说得多，他就会记住，可这种做法恰恰会增加孩子的逆反心理，反而不会与你"友好合作"；当然，动不动就训斥与惩戒更不可取，经常训斥不仅不会敦促孩子遵守规则，反而会打击他们的自信心。3岁儿童的规则意识需要在反复的训练与不断犯错中前进，父母们，请多给孩子一点儿信心与耐心。

疑问：我的孩子应该学会哪些规矩

随着孩子渐渐长大，曾经的"开心豆"一瞬间就变成了"讨厌鬼"：一不高兴就大哭大闹，遇到不喜欢的人伸手就打，吃饭要追着喂，待人接物粗鲁没礼貌，上幼儿园必须哄着，很晚还守着电视机不愿意睡觉……这样的孩子，与大多数父母期望中的样子相去甚远。其实，这都是因为孩子没有学会规矩造成的。那么，在0~3岁这个关键期，我们的孩子究竟要学会哪些规矩呢？

1. 作息规律

拥有规律的作息，不仅是孩子生活品质的保证，也是孩子身体健康的保证。父母可以从以下几个方面帮助孩子养成有规律的作息习惯。

首先，尊重孩子的节奏。根据孩子的年龄、身体状况、发展特征及季节变化制订并及时调整孩子的作息时间表，不做硬性要求，也不要完全照搬其他家庭家的育儿模式。

其次，与作息有关的事情都要有固定规律。每天的洗澡、洗脸、刷牙都要在特定的时间，让孩子养成按时洗漱、睡觉、起床的习惯。

再次，营造良好的睡眠环境。准备好睡前读物，尽量不开大灯，只开柔和的小壁灯，之后只要让孩子一看到妈妈拿出睡前读物或小壁灯亮起，就知道该睡觉了。

最后，父母要做好榜样。孩子的作息习惯、时间观念往往与父母的作息及工作状态有关，所以，父母要为孩子做好榜样。比如早睡早起，不熬夜等。

2. 举止文明

举止文明是每个人进入社会的最基本要求，包括不随地吐痰和大小便、公共场所不大声喧哗、遵守交通规则、不为个人利益侵害公众利益等。在这一系列规则的建立过程中，父母也要发挥好榜样作用，随时检视和矫正自己的不文明行为。

3. 自己的事情自己做

如果让孩子从小就学着去做自己力所能及的事，进入小学之前，孩子的自理能力就会很不错。所以，父母一定要放开手脚，耐心指导孩子做事，并付出更多的时间和耐心处理孩子暂时做不好造成的麻烦。比如穿衣、洗脸、铺床叠被、整理物品，父母就可以给孩子制订简单的行动计划并监督执行。

不仅小事如此，即使是大事也要如此：大人要上班，小孩要上学，这既是大家在社会中的角色，也是必须要做的分内之事。所以，即便只是个3岁孩童，也不能不想上学就不去，自己喜欢的兴趣班今天不想去就打退堂鼓。当孩子出现这种退却心理时，父母应耐心寻找原因，并帮助他们努力克服。

4. 遵守时间

对时间的关注和遵守，可以增强孩子的秩序感，帮助孩子提高做事效率。但想让一个3岁的孩子树立时间观念，并不是一件容易的事。父母在严格以身作则的同时，也可以尝试把主动权交到孩子手里，告诉他："请你10分钟后上床。""再过15分钟我们就要出发了，否则你就迟到了。"……

5. 健康的饮食习惯

饮食习惯的好坏，事关孩子的身体健康与成长发育。父母要重视培养孩子良好的饮食习惯：饭前洗手，帮助父母收拾碗筷；不偏食，不挑食，细嚼慢咽；不要一边吃饭一边看电视或玩儿玩具，甚至跑来跑去；遇到喜欢吃的食物不暴饮暴食，每次盛饭不要太满等。

6. 尊重他人，待人友善

父母、家人、老师、同学，都是同等重要的个体。父母应教会孩子对每一个人都做到尊重，见面问好，不因冲突骂人、打人，做错事情要诚恳道歉，不能因为身边人不满足自己的要求就发火。

7. 物权意识

教孩子分清自我和他人的界限，自己的东西可以随意支配，别人的东西未经许可不能据为己有；对于公共设施的使用，使用后要归放原位，谁先拿到谁先使用，后来者必须等待；想借用别人的东西，必须先经所有者同意；想分享别人的东西，自己先要学会分享。

8. 学会等待

从幼儿阶段，就应该让孩子知道等待，要让孩子明白"只有付出才有回报"的道理。比如，吃完饭才可以看电视，乖乖睡午觉下午才能出去玩儿，爸爸妈妈周末休息了才可以去游乐场。适度等待不仅可以培养孩子的忍耐力和坚毅品格，还能让孩子养成遵守规矩的习惯。

下面是一些给孩子订立规矩的注意事项：

（1）父母的态度和理念要一致，一旦制订规矩，就要严格遵守，不能轻易破坏。

（2）只制订最为必要、孩子绝对能够做得到的规矩。

（3）多提正面要求，把禁令减到最少。

3～6岁，每个年龄段都有合理的规矩

你知道3岁的孩子喜欢和大人顶嘴，那4岁的孩子会是什么样的呢？如果4岁的孩子还每天哭哭啼啼不愿意上幼儿园，是不是应该受到惩罚呢？5岁的孩子又有哪些必须要遵守的规矩呢？

即使不考虑孩子性格上的差异，在不同的年龄阶段，孩子们也有各自不同的思维方式和行为方式，父母也慢慢意识到，一成不变的教育方式是无法适应孩子思维发展的，那么，不同年龄段的孩子有哪些特点？父母又要根据孩子的意识和行为特点为他们制订怎样的规矩和采取怎样的教育方式呢？

1. 3～4岁

特点：社交能力不断发展，与人协作是孩子在这个阶段必须学会的重大任务。这个阶段孩子的典型行为是更加专注于游戏和各类活动，所以，当他们玩儿得起劲的时候，要想让他们停下来去做别的事情就变得格外困难。同时，意识的发展已经让他们知道自己想要什么、讨厌什么，所以，他们会经常用更强烈的方式表达自己的需求和不满；为满足个人需要，他们偶尔也会有意识地隐瞒一些事实，但他们并不懂得这是欺骗，是很不好的行为。

对父母而言：

（1）不要因为孩子太沉迷于游戏就大发脾气，这是年龄特点使然，父母应给予孩子充足的时间，等待他们结束正在进行的游戏，然后再去做别的事。但是，父母要给孩子规定限制条件，比如，"看完这集动画片，你就必须上床睡觉了！"，"我只能给你10分钟，你收拾好了我们就出发。"……

（2）不要过于关注孩子的哭闹，孩子一哭父母就严阵以待，会让孩子将哭闹当成要挟父母或达成自己目的的手段。当然，父母也不能对哭闹置之不理，安抚和拥抱会让孩子的情绪缓和下来。但平静过后，父母要告诉孩子，哭闹不是解决问题的方法，说出来大家一起协商，才能使问题有效解决。

（3）冷静地对待孩子的谎言和欺骗行为，要理解这样的行为是这个年龄段孩子的正常现象，不要因为他说了什么做了什么，就上升到品德高度予以惩戒。但父母也要让孩子知道，扭曲事实或者有意识地欺瞒大人是很不好的行为，必须严肃要求他多加注意，不能再犯。

2. 5～6岁

特点：能彻底领悟父母的要求和规矩，但有时还是会依据自己懵懂的道德意识去做事。这个阶段的孩子已经学着站在别人的立场去思考问题，同时，也能够懂得遵守规则，去做一些力所能及的事，但他们还是会要"小聪明"，去试探父母的底线。五六岁的孩子，已经能够很好地控制自己的情绪，遇到不满意的事情，也很少摔东西、打人，或者没完没了地哭闹了。

对父母而言：

（1）强化孩子的换位思考能力。多问问孩子："如果别人这样对你，你会喜欢吗？"然后告诉孩子，他的行为会给别人造成怎样的影响，由此让孩子知道遵守某项行为准则的原因。

（2）制订并实施一些简单的行为管理体系。比如，每天早上都往床头贴三个笑脸贴画，一旦孩子有了不好的行为，就把笑脸撕掉一个，并明确告诉孩子原因是什么。一旦三个笑脸都被撕掉，孩子就要按照事先的约定接受惩罚。但如果今天哪怕还剩一个笑脸，也要对孩子进行奖励。

（3）制订一些规矩，使孩子明白自我控制的重要性。比如，"你因为不高兴就摔坏了小汽车，那我这个月就不会再给你买玩具，下个月买不买，就要看你最近的表现。"或者"给你3分钟时间停止哭闹，否则你就得待在自己房间里不能出来。"……

注意：

（1）5岁之后，孩子开始懂得规则和行为后果之间的因果关系，所以，从4岁起，对孩子的要求要更加严格。制订详细清单，明确规定能做和不能做的事情，并将违反规则的后果与孩子协商清楚。

（2）做好反复重申规则的准备。在5~6岁，父母要想让孩子去做某事，可能要反复重申，待年龄继续增长后，他们的表现就会好很多。

（3）面对孩子的违规行为，父母要意见统一，言行一致，同时，要将对孩子的惩戒落到实处，不要只是一味地训诫他们"不许这样""别干那个"。在早期教育中，行动通常比语言更有效。

第一阶段：给孩子下达明确的指示

很多家长都有这样的体会，当我们叫孩子做什么事时，他们所做的有时会与我们的要求不符，遇到不愿意做的或者最后没做好的，就拒绝、推诿、拖拖拉拉，做一半就跑掉更是他们经常玩弄的小伎俩。出现这样的情况是什么原因呢？一方面与孩子本身性格有关，另一方面也在于我们给孩子下达的指令不明确。比如让孩子倒便盆这件事，为什么有的孩子在父母的要求下做得很好，而有的却无论父母怎么要求最后都是徒劳？难道真的只是"别人家的孩子"永远比自己家的好吗？其实，一切的根源，都在父母"如何说"上。

下达命令的方式对命令的最终执行情况有着根本性影响，就拿纪律严明、整齐有序的部队来说，"稍息""立正""左转弯齐步走"这些简单口令却能让众多士兵行为举止整齐划一。这是为什么？因为部队的命令坚决、果断、干脆、利落。尽管家庭和军队是完全不同的两个范畴，但是我们可以从中学习下达指令的技巧和方法。

要点一：明确的时间

要求孩子做事时，如果不把时间交代清楚，孩子就会有很大的变通空间，甚至在玩儿了一会儿后，他就会完全忘记你所交代的事情。所以，父母在给孩子下达指令时，一定要规定明确的时间。比如，"现在马上就去收拾玩具"，或者"再过10分钟，你就要关掉电视上床睡觉"等。

〔事例一〕

到了睡觉时间，女儿还蒙在被子里咯咯笑着不肯睡觉，尽管妈妈催促了好几遍，她还是在被子里来回滚。

不合理指令

第一次："快点儿睡觉，别磨蹭了，都几点了？"

第二次："你听到我刚才的话没有，跟你说话怎么总当耳旁风啊，再不睡觉，明天就起不来了！"

第三次："快点儿睡觉，你再不好好躺着妈妈要生气了，你这孩子怎么这么烦人！"

合理指令

"宝贝，不能玩儿了，该睡觉了，你现在马上躺好，我们来讲画报。"

前后对比：这位妈妈前三次下达的指令，没有明确的时间要素，相对于睡觉，孩子更喜欢玩耍，所以她自然不会及时行动起来。妈妈的反复催促，不仅没有效果，反而会引起孩子的逆反心理。而最后的合理指令，充分体现了"及时行动"的要素，且妈妈也用自己将要进行的"读画报"行为，把整个过程变得具有连续性和可操作性。

要点二：简洁、准确的内容描述

一个人表达能力的强弱，直接影响着接受者对意思的理解。如果家长的指令缺乏逻辑和条理性，总是长篇大论，东拉西扯，或者表达不清，孩子自然不知道爸爸妈妈到底想让他们怎么样。

［事例二］

宝宝平时在家里玩耍时，总是随手把玩具一丢，弄得家里乱糟糟的，因此，妈妈希望宝宝在玩耍过后，能把玩具放到玩具箱里。

不合理指令

第一次："跟你说了多少遍了，玩儿完的玩具，要放回玩具箱里，你怎么就做不到呢？"

第二次："爸爸妈妈工作一天很辛苦了，回来还要跟在你屁股后面一直捡你随意丢弃的玩具，我们都快累死了。"

第三次："宝贝，你到底能不能把不玩的玩具放回玩具箱？你看看我们家都乱成什么样子了！"

合理指令

"现在，请你把丢在沙发上的小汽车放回玩具箱，妈妈会在这儿看着你，看你做得棒不棒。好，去吧！"

前后对比：前面的三条指令中，妈妈没有突出把玩具放入玩具箱的重点，说了很多父母辛苦、家里混乱的事情，使得孩子不能明确区分妈妈的指令是要求他收拾玩具还是责备他把家搞得乱糟糟的。再看最后面的合理指令，重点突出，条理清晰，而且妈妈明确说明自己会在一旁监督，孩子自然立刻就去做了。

要点三：确定的结果

给孩子下达指令时，也要明确地告诉孩子要做到何种程度，否则孩子以为做了就可以，便很容易边玩耍边做父母交代的事情，有时甚至会半途而废。

一旦养成这样的毛病，孩子在做事时便很难集中注意力地将事情做完、做好。

[事例三]

爸爸让儿子把杯子里的牛奶喝掉，儿子跑过去"喝完"，就又急着跑回来玩儿玩具了。一会儿，爸爸到桌子边一看，杯子里的牛奶根本没见少。

不合理指令

事前指令："儿子，快过去喝牛奶，然后准备睡觉了。"

事后指令："怎么回事儿啊，让你喝牛奶你就喝一口，这么小就学会糊弄人了，快回去把牛奶都喝了！"

合理指令

"儿子，一会儿要睡觉了，现在去把杯子里的牛奶喝完，再玩儿10分钟，收好玩具，上床。来，跟我重复一遍你接下来要做的事！"

前后对比：这位父亲的事前指令，只是要求了行为，并没有规定明确的结果。事后指令，虽然有了对结果的要求，却有明显的责备意味，这是下达指令的大忌，指令中含有了负面情绪，孩子就不知道指令的目的是什么，或者以为只是爸爸的单纯责骂，导致孩子接下来的行动不情愿。而最后的合理指令，不仅对孩子要做的事和需要做到的程度有明确的描述，且要求孩子重述任务要求，进一步加深了孩子执行任务的目标性，使孩子能够一次性地将事情做好。

要点四：确定的完成时限

一般情况下，孩子的时间观念是比较弱的，如果父母下达指令时不说明完成的时限，最后的结果很可能就是孩子磨蹭拖拉。

[事例四]

吃饭时，宝宝在桌上吃几口就跳下椅子跑到电视机前看两眼，或者去玩具堆里摸两把，一顿饭总要吃一个小时。

不合理指令

第一次："宝贝，好好吃饭，别乱跑！"

第二次："我每次的话跟你都是白说啊，快过来吃饭，我们要吃完啦！"

第三次："这孩子怎么就听不进去话呢？每天吃个饭都没完没了，想玩儿就玩儿去吧，别吃了！"

合理指令

"儿子，记得你跟妈妈的餐桌约定吧？吃饭不能玩儿玩具，不能乱跑，一旦你跳下椅子，就视为你用餐完毕，我会收了你的饭碗不允许你再吃，而且一会儿也没有零食和水果，你就得饿着，直到晚饭才能吃。我们吃完你就得吃完。好啦，开饭！"

前后对比：不合理指令中，没有时间限制也没有后果提示，孩子自然有恃无恐，按照他自己的想法行事，妈妈的指令也自然是耳旁风。而合理指令中，没有大人的唠叨与指责，只是规定了用餐时间及不好好吃饭的后果，孩子自然就会约束自己的行为，提升行动力。

第二阶段：说到做到，从必然的后果中吸取教训

本节开篇，先给大家讲述一个真实的教子故事。

约翰逊夫妇是美国人，他们非常热情。有一年的圣诞节，他们邀请了一些中国朋友去家中做客，要让大家感受一下地地道道的美国圣诞节氛围。

约翰逊夫妇的女儿当时只有两岁，见家里来了这么多客人，小家伙兴奋得满屋子乱跑，可爱极了。用餐时间到了，小女孩儿吵吵着要吃蛋糕，于是，约翰逊便把女儿抱到餐椅上，对她说："亲爱的，你得把面前餐盘里的食物吃完才能得到蛋糕。"见女儿不吱声，他又补充了一句："这是你跟我们约定好的餐桌规矩，吃完正餐才能得到甜点，你忘记了吗？"小女孩又思考了一下，点头答应了。

可是，小姑娘的兴奋劲儿还没有过去，趁大人们聊天不注意，她没吃几口，就偷偷溜下餐桌，跑出去玩儿了。饭后，约翰逊的妻子端出她自己做的蛋糕，约翰逊的女儿一见，又立刻兴奋得跑了过来，要求吃蛋糕。但约翰逊却严肃地告诉女儿："你没吃完晚饭，不能吃甜点。"于是，小女孩转而求助于妈妈，可约翰逊妻子却丝毫不为所动，只是招呼客人用餐，一点儿都不管女儿的哭闹。在座的客人们都觉得约翰逊夫妇太过苛刻，只是一个两岁的孩子，父母何必如此严厉呢？

一年之后，同一拨人又被邀请去约翰逊夫妇家做客。与一年前相比，约翰逊的女儿已长大不少，可更令人惊讶的是她的变化。用餐前，小姑娘自己爬上餐椅，用勺子认认真真地吃完了自己盘子里的食物，征得妈妈的同意后，她才离开餐桌，跑去玩儿自己的玩具。对于女儿这一年来的变化，约翰逊解释说："对待小孩儿，首先要有规矩，其次是严格执行规矩，毫不妥协。这样孩子才会有明确的规矩意识。"

自己的孩子挨饿，做父母的心里自然也不是滋味，可是，如果父母单单是因为心疼孩子，而置彼此协商好的规则于不顾，那么，不仅规则失去了作用，父母在孩子心里也会失去威信，教育孩子也就一次比一次难。其实，对父母来说，根据孩子的成长发育制订相应的规则并不难，难就难在能否坚持原则不动摇，当疼爱遭遇规则时，才是真正考验父母意志的时候。

不懂遵守规则的孩子自然是无法形成规则意识的，而规则意识的缺乏，对一个孩子的成长极为不利。因此，父母既要是规则的制订者，也要成为规则执行的监督者，必须说一不二，让孩子在承担后果中得到教训，在学会遵守规则的同时拥有规则意识。

要点一：根据孩子违反规矩的不同情形，采取不同应对措施

如果孩子是因为不重视规矩而故意犯错，父母可以依照约定，针对他的不良行为进行惩罚，但惩罚一定要温和。当然，父母最应该做的，还是从正面培养他的规则意识。

如果孩子是因为失望、怨恨等无法向父母用语言清晰传达的感受而故意破坏规则，以向父母传达自己的情绪，那么父母就应该及时安抚，并与孩子进行交流，了解他的想法，使问题及时予以解决。

如果孩子是由于性格原因，比如胆怯、恐惧等，而出现不良行为，父母则需要对孩子进行安慰和鼓励，而不是以别人家的孩子为标准数落孩子的缺点。

如果有的孩子天生倔强，即使知道自己错了，也不愿意承认，父母则需要保持冷静，理智地将自己的想法告诉孩子，以帮助他们解决问题。

要点二：多讲道理少强迫

订立规则时，家长一定要和孩子把道理讲清楚，不能强迫孩子服从，且规则一定要简单易懂，以便于孩子理解和记忆。

其实，孩子对于"大道理"还是听得懂的，即便他们一时半会儿还不能完全领会，但父母平和的语气以及对他们尊重的态度，也会让孩子因为被信任而乐于听从父母的建议。

要点三：在遵守规则的范围内给孩子自由

孩子不是士兵，规则也不是铁律，如果孩子表现好的话，有些规则可以在适当范围内放宽一些，以减少孩子的压力，促使他们更主动地去遵守规则。比如，孩子表现好的时候可以多吃点儿零食，可以多在外面玩儿一会儿，晚上也可以晚睡一会儿等。但前提是一定要让孩子明确知道，究竟是他的哪些行为得到了父母的如此奖励。

要点四：违背规则就要受到惩罚

孩子违背规则之后，父母一定要依照约定对孩子进行惩罚，否则就会削弱规则的约束力，父母的威信也会在无形中被消磨。

但在惩罚孩子的过程中，父母要注意尽量使用比较缓和的方式，谩骂、体罚甚至殴打是绝对禁止的。无论语言还是行为上的暴力，都会让孩子感到恐惧、愤怒，甚至是仇恨，非但起不到教育的效果，反而会激发他们的逆反心理，不利于规则的遵守和规则意识的培养。

第三阶段：约法三章，亲子之间的约定

不要小瞧一个3岁儿童的自我意识，他也不喜欢如附属品般被随意摆弄、呵斥或惩戒，如果他能清晰感受到父母发自肺腑的体谅，得到父母如对待成年人般的尊重，那么，很多分歧和问题都能迎刃而解。

在对规则的指定与遵守方面也是这样，一旦亲子间的"协议"是建立在双方的尊重、信任和约束之上，规则就不再是枷锁，而会成为双方交流和沟通的工具。下面，我们就给父母支招亲子间的"约法三章"。

约法三章第一章：约定时间

这一招很有效果。

试想，如果我们正专注于某件自己很喜欢的事情，这时，不管别人以什么样的理由让我们立刻停止，都会使我们感到深深的惋惜、不服甚至是不悦。孩子也是一样，为了避免他因为遵守规则产生被强迫的感觉，就可以有言在先，或事先约定时间，让孩子觉得自己是被尊重的，从而乐于遵守规则，信守承诺。

[事例一]

该睡觉了，渺渺却还是恋恋不舍地摆弄着今天刚买的积木，不愿意上床。妈妈提醒她该睡觉了，渺渺头也不回地给了妈妈一个特别干脆地回答："不！"见状，渺渺妈妈便态度温和地对女儿说："那我们再玩儿5分钟好不好？"渺渺见妈妈没有强行把她抱上床，而且又给了她5分钟玩耍时间，便很爽快地答应了。于是，渺渺妈妈拿出手机，指给女儿现在是几点几分，5分钟后是几点几分，告诉女儿一旦手机上的数字变成她们约定的时间，渺渺就得上床了。5分钟后，渺渺妈妈再次拿出手机提醒女儿该睡觉了，渺渺凑过来看了眼手机，又跟妈妈确认了上面的数字，便很爽快地跟着妈妈进卧室了。

约法三章第二章：规则之内由他做主

很多父母担心，如果给孩子设定太多规则的话，孩子是否会因为有太多限制而变得缺乏主见？其实，如果父母将规则只限定成方向性的框架，而让孩子在这个框架内自主行事，孩子不仅不会缺乏主见，还会充分发挥自己的主观能动性，并且更加善于适应规则。

[事例二]

很多孩子一进商场就会哭闹，因为那里有太多能吸引他们的眼球又怕父母不给买的东西。对于这件事情，子航妈妈自有妙招。

每次带儿子去超市或商场之前，妈妈肯定会跟子航进行一次很认真的交谈，内容就是子航进入商场后的权利与限制。比如，这次去超市爱吃的零食只能买一种，或者，在商场内他可以在一定价格范围内自己挑选一件商品，但只有一件。所以，因为事先有约定，即便妈妈想给他多买一件，子航都会表示反对，因为他知道事先约好的事情一定要做到。

［事例三］

妈妈带小月去商场买玩具，进店之前，妈妈和小月约定只能买一件，小月表示同意。进到店里后，妈妈陪小月一起选了好几件小月喜欢的玩具，然后让她自己决定究竟买哪一件，小月纠结再三，终于将选定的玩具拿在手里，也没有要求妈妈再多买什么。

当然，父母也不要怕孩子即便在框架内也会出现不良行为，我们毕竟不能代替孩子思考，尽管他们的想法可能不太成熟，但他们也有自己的想法，所以，何不放手让他们在一次次成功与失败的历练中变得成熟呢？

约法三章第三章：尊重孩子表达情绪的权利

许多父母讨厌孩子哭哭啼啼，孩子一哭，他们便没了主意，先是安慰，再哭烦了就是斥责。快乐、生气和愤怒，对每个人而言都是不可避免的情绪，如果孩子从小就觉得一旦自己生气或哭泣就会让父母愤怒，那么就会有意无意地压抑自己的情绪，而不知道如何正确表达和有效管理自己的情绪，就很有可能以摔东西、骂人、打人的方式进行爆发式宣泄。

所以，父母不要一看到孩子哭闹就烦，而要对其进行疏导，鼓励他学着表达自己的情绪："这件事情让我觉得很生气。"当孩子讲出他的伤心或者愤怒时，要表示出对孩子的理解，并以和善的态度对待他的哭泣。

［事例四］

儿子很喜欢的一个玩具在旅行中被妈妈不小心弄丢了，儿子哭了很长时间。回家后，儿子跟奶奶讲了这件事情，还跟奶奶说他当时非常生气。奶奶问："那你现在还生妈妈的气吗？"他回答说："不生了，我哭完了，也就不气了。"

第四阶段：严格执行

说到对规则的严格执行，现在教育界最为推崇的一种做法是"温柔而坚定"。所谓温柔，指的不仅是语言和态度上的温柔和善，还包括对儿童的理解与尊重，以及在此基础上建立起的彼此信任与合作；而坚定，并不是说严守某条标准绝不妥协，而是划定某个区域，在区域内可灵活调配，但界限绝对不可逾越。

1. 用理解消除敌对情绪

说起遵守规则，很多家长的理解就是顺从。但顺从这个词，包含着冲突以及由此导致的对他人人格的忽略，而孩子愿意顺从的，往往是他们所信任和爱戴的人，所以，如果孩子太过顺从，就容易走上两个极端，一是敌对，二是懦弱。良好的亲子关系，应该建立在对孩子的想法和感受的尊重之上，建立在双方的信任与协作之上，而不是压迫，更不是敌对。

[事例一]

带孩子去别人家做客，出于好奇，他们总是会对自己家里不常见的东西东摸摸西碰碰，特别是那些亮晶晶的茶具或摆台，会更吸引孩子的注意力。这个时候，如果不让孩子碰，就容易伤了孩子的好奇心；可任由他们鲁莽地触碰，又可能损坏这些东西。此时，父母就可以这样告诉孩子："阿姨家的很多东西你都没见过吧？妈妈知道你特别想去摸摸，看看。你想看哪个，就告诉妈妈，妈妈带你去。但是看完之后我们就不要再碰了，去玩儿小朋友的玩具，好不好？"在妈妈的陪伴下，小家伙自然不会损坏任何东西，同时，妈妈也可以要求孩子说说对这个东西的观感或触感，并告诉孩子这是易碎品，以后见了也要小心对待。看过之后，妈妈就可以让孩子按照事先的约定，去玩儿那些他该玩儿的东西。

在这个例子中，如果妈妈只是因为担心孩子损坏东西就粗暴地打断孩子的探索行为，孩子就会不悦甚至哭闹。而如果以爱和理解贯穿始终，亲子之间就会变得温情脉脉。

2. 坚持底线，方式灵活

父母往往希望自己的规则一旦制订出来，就能被孩子立即贯彻执行。可实际上，孩子的理解能力、自控能力都尚不成熟，规则并不能产生立竿见影的效果，而是需要父母的包容和引导。

[事例二]

爸爸妈妈带阿保出门，上车后，阿保使劲蹬着两条小腿，说什么也不愿意坐进儿童安全座椅。这件事可不能顺着他，太不安全，可如果强行把他绑进去，阿保很可能哭闹。于是，见儿子不愿意绑安全带，妈妈便给了他两个选择："你是想自己绑安全带，还是想让妈妈给你绑？"3岁的阿保还从来没有自己干过这件事情，所以，妈妈一问，他就不再犟了，回答说自己绑。于是，在妈妈的帮助下，阿保自己绑好了安全带。

在这个例子中，父母所要坚持的底线就是孩子乘车必须坐安全座椅。但是，阿保的妈妈选择的方式并不是一味地粗暴坚持，而是用给予孩子自由选择的方式达到最终目的，体现了父母的爱和高超的教育艺术。

3. 规则不是强迫孩子顺从，而是引导他认同

我们希望培养孩子良好的行为规范，但并不意味着强迫孩子顺从，而是要注意方式方法。如果父母能运用具体、直观的例子引导孩子理解、认同规则，并激发他思考为什么这么做时，孩子才能发自肺腑地愿意遵循规则，并将其作为自己的行为规范延续下去。

[事例三]

当孩子与别的小朋友因为滑滑梯发生争抢时，如果父母说"不能抢滑梯，你要学会和小朋友一起分享"，孩子肯定不知道父母是什么意思，也不知道如何做。而如果父母能换个说法："滑梯不是你一个人的，是你们这群小朋友共同的玩具。滑下来后，你不能马上再滑第二次，因为别的小朋友已经在梯子那里等好久了。你要排在队伍后面，按顺序一个个滑，一会儿就会轮到你。"

这样的引导就很具体地让孩子知道了在这件事情上要怎么做才是遵守规则的，孩子也更容易理解和执行。

4. 偶尔让步，掌握主动又给予自由

虽然有了规则，父母在执行过程中也难免产生两个极端，一是招架不住孩子的哭闹无限退让，二是严格按照规则条文，不给孩子任何选择的权利。两种教育方式也会让孩子走上两条完全不同的道路，第一种孩子会凭借父母的娇纵赢得控制权；第二种孩子会自暴自弃，完全顺从父母而放弃自己的自主权。而最理想的状态是，父母掌握主动，却又让孩子拥有一定自由，这就需要父母在教育中学会让步。

[事例四]

童童父母很少给孩子喝饮料。过年，一大家子人聚在一起，童童的姑姑就给在座的小孩子们倒可乐喝。童童从来没有喝过可乐，看姑姑也给她杯子里倒了一些，就迫不及待地端起来想要尝一尝。坐在一旁的童童妈妈阻止了女儿，但并没有厉声斥责女儿，而是跟女儿进行了这样的谈话："可乐的含糖量特别高，小朋友喝多了对牙齿不好，今天过年，妈妈允许你尝一点儿。可乐的味道有点儿麻，你自己尝过后再决定适不适合小朋友喝。"于是，童童端起饮料小心地啜了一口，品了一下却轻轻皱起了眉头："是麻的，童童不喝了。"

如果童童妈妈执意不让女儿喝，而童童受好奇心驱使非尝不可，那么母女间肯定会产生冲突。但童童妈妈从女儿的口味出发，料定她不会喜欢可乐的味道，但允许她自己尝试后做决定，这就让女儿在自由选择中自然遵守了和妈妈的约定。

培养孩子的规则意识是一个系统工程，需要父母掌握一定的教育技巧。但最为关键的还是爱与理解，只有这样，亲子关系才能健康地向前发展。

第六章

妈妈这样说，
孩子才能听进去

　　面对3岁孩子的不良行为和各种问题，父母往往总
是反复叮咛，然而，这些对孩子来说90％以上都只是
"耳边风"！——不但不起作用，反而惹孩子厌烦。长
此以往，做父母的就会忍不住抱怨和指责。那么，父母
应该怎样说，孩子才会听呢？

明确告诉孩子他哪里做得好，他才会更好

很多父母都知道，表扬是儿童教育中一种非常有效的手段。表扬就像指南针一样，为孩子指明正确的努力方向，同时也能防止孩子迷失在自以为正确的行为里。

那么，既然表扬这么有效，父母又该如何用好这一手段呢？

要点一：不吝于表扬

人的天性就是对不好的事更为敏感，于是，我们会因为孩子把饭撒得到处都是而大动肝火，却会忽视孩子今天乖乖地自己拿小勺把半碗饭吃完的事实。而且，对于那些我们要求孩子做到的事，也往往会因为觉得理所当然而懒得再去表扬。"这是我告诉他这么做的，为什么还要费事再去表扬他呢？"

殊不知，如果孩子的某种行为能够得到父母的肯定和赞许，那么，孩子就更有可能将这种行为很好地保持下去，任性不听话的情况也就会慢慢减少，这就是表扬的力量。

要点二：更具体地表扬

父母要经常表扬孩子。也许有的父母会说："我们就是这么做的呀，但是为什么好的行为没有得到强化呢？"那么，试问：你是怎么表扬孩子的？你真的会表扬孩子吗？

"乖宝宝""你真棒""干得好"等这样的表扬方式，想必很多父母经常挂在嘴边。但仔细考虑一下，你的这些表扬到底向他传递了什么？如果你

表扬的是在孩子那里已经被认定为"爸妈喜欢"的行为，这样的夸奖自然可以强化儿童的行为和思维；可如果你表扬的只是孩子不经意间做出的某个行为，那么，孩子肯定会混淆你表扬的对象，以为只是在对他表达爱，而不是肯定他的某个具体行为。所以，为了鼓励更多的好行为，表扬也要具体问题具体点出。"你自己穿上了衣服，真是个好孩子！""帮妈妈拿了这么多东西啊，辛苦了男子汉！""认认真真地看了一上午书，真乖！"……这样的表扬才更为有效。

要点三：表扬努力，强调效果

通过表扬，我们想培养的是孩子好的行为规范，所以，赞美孩子所付出的努力和取得的效果，远比仅仅表扬结果更有价值。这样的表扬不仅仅是肯定行为，而且能教会孩子如何自我激励，鼓励他继续前进，这才是对孩子长久而有效的鼓舞。比如，"这么短的时间你就能够把鞋带系得这么好，真棒！""宝宝的城堡搭得真漂亮，你可以把这么多积木搭配得这么结实，真是个聪明宝宝。""你把蛋糕分给妹妹吃了，看妹妹这会儿多高兴呀！"

要点四：用提问表达赞美

有时，大人充满好奇的提问，比普通表扬更能体现出对孩子的喜欢，以及对他所做事情的尊重。"你的画里面，你觉得哪部分画得最好？"或者"搭起了这么大一个'房子'啊，真了不起！我们一家人住哪里？狗狗住哪儿？"这种问话所传递出的关心甚至是佩服，对孩子来说是最大的赞赏。

要点五：以"你"为主体的表扬

大家对比一下这两种赞美方式——"你把积木搭得真好！"和"积木搭得真好！"，或者"你没用妈妈叫你就起床了。"和"没用妈妈叫就起床了。"。显然，以"你"开头的前一句更好。因为对儿童而言，成就感与自豪感是促进他们不断努力的动力，所以，将"你"作为主体的赞扬，往往能够促使孩子更多地去审视自己，为自己的努力和成果而感到骄傲。

要点六："有预谋"的表扬

"我一说吃饭，你就自己坐餐椅上了，真是个省心的孩子。""我一叫你，你就过来了，这能帮我节省很多时间。"这种隐含了父母期望在内的赞美，会让孩子在潜意识里强化自己的行为，下次你叫他吃饭或叫他过来，他就不好意思拖拖拉拉了。

四步让情绪失控的孩子冷静下来

小杰趴在课桌上，目不转睛地盯着教室门口。一看到妈妈开门进来，他立刻扑了上去："妈妈，妈妈，你终于来啦！"热烈的"欢迎仪式"过后，小杰拉着妈妈的手问："给我买的蛋糕呢？"

"哦……糟了。对不起儿子，一路上太堵车了，妈妈急着来接你，忘给你买了。"妈妈一脸歉意地急忙跟儿子解释。

妈妈的歉意好像并没有被小杰接受，因为生气，他小脸迅速地扭曲："你早上答应给我买的，我都等一天了，而且我都跟老师说了，要给她看妈妈给我买的超人蛋糕……"

"宝贝，别生气了，妈妈真的是忘记了，下次妈妈绝对不会了，妈妈明天给你订个大大的超人……"看儿子生气了，妈妈赶紧摸着他的头试图安慰，可此时的小杰根本听不进去妈妈的话，他一把甩开妈妈的手，跺着脚大声哭喊："我不信，你这个大骗子！我讨厌你！"

如果这一幕发生在你的身上，你会怎么处理？孩子大发雷霆的时候，所有家长都会觉得无助和沮丧。他们可能哀号、跺脚、咬人、骂人、打人，甚至躺在地上打滚。与这些激烈表现相反的是，有些孩子也可能一声不吭，僵直着身体躲避着你的安抚，甚至紧闭眼睛，不愿意与你有哪怕目光的接触……无论是哪种性格的孩子，有这些表现的时候，就表明他们已经情绪失控，不会再听你的安抚，或者接受你的管教了。遇到这样的状况父母当然会觉得为难，如果出现在公共场合的话，父母甚至会觉得尴尬和愤怒。那么，此时，父母就需要掌握安抚情绪失控的孩子的方法，既要掌控局面，又要教会孩子如何控制情绪。

第一步，示范给孩子他哪里做错了

无论局面多么混乱和尴尬，父母首先要保持冷静不愤怒，别想以大嗓门儿和一贯的威严压倒孩子。因为此时他已经完全沉浸在自己的情绪中，完全意识不到父母的威严，所以父母还是保持冷静平和为好。

其次，适时表达对孩子情绪的理解，并示范给孩子看，他现在的样子有多难看，看上去多么糟糕。"我知道你生气，不过你看看你现在的样子，又是跺脚，又是尖叫，我们是在幼儿园门口呀，有那么多老师和同学看着呢。"（同时给孩子演示他愤怒甩臂和跺脚的样子）

第二步，给予清楚的指示

继续给孩子做示范，教会他如何让自己安静下来，但语言一定要简明扼要，且不带任何批判或情绪。

"请停下来，深吸一口气，让自己冷静。"（同时为孩子示范深呼吸，观察孩子的表情，可多次重复继续）

第三步，给孩子时间冷静下来

领孩子去一个相对安静的地方，也可以温和地抱他过去。

如果那个地方是能确保孩子安全的，父母可以暂时离开一会儿，但也要暗中观察确保孩子安全。像例子中的小杰，妈妈就可以把他抱出教室，到车里，然后自己到车外，给予孩子自己平复情绪的空间。"你乖乖坐在车里，妈妈会在车外给你几分钟时间冷静，我就在车外，过几分钟我再进来。"

第四步，检测他的配合程度

经过前三步，父母观察到孩子情绪已经稳定之后，可以像没发生过什么事情一样问孩子几个问题，或对他进行一些简单的指示，看他是否配合。

几分钟后，妈妈进到车里："你现在能好好听我说话了吗？"

（孩子点头）

"好的，那你过来，我们谈一谈。"

注意要点：

（1）不管孩子的抵触情绪多么强烈，哭闹得有多厉害，家长在引导孩子进行"情绪控制"时，一定要情绪平静，且不要让他感受到太多关注。

（2）在孩子情绪相对平和时，拥抱和抚摸孩子，不要说"我知道今天没有给你买蛋糕让你失望了"。而要问："妈妈忘记给你买蛋糕，是不是让你很失望，然后你就生气了？"得到肯定回答后，可以继续问孩子："那妈妈现在怎么做才能让你觉得好一点儿呢？"这样的问话一方面可以让孩子感受到尊重，另外也可以对孩子形成启发，让他知道除了生气和哭闹，还有很多方式能够解决问题。

（3）其实很多时候，孩子的行为都是在模仿大人，在情绪处理方面也不例外。因此，父母要做好榜样，在自己情绪烦躁、郁闷或者愤怒时，也要努力控制，不要乱发脾气，以免对孩子造成负面影响。即便父母因为一时难以控制发了脾气，事后也要向孩子道歉："妈妈刚才的样子吓着你了吧？乱发脾气不是好行为，妈妈以后会注意，不会再这样了。"

你愿意听，孩子才会说给你听

很多父母都觉得，孩子越长大，越不愿意跟父母说太多。牙牙学语的时候，孩子反而愿意守在父母旁边，磕磕巴巴地把今天干什么了、吃什么好吃的了说给父母听。而当孩子能熟练运用语言之后，问他什么，反而没有那么愿意说了，做了错事，更是提都不提。是孩子越长大，越"长心眼儿"了吗？

看看下面的对话，父母是否觉得熟悉？

儿子："妈妈，对不起！"

妈妈："发生什么事情了，要跟妈妈道歉，来，告诉妈妈。"

儿子："我不敢说，你会生气的。"

妈妈："妈妈跟你保证，绝对不生气，来，乖乖告诉妈妈，今天发生什么事情了？"

儿子："我今天玩儿爸爸的手机，不小心把爸爸的手机掉到地上，上面的屏幕碎了，而且按那些钮，也没反应，屏幕都是黑的，不会有图片出来了。爸爸特别生气，说等你回来就告诉你。"

妈妈："什么？你又把爸爸的手机摔坏了！你怎么那么不听话呢，都跟你说多少遍了不能玩儿手机！上次摔坏我的手机，这次又摔坏爸爸的手机，你是要气死我们是不是？真没用！"

儿子："妈妈不守信用，说好不生气的，你又骂人。"

妈妈："我骂你怎么了？自己做错事情还有理了！你再这样不听话我都不想要你了！"

在与孩子的沟通中，听懂孩子话里的含义是很重要的。有时候孩子表面上是跟你讲一件事情，但实际上他是在向你传达他的情绪，或悲伤，或不安，或喜悦，也可能是向你寻求帮助，希望听取你的意见，像例子中的孩子，其实就是在向妈妈表达歉意，希望自己的错误行为能够得到谅解。但如果父母不愿意听，或者没有听懂孩子话里的意思，孩子会觉得不被理解，可是，一个3岁的孩子又不知道如何表达这样的困惑和不满，慢慢地，他就会变得不爱和父母说话，亲子间的沟通就会出现问题。

那么，在与孩子沟通时，父母要怎么听呢？

秘诀一：父母必须"想听"孩子说话

你在外面辛苦工作一天，回家后可能已经很累了，一天没见面的孩子拉着你又是说又是要求你陪着玩儿，你可能会觉得烦。当你为这样的陪伴而烦累时，不妨直接告诉孩子你此刻的心情，并和他约定一个跟他聊天、陪他玩耍的时间。当然，父母对孩子的诺言一定要履行，你可以在约定时间之前努力调整好自己的心情，让孩子在与你说话时也能充分感受到爱、真诚与尊重。

秘诀二：允许孩子的不同想法

在听孩子讲话的时候，父母要允许并真诚地接受孩子的不同想法，以包容的心态对待分歧。这样，你就不会因为孩子的某种出格想法而情绪异常，自然也会表现得平和有耐心，孩子也更容易对你产生信任，从而向你袒露心声。

秘诀三：拥有一颗童心

在和孩子交流时，父母如果能把自己变成一个孩子，是非常重要的。父母拥有童心，才能抛开"大人"和"家长"的身份，以平等的姿态对待孩子。你尊重和理解孩子，孩子才会接纳和信任你。

秘诀四：体会孩子的感受

当孩子在外面受了委屈、丢失了心爱的玩具或者把老师惹生气时，他也会感到伤心和不安。孩子把这些事情告诉父母后，如果父母只是一味地鼓励孩子"没事，你坚强点儿！""这只是个小事情，没人会在意，你也别放在心上。"……孩子会觉得自己的心情不能为大人体会，也会因为不被理解而感到委屈。所以，当孩子跟父母讲这些事情时，父母不妨设身处地地替孩子想一想，并且从他的角度来说："你很伤心吧？妈妈知道，我要是你也会这样的。"相信，听到这样的话，会让他好受许多，也会让你们以后的交流变得更加顺畅。

秘诀五：回答孩子的问话

孩子在向你倾诉时，也许会提出一些问题，父母要仔细分析孩子问话里的真实想法，并针对孩子的需求给予回答。比如，放学后，孩子问去幼儿园接他的妈妈："妈妈，你要不要看看我们幼儿园的新滑梯？"隐藏在这个问题之后的真实想法是，"妈妈，我们去玩儿会儿学校的新滑梯再回家吧。"假如你猜到了孩子的真实想法，你就可以说："是吗？学校买新滑梯了呀！好吧，你带我去看看，我再陪你一起玩儿一会儿。"孩子听了必然会非常高兴。

秘诀六：多与孩子亲密相处

如果要了解孩子，建立与孩子的默契，就要跟孩子多相处，并在日积月累的对话与谈话中，知道隐藏在孩子行为和语言里的需要和想法。

传达爱的对话——"妈妈特别喜欢你！"

父母都对孩子怀有深切而丰富的爱，但孩子未必知道或者也这么认为，这也是很多亲子冲突的根源所在。

圆圆家最近多了个小朋友。圆圆的姑姑和姑父要一起出差，便把女儿送到圆圆家由圆圆妈妈照料几天。

对于姐姐的到来，圆圆非常高兴，每天跟在姐姐身后寸步不离，两个小女孩儿一起玩、一起吃、一起睡，和谐极了。可是没过几天，圆圆变得没那么听话了，经常因为小事哭闹，不听大人的话，昨天竟然还因为姐姐睡觉搂了她的小熊，早上一起床就把姐姐推倒在地。今年也只有4岁的姐姐坐在地上哇哇大哭，圆圆却梗着脖子站在一旁，不扶姐姐也不道歉，跟平时的她一点儿也不一样。妈妈批评圆圆不懂事，不懂得照顾小客人，圆圆非但不道歉，反而也哇哇大哭起来，怎么都安抚不好。

孩子的哭闹肯定都有缘由。圆圆最近的反常表现，就是她对父母要求疼爱的暗示。3岁的孩子刚刚产生"我"的意识，了解到自己和父母终究不是一体的他们，常常会在内心对父母产生分离的忧虑，因此也更需要父母的关注和关爱。事例中的圆圆，在家里来了小伙伴的新鲜感过去后，就自然将目光转向父母对姐姐的态度上。姐姐是家里的小客人，圆圆父母给予她的关爱和照料可能更多，这就让圆圆产生嫉妒、不安，甚至是愤怒等情绪，于是，多日的情绪积累便因为小熊这样一个小玩具爆发了。

父母的爱是孩子成长的最关键养分，父母只有很好地向孩子表达爱，给孩子教诲和引导，孩子才能顺利成长，并以宽容和自信的心态面对未来。所以，孩子一旦在某个时间段表现反常，父母就要反思一下，是不是最近对孩子的责骂太多，而肯定和关爱太少，然后，巧妙地告诉他——"妈妈特别喜欢你！"

技巧一：创造向孩子表达爱的机会

表达爱也需要创造机会，这一方面是为了关照那些平时羞于直接用语言向孩子表达爱的父母；另一方面，父母对孩子不明所以的爱的表达，很容易让孩子认为自己无论做什么父母都会因为爱他们而无条件接受，避免孩子因为父母的爱而变得有恃无恐。

所以，表达爱也需要创造机会。你可以先让孩子帮你一些小忙，然后紧紧抱住他，对他说："谢谢你帮妈妈的忙，妈妈好喜欢你这样能干又善良的宝宝呀！"这样，既让孩子知道了自己是因为什么得到妈妈的认可和表扬，又让孩子感受到充足的爱。于是，心理上得到肯定和满足后，有了充分安全感的孩子自然不会再出现之前令人困惑的行为了。

技巧二：通过温和的触觉来传达对孩子的爱意

不吝于语言上的表扬，也不要吝啬温暖的怀抱。父母的拥抱和充满爱意的抚摸，在很多时候都有非常神奇的力量：能让暴躁的孩子平静，能让沮丧的孩子自信，能让怕黑的孩子安然入睡。

技巧三：提供一个充满爱意的家庭环境

家是孩子身体和心灵成长的港湾，是一个家庭共同创造美好回忆的地方。因此，在家庭生活中，父母要对孩子的需求及时给予反馈，要用积极向上的气氛鼓舞他成长，用幽默有趣、平等理解的方式来对他进行教育。不要动辄对孩子大喊大叫，夫妻也不要当着孩子的面大吵大闹。

技巧四：无条件地爱孩子

有些时候，他人的行为可能会让孩子觉得无助、沮丧、失落甚至是愤怒。但是，这都是孩子成长过程中必然要经历的事，只有经过不断的犯错、改正、再犯错、再改正，他们才能更好地成长。而在陪伴孩子成长的过程中，父母要做的就是尽量体谅孩子，无条件地理解他的行为，包容他的错误。当然，这里的无条件并不代表放纵，对孩子的错误言行父母依然要及时纠正，但对孩子的爱要无条件。即便孩子前一个小时还气得你血压升高，但只要他知道自己错了，并及时纠正了自己的行为，你就应该告诉他："我是爱你的，我特别喜欢你，宝贝！"

培养注意力的对话——"你做得真好！" "你刚刚做得真是太棒了！"

注意力，又称专注力，指一个人专心于某件事物或某项活动时的心理状态。法国生物学家乔治·居维叶说："天才，首先是注意力。"注意力决定了一个人采集信息、处理信息和加工信息的能力，因此，有无良好的注意力，决定了一个人能否正常甚至是超常进行感知、记忆、思维等认知活动。

很多孩子都有注意力不集中的缺点，这里正玩着玩具，听到电视里播放动画片，便急忙扔下玩具去看电视了，电视没看两眼，就又爬上沙发靠背去玩儿"爬高高"游戏。特别是3岁左右的孩子，他们对身边的事物往往有着超乎寻常的好奇心，也因此总是不停地变换关注点，被身边刚刚出现的新鲜玩意儿吸引去了注意力，难以持久地关注一件事情。

小峰对表哥会说英语这件事情表现出极大的好奇，妈妈问他是不是也想像哥哥那样威风，小峰说："是。"于是，小峰妈妈也将儿子送到了儿童英语早教班。

开始的几天，小峰学得兴致勃勃，还时常在家里跟爸妈飙英语："儿子，睡觉啦！" "OK！" "你想吃什么水果？" "Apple！"小峰的表现让父母备感欣喜。可是，过了一个星期，小峰对学习英语这件事便没有那么高的热情了，常常要在家里拖拖拉拉很久，甚至哭一阵鼻子，才去英语学习班。"我知道坚持的重要性，但对于他不感兴趣的东西还强迫他去坚持，这样做好吗？"小峰妈妈的内心现在充满了困惑。

很明显，以强力促成孩子对某事的持久注意力与坚持是不对的。

如果孩子很喜欢学习英语，那么，自然能够培养孩子的优秀才能。可是，如果孩子每天都带着抵触甚至是厌恶的情绪去学习，学英语就变成了一种负担，在这种情绪的影响下，孩子非但不能集中注意力，还有可能因为这样的强迫彻底对英语学习甚至文化知识的学习产生厌恶情绪，反而影响他未来学业的发展。

一定要记住，我们培养孩子的终极目的不是让孩子去学什么，而是让孩子学会什么。所以，如何让孩子对某件事情保持长久而浓厚的注意力，也需要父母掌握一定的技巧。

技巧一：用肯定加强注意力

在儿童教育中，赞美无疑是一种百用不厌的有效手段。家长不能只将注意力放在孩子一会儿看电视、一会儿玩儿玩具，注意力始终无法集中这件事情上，而应该关注孩子做得好的方面，并告诉他："你做得不错哦！""你都能看懂英文故事书了，真棒！"那么，受到表扬、得到认可并发自内心地感受到内在价值的孩子，会慢慢喜欢正在进行的事情并提升自我价值感，从而将注意力长久地集中在这件事上面。

技巧二：保持声音的平和缓慢

刚开始时，孩子难免会因为兴趣点的转移，将对某件事的注意力转移到别的方面，这是在孩子注意力培养过程中非常正常的一种反复，父母为此生气也实属正常。但即便是生气时，父母也一定要保持语调的平和缓慢，并为孩子可能出现的麻烦做好准备，麻烦到来时，不抱怨、不斥责，这样，才不会让孩子因为父母的责骂而对某事产生反感。

技巧三：解释简短，有耐心

培养孩子对某事的注意力时，父母保持耐心是非常必要的，而且，解释也要简短、清楚，这样才便于孩子理解和记忆，同时，要注意常常要求孩子重复你的解释和要求。

培养独立性的对话——"你可帮妈妈大忙了！"

当孩子特别依赖父母，离开父母的保护后便无法做任何事的时候，父母该怎么办呢？

贝贝从小就是个离不开人的小女孩儿，吃饭要妈妈喂，出门要爸爸抱，睡觉要找奶奶，哪怕只是玩儿玩具，她也一刻不离人地要大人陪着。

3岁该上幼儿园了，刚送去一个星期，贝贝就哭了一个星期。早上出门的时候哭；到了幼儿园，爸爸妈妈留下她要走的时候哭；晚上去接她的时候，贝贝看见爸爸妈妈的身影第一反应还是哭。贝贝的老师也反映说，贝贝独立性太差，稍有不悦或胆怯，就会哭哭啼啼，得老师抱着哄半天才能止住。贝贝妈妈担心极了，女儿这么离不开人，以后怎么上学，又怎么独立面对社会呢？

很多父母都遇到过上面的问题。

3岁的孩子之所以离不开父母，一方面是刚刚独立于大人之后，自然产生的胆怯与无措；另一方面，就是不自信。在"4＋2＋1"的家庭结构中成长起来的孩子，从出生起就生活在父母和家人事无巨细的关照中，大人总是认为孩子弱小单薄，让他独立行动不放心，孩子也会觉得自己不行，对独立这件事情毫无自信。

所以，要想培养孩子的独立性，父母首先就不能再把孩子当幼儿，时时刻刻护在羽翼之下，而应该勇敢地把他们从翅膀之下推出去，并以积极的态度培养他们独立生活的自信和力量。平时，对孩子表达"你可帮妈妈大忙了""宝宝自己都这么厉害，妈妈就可以省心了"之类的赞扬与鼓励，无疑是打开孩子勇敢、自信大门的敲门砖，3岁儿童已经能够感受到自己体内蓬勃的力量，但这样的力量究竟能将自己带向何方，他们没有信心，也不确定。于是，父母的肯定与鼓励，无疑为他们指明了方向，使他们知道原来自己也有能力像爸爸妈妈那样去生活，也可以通过自己的小肩膀为爸爸妈妈分忧解难，从而对自己有了积极的印象，勇敢而自信地离开父母，走向独立。

当然，父母培养孩子独立性的赞扬也要注意方法，以使对话进行得更自然，避免让孩子产生父母的肯定只是没有诚意的随口一说的印象。可以主动要求孩子帮一点儿小忙，比如，"能帮妈妈把扫帚拿过来吗？" "能帮爸爸倒杯水吗？" "妈妈太忙了，你能帮妈妈把叠好的衣服放到柜子里吗？"……

当孩子按照你的要求很好地完成"工作"之后，你就可以紧紧地抱住孩子，并真诚地告诉他："谢谢你帮助了妈妈。你已经长大到能给妈妈帮忙了，妈妈觉得特别开心。"

培养积极性的对话——"你在做什么？哦？做得真好！"

"咦，你在做什么？哦，原来在做这样的事情，做得真好！"

作为大人，当有人这样跟你对话的时候，你的感觉是怎样的？

当有人关注你的兴趣，热切地想知道你最近在做什么，并为你在这个领域内所取得的成果表示肯定甚至是崇拜时，你的感觉又是怎样的呢？

毋庸置疑，你的感觉肯定是兴奋，然后更加干劲十足，也更能够将精力投入正在进行的事情中去。

大人尚且如此，那么，如果你也以这样的关注对待孩子，对他们积极性的提升会更加有效。

你的孩子最喜欢做什么，你知道吗？对于他的喜好，你有没有全力支持呢？他有没有对自己喜欢的事情投入十足的精力呢？

不知道有多少父母能够毫不犹豫地准确回答上面的问题。还有一种情况是，即使父母知道自己孩子的兴趣点，也看到他们能够很专注地去做这件事，但为了孩子的全面发展，不少父母会在孩子沉浸于自己感兴趣的事情时中途打断，让他们转移注意力去做别的事情。"现在的孩子都讲究德智体美劳全面发展，怎么能让他只专心做一件事情呢？"这些父母对于自己的做法也有理有据。

可是，专注于一件事难道就意味着兴趣狭隘吗？

从懂事开始，泉泉就对汽车表现出非同寻常的兴趣。特别是小的时候，泉泉爸妈就发现泉泉特别喜欢汽车类的玩具，于是，就给他买了各式各样的车，如轿车、卡车、警车、救护车、火警车、面包车、铲土机、火车，在帮助他进行语言学习的同时，也让他知道各种车的用途……再大点儿的时候，爸爸妈妈就给泉泉买各种汽车拼图或模型，帮助他一起完成装拼，对于这样的游戏，泉泉总是表现得非常有兴趣。后来，爸爸妈妈又给泉泉买了各种与汽车有关的绘画本、故事书、画报等，因为对汽车的兴趣，泉泉在听父母讲这些画报，或者自己画画的时候非常认真，而且能够很快地记住相关内容，特别是里面与汽车有关的故事，总是能讲得头头是道。

因为儿子对车的兴趣，泉泉爸妈还经常这样对他进行引导："这是奥迪，这是大众，这是丰田……这个是什么，你还记得吗？"泉泉对各类车的用途和品牌如数家珍。

"这是德国车，这是美国车，这是我们中国产的车。那你猜猜这个是哪国的？"通过汽车，泉泉对世界上各个国家的名字也非常熟悉，爸爸妈妈在给他传授这些知识的时候，还会向他介绍这些国家的地理、历史、风土人情等，泉泉也表现得很有兴趣，而且记得非常快。

"你知道这是救护车对吧，那你知道救护车用英语怎么说？"因为对汽车的兴趣，泉泉也对各类汽车的英文名称，以及汽车所属国的英文名称非常感兴趣，在英语学习方面也表现得很突出。

"来，你给爸爸在地图上指指这个车是哪个国家生产的？"利用这样的找国家游戏，泉泉对地理、历史也有广泛涉猎。

在泉泉家，汽车有非同寻常的魅力。而泉泉的父母也并没有拘泥于学习的形式，只通过对汽车相关知识的不断扩展，便引导儿子学习了丰富的科学、文化知识，让儿子的潜力得到了最大限度的发挥。

所以，当孩子专注于一件事时，请支持他并对他说："你在做什么？哦，做得真好呀！"兴致高昂的孩子肯定会因为你这句话，跟你讲起自己知道的事情，然后，也会以更加积极的心态投入其中。父母也就能从中发现让孩子拓展学习的契机。

希望大家了解，愉快且积极地做一件事，其效果远比依靠时间堆砌出来的效果好很多。因此，父母们，请认可你们的孩子，并与他们一起快乐地享受他们所喜欢的事情吧！

培养创造力的对话——"嗯，真厉害。大家都没想到，就你想到了呢！"

在幼儿园的绘画课上，一个小女孩儿在画纸上认真地涂抹着什么。

老师问她："你在画什么？"

小女孩儿答："我在画蛋糕的味道。"

"你画的是……蛋糕？"老师对女孩儿的回答并不是太理解。

"不是蛋糕，我画的是蛋糕的味道。昨天妈妈给我买了个我没吃过的蛋糕，可香啦。"小女孩儿抬着头跟老师说，眼睛亮晶晶的。

"可是，没有人知道蛋糕的味道是什么颜色呀？"老师饶有兴趣地继续追问。

"等我画好你们就知道啦！"女孩儿自信地说。

"嗯，真厉害，大家都没想到，就你想到了呢。"听到女孩儿的回答，老师非但没有否定这样的异想天开，反而对女孩儿进行了这样的肯定。于是，女孩儿便又高高兴兴地继续画了起来。

大画家毕加索曾说过："每个孩子都是天生的艺术家，问题是怎么在长大之后仍然保持这种天赋。"毕加索所说的天赋，就是孩子与生俱来的好奇心，对事物的感知力以及充满想象的创造力。

在儿童的眼中，世界就是一个五彩斑斓的大玩具。所以，他们拆卸、破坏、混搭，以大人无法理解的各式想法和行为，对这个世界进行着解密与创造。

磁性录音机技术的发明者马文·卡姆拉斯就曾说："我一直在做东西，从5岁开始，人们就经常说我，'那些全都是那个孩子发明的呢'。"

第一个微处理器的发明者特德·霍夫曾说："重要的是好奇心。"

发明了心脏起搏器的威尔森·格雷特巴奇曾发出这样的警告："接受的教育太狭窄，会使思维方式变得僵化，这是个问题。"

多数成年之后有所成就的人，往往在儿童时期就表现出了与众不同的创造力，对于极力想将我们的孩子培养得优秀、卓越的父母来说，听了上面各种总结，大概都能明白在对孩子创造力的培养过程中，应该注重的是什么了吧？所以，请不要用成人式的僵化观点评价孩子："你的想法很奇怪啊，事实不是这样的！"或者"这不对吧！"，这样会让孩子对自己的行为和想法产生怀疑，从而阻碍儿童创造力的发展。相反地，要多对那些喜欢不停地问我们"为什么"和"怎么回事儿"的孩子说："嗯，真厉害。大家都没想到，就你想到了呢！"以此巧妙地保护他们的好奇心，从而进一步培养他们的创造力。

同时，父母还要给予孩子一定的独立性和自由度。孩子对任何东西都喜欢去摸摸碰碰，一旦有机会还可能去拆拆装装，而且他们在从事这些活动时，也都不同程度地表现出了创造力，只是有的孩子强些，有的孩子弱些。如果成人在这些方面不给孩子自由，只是从害怕孩子毁坏物品的角度出发这也不准碰、那也不准拿，就会不知不觉地把孩子刚刚萌芽的创造力扼杀在摇篮中。

此外，父母还要培养孩子提问题的能力。孩子之所以会就某个事情发问，说明他在积极地进行思考，这种好奇与思考对孩子的成长是十分珍贵的，所以，家长要努力呵护孩子的这份好奇。对于孩子提出的问题，不要嘲笑或干脆忽略，而要积极引导，耐心、细致地为孩子解答，尽可能地满足孩子的求知欲。同时，父母也要鼓励孩子多思考，多提问。比如，看到云彩在天上飘，父母就可以问问孩子云彩的样子像什么；看到孩子在玩儿磁铁，就可以问问孩子磁铁除了能吸钉子之外，还能吸什么，以训练他们以创新的思维方式去思考问题。

好，现在抬眼看看你家那个正在捣蛋的小家伙，他可能正在把积木搭好了又推倒，推倒后又搭新的；也可能正把布娃娃的帽子摘下来，套到玩具熊的脚上当袜子；还可能正在画纸上乱涂乱抹，说自己正在完成一部小说。请走过去，对他说："真棒啊，别人都没想到，只有你想到了呢！"

培养社会性的对话——"你这样做，别人一定会很高兴。"

大川从幼儿园大门出来时，脸上就写满了不高兴。一看见等在门口的妈妈，就马上告起了状："妈妈，李浩轩今天打我了。"

"为什么打你呀？"这么小的孩子就随便打人可不对，大川妈妈皱起了眉头。

"我想用机器人和李浩轩换小汽车玩儿，他不愿意，我就在他上卫生间的时候把他的小汽车拿走了，但把机器人留给他了啊。可李浩轩回来还是说要玩儿小汽车，跟我要我不给他，他就打我胳膊了。"大川讲得磕磕巴巴，嘟着个小嘴，表明他真的非常生气。

大川妈妈听完，没有因为小朋友打自己儿子而生气，也没有因为儿子有错在先而斥责他，而是耐心地跟儿子说了这样一番话："大川，你知道吗？幼儿园的玩具是大家的，但是哪个小朋友先拿到了，就应该哪个小朋友先玩儿。你想玩儿李浩轩先拿到的小汽车，就应该跟李浩轩商量，看他愿不愿意跟你交换。如果他愿意，那最好了，但是他也可能不愿意，那你就要学会等待，等他不玩儿的时候你再玩儿。李浩轩今天打你是不对，但你自己做的也不对，如果你今天是按照妈妈教的这样做的，别人一定会很高兴。"

晚上临睡前，妈妈又问大川还生不生气，大川说他已经不生气了。妈妈又对大川说："不生气了，明天就去幼儿园跟李浩轩和好吧。你是个宽容的孩子，你这样做，大家一定会很高兴。"

第二天，妈妈去幼儿园接大川时，偷偷地问了一下老师今天儿子在幼儿园的表现，老师说，两个孩子今天已经和好了，还像平时一样玩儿得特别好。

有的父母总是觉得自己的孩子跟周围的小朋友格格不入，被大伙儿排斥，那么，父母们就要反思一下自己的育儿方式，是不是能够把孩子培养成被大家喜欢和需要的人呢？

孩子懂事之后所表现出来的社会性，与他在婴儿时期与父母的交往有着很大的关系。从呱呱坠地起，当婴儿得到父母的温柔对待，他也会手舞足蹈地向父母展露可爱的笑容，努力地回应父母的爱。这便是儿童最初的社会交往，是他们向外敞开心扉的体现。

之后，随着儿童的不断成长，他们的社交范围也在不断扩展。亲戚、邻居、小区公园里的阿姨、公交车上的陌生奶奶，还有进入幼儿园后的同学、老师，甚至还有每天给他们看门护院的物业大叔。面对如此纷繁复杂的社会交往，一个3岁的儿童出现疑问、困惑，甚至是犯错，都是非常正常的现象。父母的应对方式，将直接对孩子社会性的发展产生根本性影响。如果父母的应对是积极的，那么，孩子就会以依旧积极的心态投入社会交往中；如果父母的反应是忽视甚至是责怪，孩子就可能对社会交往产生恐惧，甚至逐渐地封闭自己。

所以，在家庭教育中，希望父母能够经常地做下面五件事，以培养孩子的社会性，提升他们在人际交往中的技巧和自信。

（1）经常跟孩子说："你真善良啊！""你这么做，××一定会很高兴吧！"

（2）教孩子热爱他人，爱护动物，创造机会让孩子向外界表达自己的爱。

（3）经常性地给予孩子拥抱，让他感觉到受呵护的愉悦。

（4）鼓励并引导孩子多帮助他人，让孩子在与人为善中感受付出和分享的喜悦。

（5）充分夸奖孩子，让他充满自信。

当孩子所做的事得到大人的肯定和褒奖，并从人际交往中充分地体会到满足与愉悦时，他们肯定会产生继续做下去的兴趣，也更有自信向外界敞开心扉，从而提升他们的社会性。

第七章

性格：为什么说
"三岁看大，七岁看老"

中国有句俗话叫"三岁看大，七岁看老"，意思就是：看3岁小孩的行为，就能知道他长大后的脾气秉性；看7岁孩子的处事，就能知道他一辈子的性格。对于你的3岁孩子，此时最重要的并不是让他学会数多少数，会认识多少汉字等方面，而是引导他在个性和社会性方面得到健康的发展。

在孩子的成长过程中，你只是配角

父母是孩子的创造者，同时也会参与孩子从嗷嗷待哺到成为独立社会人的每一个环节。然而，孩子的长大虽然离不开父母的关照，但孩子不是任何人的附属品，从出生起，他就是有自我、有自尊的社会人，父母能做的，不是控制，而是引导；不是主宰，而是配合；父母不是孩子成长过程中的主角，而是配角。在孩子的成长过程中，父母应该扮演的，是陪伴者，是老师，是朋友，是长辈，是伯乐，想要成为合格的父母，这5个角色缺一不可。

1. 成为孩子的陪伴，给予他安全感

孩子3岁之前父母的陪伴，对他建立安全感非常重要。

父母对孩子的陪伴，并不是时间上的概念，而是质的要求。也就是说，我们并不要求父母每天花出多少时间陪着孩子，但需要父母对孩子的陪伴是有绝对质量的。即便父母每周只能有一天时间和孩子在一起，那这一天如果能关掉手机、忘掉工作，心无旁骛地倾听孩子说话、陪他们玩耍，让他们感到父母的心是与他们在一起的，便能够给孩子心中注入足够的安全感。

但有的父母虽然每天都跟孩子待很长时间，但始终觉得这样的陪伴是累赘，和孩子在一起时总是表现得心不在焉，不懂得怎样倾听和理解孩子，有时甚至还会因为白天的繁忙变得不耐烦，经常发脾气，这样的陪伴对孩子显然有百害而无一利。

2. 成为孩子的老师，多给他建议

父母是孩子的第一任老师，父母的性格、行为举止、处事方式等，往往

会对孩子产生巨大的影响。特别是在孩子还没有上学前，父母更是孩子生活和学习上的重要老师。

父母是孩子身边最为亲密的人，因此，作为老师的父母，并不需要有多么渊博的学识，关键是善良正直的品格，以及对孩子无条件的爱和建立在爱之上的对孩子的理解、包容与尊重。当然，父母做老师也不用太过小心翼翼，该放手的时候，一定要放开手脚让孩子自己去飞，但一定要给予孩子生活的建议，让他在独立飞翔的时候，知道如何躲避挫折，也知道怎么在摔倒之后爬起来拍拍尘土继续前行。

3. 成为孩子的朋友，和他一起玩耍

父母是孩子的第一任老师，也是孩子的第一个玩伴。他玩儿过家家的时候，会赋予你角色；捉迷藏的时候，会安排你藏在窗帘后面；摆积木的时候，会让你参与意见；哪怕是他独自摆弄小汽车，也希望你在旁边欣赏着他。看，从开始，孩子就自然而然地将父母当成了他的朋友，而如果父母能在这样的陪伴中全身心参与孩子的游戏，以一颗童心扮演好孩子朋友的角色，就会让孩子的游戏进行得更为有趣，孩子也会变得更加快乐，也更乐于分享。同时，对大人来讲，这也是了解孩子、走入孩子内心的一个机会。

4. 当好孩子的长辈，让他懂得尊敬

不管社会赋予父母多少角色，但最为基本的，还是孩子的长辈。作为长辈，父母首先要拥有丰富的经验和知识储备，才能帮孩子解决成长中遇到的各种困难，给予他们帮助、安慰和信心。

同时，作为长辈，父母也要让孩子知道"尊老"的意义。俗话说，"百善孝为先"，一个长大后对社会有贡献的人，首先应该是一个懂得孝敬自己父母的人。因此，父母要让自己成为孩子的榜样，尊老爱老，相信在长期的耳濡目染中，孩子自然也会知道孝顺的含义。

5. 成为孩子的伯乐，发掘他的潜能

父母可能是这个世界上最了解自己孩子的人，有时甚至比孩子自己都了解。所以，只要不是对孩子爱得太盲目，父母其实很容易看清孩子的优势和劣势、短板和特长、喜好和厌恶，也更能够因地制宜地对孩子进行引导，发掘他的潜力、弥补他的弱势，以增加他适应社会、创造成就的砝码。

当然，父母的肯定和赞美，也能够促使孩子更清楚地认识自己，让他变得更加自信和理性，而自信和理性，则能促使他在未来的道路上走得更好。

帮助别人——3岁孩子友爱感的培养

团结友爱、乐于助人，是中华民族的传统美德。这种品德需要一代又一代人的传承与发展，才能演化为一种普遍的社会风尚。那么，在一个儿童的成长过程中，在哪个阶段培养孩子的友爱感最为合适呢？

正所谓"三岁看大、七岁看老"，幼儿时期是培养孩子良好品德的关键时期。父母在关注孩子智力开发和文化修养提升的同时，也要下大力气对孩子进行思想品德教育，这样才能避免儿童长大后成为高分低能的人。但这时也会有父母跳出来说："我们一直很注意孩子品德的培养，教育他要乐于助人、喜欢分享、团结友爱，但为什么他还是个欺负别人、凡事只考虑自己的'自私鬼'呢？"

事实上，孩子品德的培养与知识体系的建立一样，也要由浅及深，遵循一定的规律。下面，我们就为父母提供道德培养的三步教育法，让"我帮你"成为孩子道德情感的一部分。

第一步，赋予孩子基本的友爱意识

教给孩子懂得友爱，很多父母其实都知道，但怎么教是个难题。3岁的孩子对语言还缺少足够的理解与接受能力，对于友爱这样一个颇为抽象的概念，如何解释给一个3岁小孩儿听，并让他们心悦诚服地接受，的确是个难题。

不用担心，除了语言，还有很多让孩子接触、认识和感知友爱的方式，比如讲故事、唱儿歌、看动画片、阅读连环画等。现在的儿童读物除了教孩子识字认物之外，还很注重在故事里传达行为规范和品德的教化，父母在陪伴儿童阅读此类读物时，便可以有意识地提示孩子对友爱和互帮互助的关注。比如，可以经常问问他类似的问题："小熊帮助小兔拔了几个萝卜啊？小兔子是不是因为小熊的帮忙感觉特别高兴？"

除了对故事的解读之外，父母还可以向孩子提供一些在生活中经常遇到，同时又感到困惑的道德情境，引导孩子思考，并与他进行讨论。比如现在社会上存在的老人摔倒无人敢扶的现象，可以问问孩子如果是他他会怎么办，慢慢引导他换位思考问题，让他知道互帮互助是社会人应尽的义务和应有的道德。这样的启发做得多了，就可以不断增强孩子的团结友爱意识，从而从心底里喜欢关怀和帮助他人。

第二步，教给孩子关爱他人的正确方式

学会某项新技能，孩子总是想迫不及待地去展现和尝试，懂得乐于助人之后也是一样。因此，父母大可充分保护孩子因为新鲜迫切地想要去帮助别人的这个劲头儿，强化他们乐于助人的观念并教会他们如何正确地帮助别人。

比如，父母可以经常创造机会让孩子给他们提供帮助，吃饭的时候可以请孩子帮忙摆放碗筷，洗衣服的时候请孩子帮忙把衣服塞进洗衣机，去超市的时候请孩子帮忙提一些较轻的东西等。

帮助别人的时候要讲究方法，父母也可以在这个阶段将这些一并教给孩子。比如，假如别的小朋友身上沾了灰尘，你如果一声不吭地跑上去就拍，别的小朋友就很容易误会你是在打他，从而造成不悦。所以，在这样的情境中，父母就可以告诉孩子，帮助别人的时候也要有礼貌，可以先问一句：

"我来帮你好吗？"这样就会避免很多因鲁莽造成的误会，同时也培养了孩子与别人愉快地相处和合作的能力。

还有一点我们前面已经讲过，这里也需要特别再次提醒，孩子在帮助别人之后，不管是主动为之还是因为父母的要求，父母都要对孩子的行为进行鼓励，父母的肯定绝对是孩子将友爱行为继续下去的动力。

第三步，身教重于言传

榜样的力量是无穷的，爸爸妈妈是孩子心中绝对的权威，是他心目中最聪明和最能干的人，因此也成为他最主要的模仿对象。所以，父母在日常生活中一定要注意自己的言谈举止，不以自我为中心，乐于分享，喜欢帮助别人。同时，父母也要创造互助友爱的家庭环境，爸爸要多帮妈妈做家务，妈妈也要多理解和分担爸爸的辛苦，让孩子在和谐友爱的家庭环境中接受爱的最直观熏陶。

情绪认知——3岁孩子同理心的培养

格格一动不动地坐在小板凳上，乖乖地让妈妈给她洗脚。

妈妈问格格："妈妈给格格搓搓小脚丫，舒不舒服呀？"

格格说："舒服。"

过了一会儿，格格对蹲在地上给自己洗脚的妈妈说了一句："妈妈，你真辛苦，等你以后变成小孩子（格格还不知道如何表达变老），我也给你洗脚。"

女儿突然冒出的话语，让白天辛苦工作了一天、晚上还要照顾女儿的妈妈瞬间感动得热泪盈眶。

在心理学中，同理心是一项重要的技能，它指的是人们在人际交往过程中，能够主动地体会他人的情绪和想法，能够站在他人立场看待问题、处理问题的能力。简单地说，同理心就是设身处地地从别人的角度思考问题的一种能力，上述事例中女儿对妈妈的体贴，就是同理心的典型体现。

同理心直接影响着个体与外界的融洽关系。有同理心的人，容易获得他人的好感与信任，从而与他人建立良好的沟通关系。而一个没有同理心的人，便很容易漠视他人的需求，甚至嫉妒别人的幸福和成就。

很多人会将同理心与同情心混淆，实际上，这两者之间有着本质的区别。同情心是在情感上与他人的共鸣，同理心则能将他人的感受内化为自己的感受，从而融入别人的角色，感受对方当下的心情。比如，当一个孩子看到别的小朋友摔倒而觉得他很疼、很可怜的时候，这种心理就是同情；而如果他因为同情主动跑过去扶小朋友站起来，并给他揉揉，安慰他不要伤心的话，就是同理心。可以说，同理心是同情心的更高层次，它更能促使孩子真实地感受他人的心情。

那么同理心是怎样产生的呢？很多父母都觉得，刚出生的孩子听到别的孩子哭就会自然地哭起来，这就是同理心。其实，这还不是本质意义上的同理心，这在心理学上被称为"同理心唤起"。真正的同理心，需要一个社会化的过程，需要孩子有足够的认知发展并通过后天环境的引导，慢慢表现出来。两岁左右的孩子刚出现同理心的萌芽，3岁后才能表现得明显。心理学家经过研究还发现，孩子同理心的发展状况，以及不同孩子之间同理心的差异，与亲子教育方式也有着很大的关系。那么，父母又该如何培养孩子的同理心呢？

要点一：耐心教化

3岁的孩子已经能够很细腻地感知别人的情绪了，也就是通常父母所笑称的"他已经会观察父母脸色了"。懂得"看脸色"的孩子，往往能够根据父母的情绪变化及时调整自己的行为，如果别人不高兴了，他就会谨慎些，还会说一些好玩儿的话逗人开心；如果别人今天心情好，他就更可能玩儿得"放肆"。只不过，对于3岁孩子来说，他们所在乎的"别人"大多还是身边的人，如爸爸、妈妈，以及参与他们成长的外公、外婆、爷爷、奶奶等亲人。这是由儿童的活动范围和成长阅历所决定的，因此，父母也不要太急于扩展他的同理心，希望他能像照顾亲人一般关照周边所有人的情绪是不现实的。

要点二：积极倾听，换位思考

沟通是培养孩子同理心的前提，父母要多让孩子说话，并积极倾听，才能够准确地了解孩子的内心感受，为有效沟通做好铺垫。

孩子的某些"古怪"行为背后，都有着内在的心理原因。有的孩子顶撞别人，是因为这样才能不让大家觉得自己软弱；有的孩子一被父母忽视就大发雷霆，是因为习惯于父母关注的他一时间失去了安全感；有的孩子不愿意睡觉，就是想多看一会儿电视。父母如果只是单纯从自己的想法出发，或从道德角度对孩子进行批判和说教，效果自然不会好。但如果能耐心倾听孩子的心里话，并对孩子的想法表示理解和认同，孩子就会知道家人是了解他的。比如，对于因为想多看一会儿电视而闹情绪的孩子，妈妈就可以这样说："如果妈妈是你，在这么想看电视的时候被打断，肯定也会不高兴的。但是动画片是存在电脑里的，今天不看了明天还能够继续看，可是今天如果睡晚了，明天上学就可能起不来要迟到，这是没有办法弥补的。"这样说，就是首先在认同孩子的感受，进而再讲道理。久而久之，孩子也会尝试着将自己放到别人的角色中去看待和处理问题，同理心也就逐渐地培养起来了。

要点三：注意教育方式

幼儿时期是培养同理心的关键阶段，父母在这个时期要通过各种途径来培养孩子的同理心，但要注意教育方式。如果强调他对别人的影响，孩子的同理心就会比较敏锐，比如，告诉他："因为你不听话，害老师这么难过。"如果只责怪他的行为，孩子的同理心就很难被激发，比如，只是说："你怎么这么不听话！"

　　另外，父母还可以有意识地跟孩子进行一些角色互换游戏。比如，由爸爸妈妈扮演小孩，让小孩演大人，爸爸妈妈就可以故意模仿孩子平时的一些行为，让孩子切身体会做父母的不易，让孩子在寓教于乐中培养同理心。

　　要点四：父母以身作则

　　当然，作为孩子第一任和最关键老师的父母，如果在平时生活中就能时刻以同情、无私和客观的态度对待他人，孩子也能够受到感染，进而在生活中学习和模仿。

慢性子的孩子如何调教

　　在当今这个快节奏的社会中，工作和生活都需要在高效、快速的状态下完成，一个慢性子、说话办事拖拖拉拉的人，显然与这样的社会节奏不相适应。

　　很多3岁左右的儿童总是表现得慢吞吞的。他们说话结结巴巴；系鞋带会不小心系个死扣，还得解开重新系；穿衣服不是扣错了扣子就是套错了袖口，出门也要因为帽子怎么戴纠结10分钟……慢性子最初对孩子来说并不是特别明显的毛病，纠正起来也并不困难，只是当孩子的慢性子蔓延到别的事情上时，负面影响就严重。比如，孩子现在的吃饭速度特别慢，就会影响到以后在幼儿园的生活；孩子现在看书、学习拖拖拉拉的，上学后也可能拖拖拉拉的，这样就会影响学习成绩。所以，父母不要在孩子慢性子的特点最初显露时不以为然，总将其归结为还没有长大，认为长大后就会有所改善，而在等待中错过了矫正的最佳时机。等孩子的慢性子变得越来越严重，而且已经对其成长造成明显影响时，父母再想纠正就为时已晚了。

　　所以，当孩子在学龄前就已经表现出慢性子的倾向时，父母一定要提高警惕，及时对孩子的慢性子进行纠正。

慢性子的孩子通常分为客观慢和主观慢两种类型。

何为客观慢？就是这类孩子干什么都慢吞吞的，起床慢、刷牙慢、穿鞋慢、收拾东西慢，而且经常表现得心不在焉，丢三落四，即使大人催促，也往往快不起来。

这类孩子的慢，多为性格使然。他们生性如此，也常常伴有害羞、畏缩和沉默，且不愿意与人互动等特点。面对这类孩子，父母想从根本上纠正他的磨蹭其实很难，但父母一定要坚持给予孩子鼓励和训练，一点一滴地提高他的做事速度。比如，在孩子做某事前，父母可以询问他要多久完成。如果孩子能在规定的时间内完成，下一次就可以把做事时间缩短一点儿；如果孩子依然完成得很好，便给予孩子一定奖励，接着再继续缩短……通过这种渐进式的训练方式，系统地提升孩子的办事效率，让他的速度逐渐回归到一个正常的时间段内。但爸爸妈妈在训练过程中也千万要注意，一定不要嘲笑孩子的慢，或打破他的活动节奏一味催促其"快点儿"，而要尊重他的节奏，逐步训练提升。

那什么又是主观慢呢？这类孩子通常做事时速度并不慢，在他们遇到自己喜欢或感兴趣的事情时，速度甚至比一般孩子更快。但一旦他们从事的是自己不喜欢或不情愿干的事情时，动作就变得慢吞吞的了。

分析这一类孩子慢吞吞的原因，孩子和父母的个人主观因素占主导地位。一是注意力不集中，父母交代怎么做没听清，或者孩子干脆只是心不在焉地遵照父母指令；二是父母的指令太多、太快，孩子跟不上节奏，反应不过来，或者根本就超出孩子的能力范围，但父母却觉得孩子可以快速完成，便以自己的标准为参照将孩子定义为"慢吞吞"；三是缺乏兴趣，说带他去动物园，他3分钟就能穿好鞋子出门，而如果让他收拾玩具，他就开始磨磨蹭蹭，任你喊破喉咙，也依然无动于衷。

面对这类孩子，父母的解决之道又是什么呢？

针对注意力无法集中的孩子，父母可以故意让孩子从事他平时喜欢的活动，比如看最喜欢的动画片、玩儿最喜爱的游戏等，以激发孩子的注意力。同时，还可以有意识地进行一些训练，比如玩拼图游戏等，以此来提升孩子注意力的持续时间。但注意尽量不要试图用"别人家的"来激将，而是要更多地就孩子现在的进步进行肯定，以保护孩子的自信心。

针对第二种情况的孩子，父母则要多从自身查找原因，不急于求成，对孩子多些耐心，也要多给孩子时间和机会，以孩子的表现为标准给予适当评价。

针对第三种情况的孩子，父母可以观察并记录孩子的兴趣点，尝试着用孩子的兴趣去激发孩子做事的积极性。比如，许诺给孩子如果收拾好玩具就可以看一集动画片，或去公园之前必须自己穿好衣服等。父母只要注意观察，并耐心给予孩子持续的训练，磨蹭的坏习惯是可以逐渐改善并除掉的。

孩子缺乏竞争意识怎么办

"宝贝，幼儿园的体育活动，你要跟不上就自己停下，不用那么费劲儿！"

"宝贝，不要着急，不会做就别做了，明天到幼儿园看看，肯定还有不会做的小朋友。"

"宝贝，不要羡慕那些得小红花的小朋友，你在爸妈心目中是最优秀的！"

父母朋友们，你们有没有因为爱孩子，就对他们这样过度宽容呢？

1. 你知道吗？竞争是孩子前进的动力

苏联作家高尔基曾说过："在这个一切都基于竞争的世界上，是没有童话般的幻想和多愁善感存在的余地的。"竞争是激发人类潜能的钥匙，孩子如果不参与竞争，就很难创造出惊人的成绩，没有竞争力的人，是无法在这个社会上立足的。

竞争可以激发孩子的求知欲，提升孩子的知识储备和各方面能力。同时，也会激发孩子奋发向上的勇气，帮助他克服胆怯、保守和自卑的心理。而在竞争中所经历的挫折与反复，又能让孩子品尝失败与成功的滋味，增强孩子的自信心与抗挫折能力。

加拿大的一位长跑教练，因为在短时间内培养出多名长跑冠军而声名远播，他的成功秘诀，说出来却令所有人惊讶不已。

原来，为训练手下队员，这位教练要求所有运动员每天必须跑步到训练场，不得乘坐任何交通工具。其中，有一名运动员因为家离训练场太远，几乎每天都是最后一个到场。正当教练准备放弃他的时候，这天，这名队员竟然比他人早20分钟到达场地，而且按照时间和他家的距离进行测算，这名队员的速度已经打破了世界纪录！

这样的结果令所有人感到好奇，经过了解，原来，这名队员当天在去运动场的路上遭到了野狼的追赶，为了逃命，他只好拼命奔跑，也由此创造了奇迹。

因为身后有狼的追赶，队员的潜力便被最大限度地激发了出来，这件事给了教练极大的灵感。于是，他请来一个驯兽师，带来几匹狼，以后在训练的时候便把狼从笼子里释放出来追赶运动员，也由此培养出数名世界冠军。

2. 培养竞争意识并不等于要求孩子事事争先

中国台湾作家罗兰曾说过："处处抢先，事事占便宜的人多半要付出更高的代价。"

希望父母鼓励孩子多参与竞争，并不意味着我们要求孩子事事都赢。如果父母盲目地要求孩子事事争先，恐怕非但不能帮助孩子前进，还可能使孩子因为过于争强好胜而陷入恶性竞争，极端地渴求成功，害怕失败，反而不利于儿童平和心态和坚强品格的培养。

3.7个妙招培养孩子正确的竞争意识

（1）培养孩子的胆识

竞争需要胆识。胆识就是胆量与见识，有了胆量，孩子就有了冒险向前、克服困难的精神动力；有了见识，孩子的前行就有了方向和智力支持，二者缺一不可。

（2）鼓励孩子多参与竞争

鼓励孩子参与竞争，并不意味着必须让孩子亲自上阵，成为竞争场上的一员，如果孩子自愿选择成为场下的一名观众也未尝不可，因为充满竞争力的环境和氛围同样对孩子具有激励作用。

（3）帮助孩子克服自卑

自信心是一个人在竞争中获胜的保证，但竞争中的失利也在所难免，孩子遭受失败时，父母千万不要苛责，而是要跟孩子一起分析失败的原因，帮助孩子总结经验教训，以扬长避短，确保在下一次竞争中不犯同样的错误，并更大可能地取得胜利。

（4）引导孩子公平竞争

竞争的终极目的并不只关乎输赢，这一点父母和孩子都要明白。因此，在培养孩子的竞争意识的同时，也要努力提高他的竞争道德水平，不能让孩子觉得，竞争就是不择手段地取得胜利，要让孩子知道，公正平和才是竞争的第一要义。

（5）让孩子懂得，胜不骄败不馁

参与竞争的结果最终只有两个，成功或者失败，因此，如何以平和的心态对待这两个结果，关系到孩子未来的步伐是否能够稳健。

一山更比一山高，胜利时，父母要教育孩子稳妥，不飘飘然；胜败乃兵家常事，遭遇失败，也不要以为就是最终结果、世界末日，要鼓励孩子找出失败的原因，向正确的方向继续向前。

（6）以合作为前提

竞争是手段不是目的，要让孩子知道，竞争不是狭隘和自私的代名词，竞争者应该具有广阔的胸怀；竞争也不是充满阴险狡诈，而是应该齐头并进，以良好的协作精神和集体观念，超越自我共同前行。

（7）使孩子树立"努力即最好"的理念

要让孩子知道，不是每个参与竞争的人都能获得最后的成功，竞争并不只是与他人的竞争，而更多的是与自己的竞争，所以，不要在意别人的成就，只要能超越自己，就是成功的人。只有这样，孩子才能树立正确的竞争意识，并在残酷的竞争中保持平和的心态，以获得持续向前的动力。

孤僻性格早缓解

悠悠是个性格内向的女孩，从小她就特别害怕见陌生人，每次家里来客人时，她都怯怯地躲在妈妈身后，红着小脸一眼一眼地偷偷向外看，"小姑娘害羞，长大点儿就好了！"见过悠悠的人都这么判断。

可悠悠似乎并没有朝着大人们期望的方向发展，今年刚刚进入幼儿园的她，就已经表现得不那么合群了。当班里的小朋友都热火朝天地讲着自己周末的趣闻时，悠悠却只是在一旁静静聆听，哪怕这个周末她也跟爸爸妈妈去了特别好玩儿的海洋馆，她也不会像别的小朋友那样兴奋地讲出来；当小朋友们在校园里东跑西跑地相互追逐时，悠悠只是坐在秋千上安静地看着，偶尔笑笑；当别的女同学摆弄着瓶瓶罐罐过家家时，悠悠也还是抱着她的布娃娃独自玩耍……

孤僻，就是我们常说的不合群。性格孤僻的孩子，大多在两岁之后就有明显的表现：不爱与人说话；对人无亲近感，哪怕是身边的亲人，也不太主动地交往；不参与别人的活动，大多数时候都沉浸在自己的小世界中。

现代社会，像悠悠这样的孩子并不在少数。有数据显示，我国目前有30万～50万名儿童有孤僻性情。那究竟是什么样的原因导致孩子性格孤僻、不合群呢？

其实，合群是随着儿童社会交往的不断扩展而发展出的一种与他人互动和"符合群体要求"的行为与技能。在孩子的成长过程中如果没有将这种技能开发出来，孩子自然就会不合群。

在孩子刚刚参与社会交往时，表现得不合群是很正常的现象。从呱呱坠地到蹒跚学步，孩子一两岁时，有过密切交往的多是父母以及祖父母这些亲人，因此缺少与外人交往的技巧，更无法判断面前的人是否对自己安全，出于天生的自我保护意识，孩子自然会与陌生人主动保持距离。但是当双方渐渐熟悉之后，生性好奇的宝宝就会打破距离，与他人变得亲近。

如果孩子在经历了这样一个发展阶段之后还是不喜欢与人交往，父母就要考虑孩子是不是性格孤僻了。成长环境是决定孩子性格的一个关键因素，如果孩子成长在单亲家庭，或家庭环境不和谐，家人之间充斥着冷漠与争吵，那么孩子在成长过程中就感受不到应有的家庭温暖，自然会变得孤僻和冷漠。

另外，父母太过严厉或溺爱孩子，也会导致孩子的不合群。有的父母对孩子要求太高，总是板着脸孔对待孩子，或者因为一点儿小事就对孩子加以斥责，甚至大发雷霆，这就会使孩子的情绪长期处于紧张状态，变得不愿也不敢说话。另一种情况是，因为溺爱孩子，而对孩子过度保护，从而隔断了孩子与他人交往并融入社会的机会。比如，有的父母担心孩子被人拐走，便会编出外面的人是坏人，你跟他说话就会被抱走的"谎言"，使得孩子害怕外出，进而发展为不合群。对孩子过度溺爱在老人中比较常见，这也是隔代抚养的孩子常常不太容易合群的原因之一。

而有的孩子本身性格内向、安静，对新事物适应慢，在社会交往中自然会因为害羞而给人孤僻感。但只要孩子各方面的能力发展得都很正常，而且一个人也玩儿得很开心，并没有因为性格原因影响成长，父母就没必要改变他，让他自由成长即可。

父母都希望自己的孩子活泼、开朗，能够健康、阳光地成长，那么，父母该如何及早防范孩子可能出现的孤僻症状呢？

1. 倾注关爱

父母之爱是孩子健康成长的养分，父母在态度上对孩子亲近、在生活上对孩子体贴，孩子的心田就会被爱润泽，被爱填满，从而悄然改变孤僻的现状，或者从根本上远离孤僻。

2. 给予理解

性格孤僻的孩子，往往都有较强的自尊心和自闭心理。如果父母平时能多给予孩子理解和宽容，孩子就愿意向父母敞开胸怀，把自己的不解和困惑讲给父母听，从而在大人的帮助下释怀，也就不会因为不被理解而自闭了。

3. 多参加户外活动

心理学家研究证实，运动刺激对儿童心理发展是非常重要的。因此，经常带孩子参加户外活动，让孩子多运动，并鼓励孩子在游戏中结交朋友，可以培养孩子热情、坚韧的良好品格，以有效防止孤僻症的产生。

4. 积极评价

孩子在有了自我意识之后，尤其重视父母和老师对自己的评价，这些评价甚至会成为孩子认识自己的镜子。所以，来自父母和老师的积极评价，可以有效地培养孩子的自信心，并鼓舞孩子向父母所期望的积极方向前进。而对于已经表现出孤僻性格的孩子，表扬和鼓励也能促使他们敞开心扉，产生与大人沟通交流的欲望。

5. 多抚摸和拥抱

科学研究证实，母亲的拥抱和抚摸能让孩子在大脑中产生安全和甜蜜的信息刺激，这种刺激对孩子智力和情感的发育有很强的催化作用。而且我们前面已经讲过，孩子在成长过程中，需要不断确认父母对自己的爱，那么，何不多抚摸孩子，多给予他温暖的拥抱，让他在你给予的温暖中安全又自信地长大呢？

前暴躁固执性格的"修正"

3岁孩子对事情不仅有自己的看法和决定，而且还着迷于固执己见。

"事事都要对着干，一不顺心就哭闹，发脾气。"这是很多父母都有的抱怨。最常见的例子就是，出门看见自己喜欢的东西就要买，父母不同意就大哭。而且自己独处时也偶尔会莫名其妙地发脾气，比如自己坐在地上搭积木，突然就会把搭好的积木推倒，把手里能抓住的东西扔得到处都是。问他为什么这样他不说，阻止他，他不仅会把怒气发泄到父母身上，有时甚至动手打人。

看着孩子的暴躁和固执，爸爸妈妈不禁担心，我的孩子难道就是这样的性格吗？

其实，父母大可不必为一个3岁孩子的暴躁太过忧心忡忡。虽然3岁这个年龄段对孩子一生的性格形成至关重要，但人的性格在六七岁之后才会完善，3岁孩子的性格还有极大的可塑性，父母们所认为的自家孩子的"固执暴躁性格"，在学界还只被认定为"前暴躁固执性格"，如果父母能抓住3岁这个性格形成的关键期对其进行有效修正，孩子的性格还是可以改变的。

孩子"前暴躁固执性格"的形成原因是多方面的，父母要理清孩子暴躁的源头，对症下药，才可能有效地扭转。

有人认为，孩子的暴躁是天生的，"我家孩子脾气不好"，很多父母都用这样一句话解释孩子的暴脾气。其实，大多数小孩的暴躁性格都是在后天形成的，父母溺爱或管教过严，则是造成他们脾气暴躁的主要原因。

溺爱孩子如今已经成为大部分父母的通病，害怕孩子哭、害怕孩子受委屈，在这种心态的指引下，父母对孩子总是有求必应，哪怕孩子的要求和表达方式已经超过应有的底线。这些父母误以为对孩子百依百顺才是给他们的最好的爱，殊不知，无原则地迁就和容忍，反而会让孩子变得以自我为中心，稍有不顺就大发脾气，因为他知道，哭闹是他满足自己所有需求的敲门砖。

与溺爱相反的是，一些父母对孩子抱有超高期望，希望以自己的"高标准严要求"，让孩子逐渐走入自己期望的轨道上来，对孩子的合理要求也总是拒绝，导致孩子的欲求得不到满足，心灵和情绪长期被压抑，从而引发脾气暴躁，有时甚至还会对大人心怀怨恨。

这些是造成孩子性格暴躁的大的方面的原因，每个孩子的情况千差万别，还有一些点点滴滴、日积月累的原因会促成孩子形成这种性格。对待脾气暴躁的孩子，或者预防孩子脾气暴躁，父母首先要做的，还是要有充足的耐心。

你精心做好的食物他一口也不吃，你有一大堆事情等着他入睡后再做他却不肯闭眼，你好不容易入睡却又被他的哭闹吵醒，而这已经是这一夜的第三次……只有做了父母的人才能够了解当时的心情有多么糟糕。但无论如何，你都必须心平气和地对待你的宝贝，因为眼前发生的这一切也不是他的错。他只是需要被安抚，需要陪伴，父母应该尽自己最大的可能去满足孩子的朴实要求，即便因为时间和精力的关系暂时无法实现，也要向孩子说明，并在自己可以满足的时候及时补偿。

父母的言传身教对孩子性格的修正也有很大的影响。说到做到，这是亲子教育中对父母的最基本要求。也许你会觉得，他是小孩子，骗骗没关系，但这会伤害亲子间彼此的信任，以及父母在孩子心目中的威信。比如，去超市的时候你要求他只能选购一件东西，开始他可能不同意，或者是全部都想要，或者是害怕父母言而无信，经过几次实践，当他知道只要自己不哭闹，并且严守规矩，就能得到自己想要的东西，而且别的东西也可以慢慢得到时，他就会与父母建立信任关系，便很放心地按照父母的要求行事。

对于身处溺爱中的孩子，爸爸妈妈要满足他们的合理要求，也要对他们的无理要求予以制止。面对不合理要求，父母的态度一定要坚决，你对孩子说"不行""不能做"时，孩子往往不会停止他的行动，而是会看着你，或用哭闹的方式试探你是否真的不让他做。此时，父母不要只是一味地告诉孩子"不行"，而是应该坚决地把孩子从这样的对峙中分离出去，转移他的注意力，让孩子从你的态度中知道这件事是真的没有一点儿商量的余地。

每个孩子都有自己的喜怒哀乐，对人格的无条件保护，尊重其自由、发展与热爱，才是父母对子女真正的爱。所以，即使是父母，也无权要求孩子事事都按照你的意愿来做。比如，你认为他该睡觉了，你觉得他必须把一碗饭吃完，或者这个时间他必须放下手里的玩具去做你安排的事，即使你的初衷是为他好，却也可能让孩子感到被强迫从而丧失对你的信任。相反地，父母倒是可以给孩子一点儿权利。比如，此时孩子执拗地非要看一本大部头的书，而你又担心他把书撕坏，怎么办？一方面，你要告诉他这样的书在他能力范围之外；另一方面，他实在要打开的话，就陪着他一起看，这样的东西对孩子的吸引力并不会长久，很快他就会放弃，改做别的事情。这样，书没有遭到破坏，孩子也会觉得这件事情是按照他自己的意愿做的，不但不会产生亲子冲突，而且还非常有助于培养孩子乐观、独立、有主见的性格。

此外，父母一定要记住，孩子是父母的影子，父母以怎样的态度对待孩子，这样的态度也慢慢会转化成孩子性格的一部分。所以，如果不想让你的孩子成为性格暴躁的人，就请你用温和的态度、耐心的教导对待那个总是添麻烦和做错事的小朋友。

建立自尊，先让孩子学会自信

孩子在3岁时个性意识已经开始萌芽了，开始有了自尊心。如果你的做法和态度让他觉得很丢"面子"，甚至随意拿他作为取笑材料或迁怒的对象，他就会表示反抗或陷入自卑之中。

孩子已经知道害羞了，不愿意父母将自己尿床的事情告诉他人。在孩子眼中，外人知道自己尿床了，与说自己是个笨蛋没什么区别。尤其对于性格很内向的孩子来说，无异于雪上加霜。在任何情况下，都不要让孩子当众出丑，尤其不能在别人面前揭孩子的"伤疤"和"隐私"，这是最典型的刺激孩子自尊心的做法。

3岁左右的孩子也开始注意别人对自己的评价，他们开始追求完美，在意所做的每件事是"好"还是"坏"，若是后者，他们的内心就会产生强烈的挫败感。为了得到他人的赞美，他们就会想方设法做自己想做、能做的事，这也正是3岁孩子自尊心的萌芽，是他们向上的内在动力。

如果父母把孩子当作一个有独立人格的人，站在孩子的立场上看问题，事事尊重孩子，将有益于孩子形成自重、自爱和自尊的品格。这样的孩子在日后的生活中，会更有自信心，责任感强，有进取精神，既懂得尊重他人，也能获得他人的尊重。

当孩子犯错误时，父母应该以引导和探讨的口吻与孩子交流，可以表达你的感受和建议，但不要强加于孩子，更不要责备和贬低孩子，要体谅孩子，并采取宽容的态度，给孩子更多的时间和机会慢慢成长。

父母要帮助孩子建立自信。自信是建立在表扬的基础上，但是你的表扬要有的放矢，不要敷衍，因为孩子能感觉得到。

当然，你的表扬要具体，不要空洞，不要因为一句空泛的"你真棒"让孩子无所适从。你的表扬要具体到某件事，比如说你可以这样表扬孩子：

"宝宝能帮妈妈扫地，真棒！你瞧你这个地方扫得真干净，没有一点儿垃圾了，其他地方也扫这么干净就更好了。"

表扬也要适可而止，不要过分。如果孩子从小到大一直生活在表扬声中，将来你的批评或建议都会让孩子感觉似乎受到了侮辱，这时他会变得焦虑，缺乏安全感。

父母要知道，尊重是一种相互的行为。你在尊重孩子的同时，也应获得孩子的尊重。其实孩子和大人一样，当他和那些既有自尊又希望得到别人尊重的人交往的时候，他们也会觉得舒服和快乐。

此外，3岁左右也是培养孩子自我肯定感的最佳时期。自我肯定感，可以让孩子意识到"我是有存在价值的，是被别人需要的，做我自己就可以"。孩子有了这种自我肯定感，才能变得更加自信。如果缺乏自我肯定感，孩子会认为自己活着没有价值，逐渐变得越来越没有自信。

父母的拥抱，认真聆听孩子讲话的态度，可以让孩子感受到父母对自己的重视。撒娇也有利于培养孩子的自我肯定感。应该允许3岁的孩子对父母撒娇，撒娇可以让孩子获得依赖感和安全感，有依赖感和安全感的孩子才有意愿向往独立。同时要注意，让孩子撒娇与溺爱孩子是不一样的，前者是满足孩子情感上的需求，对孩子依靠自身能力可以做到的事要尽量放手；而后者是满足物质上的需求，对孩子的事大包大揽，只会害了孩子。

香港著名家庭问题研究专家李中莹的话不无道理："亲子关系中最重要的是无条件的爱。有真爱的家长或者真正懂得表达爱的父母会时时不忘投向孩子肯定的目光，而且没有任何附加条件。孩子正是在这种肯定的目光中，才渐渐地发展出自信心，然后才能发展出自尊，再渐渐地发展出自爱。一个孩子的成长需要5000次以上的肯定。"

第八章

抓住孩子
智能发展的加速期

　　3岁是孩子大脑发育最迅速的时期，也是智力发展的关键时期，在这一时期对孩子进行教育会收到事半功倍的效果，其重要性不言而喻。一旦错过孩子大脑发展的关键期，就算日后上再多的才艺班也补不回来。所以，想要让孩子变得更优秀，就要好好把握这个黄金时期，锻炼孩子的大脑潜能。

呵护孩子生命最初的好奇心

　　3岁左右的孩子，生活中总有那么多为什么。天黑了他会问太阳公公哪里去了；下雪了他会问雪是从哪里来的；吃饭的时候他会问人为什么会饿；看见小鸟在天上飞他会问自己为什么不能飞；哪怕只是午休的时候从窗边刮过一阵风，他也要问风是从哪里来的……

　　看见什么就问什么，这是3岁孩子的最大特点。即便爸爸妈妈已经被他的问题搞得很不耐烦，他也还要跟在身后不屈不挠地问下去。即便父母已经给出了答案，他也不会轻易罢休，打破砂锅问到底，提问仿佛才能证明他的存在。

　　这就是3岁的孩子，他们对所有的一切都充满好奇，而且有着很强的直觉。每到一个新的环境，敏锐的观察力往往让他们比大人更能注意细枝末节的东西，想问的问题便也更多。

　　3岁的孩子还特别钟爱冒险，出于对这个世界的好奇，他们对很多自己不曾经历，甚至连见都没有见过的事情跃跃欲试。因此，在这种探险欲望的驱动下，他会学着像妈妈那样做饭，结果把面粉和菜叶子扬得满地都是；会学着像爸爸那样用电脑，结果一不留神把爸爸需要的文件删得精光；会学着像叔叔那样修东西，结果把新遥控汽车拆得支离破碎；会照着妈妈的样子描眉抹粉，结果好好的化妆品被她折腾得一团糟……3岁的孩子总是在尝试、在努力证明自己的成长，他们给大人们制造着出其不意的惊喜，却也难免给大人带来诸多麻烦。

很多时候我们会把孩子好奇的天性误认为是捣乱、任性的表现。其实，如果有这样的误解，不过是因为我们对孩子还不够了解罢了。

情况一：当孩子产生好奇心的时候，父母在一旁吓唬孩子

安安最近对电插板特别好奇，台灯一插，亮了；吹风机一插，转了；电视一插，动画片就播了；电饭锅一插，米饭香甜的味道就飘出来了……这天，他拿出爸爸的手机充电器，想插在电插板上试试会怎样，刚一伸手，就被妈妈一巴掌打了回去："跟你说了多少次不能玩儿电插板，触电了怎么办？！"

安安对电插板以及电的功能好奇，想弄明白电插板为什么能有那么多神奇的功能，可妈妈害怕儿子有危险，就夸大电插板的危害吓唬孩子，想杜绝孩子的好奇心，让他再也不敢碰电源。

可是，电是现代生活不可或缺的一种资源，安安妈妈的这种教育方式，只会让安安对电望而生畏。其实，倒不如把孩子抱到电源前面，拿几个家用电器，一个一个地试给他看，告诉他电的作用，并让他知道电也会带给人们伤害，告诉他千万不能将手指或者铁丝等导电的物体插入电源。用完电后，要将插头从电源中拔出来，以防漏电。这样既解答了孩子的疑问，也给孩子讲解了安全知识。

情况二：当孩子对某些事物产生兴趣时，父母不以为然

图图正在阳台上搭积木，突然，窗户外面打了一个很亮的闪电，图图因为好奇，便站起来目不转睛地盯着窗外看，紧接着咔嚓一声惊雷，吓得图图"啊"的一声扑到爸爸怀里，"什么声音？图图害怕！"不料，爸爸抱着儿子哈哈大笑，"胆小鬼，打雷都害怕。"害怕加上被嘲弄，图图生气地哭了起来。

图图被闪电和雷声所吸引，虽然吓了一跳，却也非常想知道这样的亮光和响声到底是从哪里来的。正在他对这些事情产生渴求的时候，爸爸的嘲弄使得他气急败坏，探究和思考也被打断了。

在这种情况下，父母最明智的做法是，抱起孩子，指给他看闪电和雷声产生的方位，然后，告诉他雷声和闪电产生的原因，以及为什么这两种自然现象总是一前一后。这样的话，宝宝对于打雷和下雨的自然现象就有了初步的了解，从而培养了他对大自然的兴趣与热爱。

情况三：和别的小朋友比较

妞妞是个爱动的小女孩，进了电梯，她东摸西抠的，还差点儿趁妈妈不注意按下电梯里的报警器按钮。妞妞妈妈赶紧制止她，说："别乱按！你这孩子怎么就不能安静一会儿？你看那个小哥哥多乖，人家就乖乖在电梯里，什么都不碰。"于是，妞妞也不动了，只是恶狠狠地盯着那个无辜的小哥哥。

孩子最害怕的就是爸爸妈妈不喜欢自己，转而去欣赏别的小孩。妈妈拿电梯里的陌生孩子和自己女儿作比较，就是试图给女儿找个榜样，刺激她安静下来。但恰恰是这个"榜样"，让妞妞因为害怕父母不喜欢自己而中断了探索行为。

边比较边批评的方式最容易激起宝宝的"嫉妒心"，从而让宝宝忘记自己本来的样子，朝着那个所谓的榜样靠近。其实，父母大可不必让"别人家的孩子"影响自己孩子的自由发展，例子中妞妞的妈妈只要把电梯里每个按钮的作用向孩子讲清楚，并告诉她电梯的安全使用常识，不能轻易乱动就可以了，这样，既满足了孩子的好奇心，同时也能让她明白公共场合的行为准则。

情况四：当孩子产生探索行为时，父母强行制止

蛋蛋对妈妈放在柜子里的一切东西都充满好奇，他总是趁家人不注意，打开衣柜的门、酒柜的门、壁橱的门、冰箱的门，查看放在里面的

东西。"关上！你给我关好！跟你说多少遍了，不许打开！"蛋蛋妈妈对于儿子的行为很是不解，每次看到儿子这么做，都会特别生气地立即制止。

对门、洞、角落等处进行探索，是很多小孩都喜欢的颇具刺激性的探险行为，大人的无端呵斥，肯定会对孩子好奇心的发展造成损害。父母应该换一种方式，一起陪孩子打开柜门，查看放在里面的东西。告诉他哪些衣服是爸爸的，哪些是妈妈的，哪些是宝宝的，顺便讲讲整理衣柜的步骤，让孩子从小就知道物品摆放的秩序性；告诉他哪些东西易碎，哪些不能随便拿，减少孩子探索行为的破坏性；如果孩子在这样的探索中把柜子弄乱，父母还可以让他把物品归回原位，这对孩子也是不错的教育规则。

培养孩子的智力应从激发孩子数学潜能开始

数学，是每个人在学习和工作中都无法避免要接触的一门学科。在儿童教育界，数学也被认为是打开未来世界大门的钥匙，对孩子智力的发展具有非常重要的作用。

数学教育是孩子生活和正确认识世界的需要，在孩子认识和探索世界的活动中，几乎天天都要与数学打交道。孩子接触新事物，我们会描绘物品的形状、大小、位置和数量关系。比如，我们会告诉孩子皮球是圆的，积木是长方体；生日蜡烛是柱形，宝宝3岁就要插3根；人有10个手指头，其中最长的是中指，最粗的是大拇指等。

数学不仅用来描绘和记忆物体，在孩子的生活中也充满了有关集合、分类、排序等数学概念。比如，妈妈要求孩子把毛绒玩具放到玩具柜上，把积木放到玩具筐里，这就是分类；把一套10本的儿童读物按顺序摆放到书架上，这就是排序。

数学又是一门严谨的学科，孩子在学习数学之后，其思维方式也会受到数学自身特点的影响，久而久之会形成缜密的逻辑思维，对其智力开发和未来的学习都极为有益。

在儿童教育界，3～4岁被认为是儿童的"数学敏感期"，也就是说，孩子在这个阶段，对于数字、数量关系、排列顺序等会产生很大的好奇与兴趣。因此，父母也要努力抓住孩子数学发展的这个敏感点，培养孩子对数学的敏感度，提升孩子的数学能力，助推孩子智力的发展。当然，针对这个年龄段孩子的理解力和智力发展程度，对孩子的数学教育也要有意识、有策略地进行。下面，我们就为父母推荐一些适合3岁儿童数学教育的方法和策略。

1. 选择合适的故事书或数学小绘本

讲故事，是很多父母都会在睡前与孩子进行的亲子互动，那么，不妨将数学教育融入这种大人和孩子都颇为喜欢的活动中去。爸爸妈妈在给孩子选购故事书或儿童绘本的时候，可以有意识地选择那些内容中带有很多数字或与数学有明显关系的。然后，在和孩子看绘本或讲故事的时候，可以主动让孩子数图画上的物体数量，也可以向孩子提一些数学问题："兔子宝宝有两根胡萝卜，妈妈又给了它一根，那它现在有几根胡萝卜可以吃啊？"通过提问，让孩子自然而然地将数学计算和逻辑思维融入故事，对其想象力的发展也有很大帮助。

2. 在日常活动中进行数学小游戏

爸爸妈妈不要把数学教育当成一门艰深的学问，总觉得需要花去大量时间和精力才能去培育。其实，父母大可利用平时生活中的细碎时间，随意给孩子设置一些数学小游戏，便能够在很大程度上提升孩子的数学能力。

（1）吃东西时、回家路上

吃一些可以用数目计算的东西时，不妨让孩子记录一下他能吃多少，1个包子、5个饺子，还是4块饼干；同样，在回家路上，也可以让他数数一共要经过几个路口、遇到多少个红绿灯。这样的简单游戏，可以极大地提升孩子的数学能力。

（2）玩积木时

积木之所以能够很好地开发儿童智力，就是因为积木有大小和形状的不同。所以，父母在陪孩子玩儿积木的时候，就别再只是消磨时间地随意摆搭，可以引导孩子用积木搭建完整建筑。这样，孩子为了让建筑物完整，自然就会考虑每块积木的形状、摆放方式以及需要用多少块积木才能完成"工程"了。

（3）收拾物品时

收拾物品是让孩子大展身手的机会。洗衣服时，可以让孩子数数一筒能够洗几件上衣、几条裤子；归置物品时，可以让孩子帮忙检查收拾了多少件，有没有漏掉的；哪怕只是餐前摆放碗筷，也可以要求孩子数数家里几个人吃饭，然后按照家人的数目摆放碗筷，或者也可以在父母做好这些事情之后，让孩子数数检查一下有没有遗漏。

（4）吃蛋糕时

一年一度的生日，或者平时吃蛋糕、西瓜等好分割的食物时，也是培养孩子数学能力的大好时机。让孩子按照年龄在蛋糕上插蜡烛，可以培养孩子的数数能力；切蛋糕时，则能让孩子感受分数的魅力。比如，将蛋糕一分为二，或切成均匀的四份，或平均分开给5个人吃……当然，这样的游戏也仅限于比较简单的分数，太复杂的话，对一个3岁孩子来说，就不太容易理解和实现了。

不是每个儿童都能够成为神童，但每个孩子离成为数学天才并不遥远，只要父母能抓住生活中的小细节，摸准孩子的兴趣点，寓教于乐，培养孩子对数学的兴趣和敏感度，孩子的数学能力自然就会提升，智力也会相应得到很大程度的开发和发展。

拆坏的东西远远没有孩子的探索心重要

破坏，是孩子成长发育过程中经常出现的现象。除了我们前面已经讲过的想以破坏的方式吸引父母注意或者表达不满之外，孩子的"破坏欲"，大多来源于他们那颗无法按捺的好奇心。

3～5岁的孩子，对周围的一切都怀有强烈的好奇心，对于能够接触到的一切东西，他们都想去看一看、摸一摸，甚至按照大人的样子亲自操作一下。他们会想："这个是什么？它能做什么？想想爸爸妈妈平时是怎么用它的呢？对，想起来啦，我也去试一下！"对于这样的思维过程，父母有没有觉得很熟悉？对，这跟成年人认识和探索世界的思维活动一模一样。那么，父母是不是应该为了孩子这样的成长而欣喜，并充分尊重他们的这种探索行为呢？

也许有的父母会说，他们的探索行动大多数的结果都是破坏。的确，对一个3岁的孩童来说，他们的手眼协调能力、配合能力，还有认知能力，都没有发展成熟，因此，他们的尝试和探索活动的过程中总会出现很多意料之外的危险动作，比如不经意的摔打、不小心的磕碰等。同时，3岁孩子也很容易高估自己的能力，总觉得自己已经足够大，能够和爸爸妈妈一样去做很多事情。这不是孩子在故意制造麻烦，而是他真的特别想了解这个世界，一些事情他的确做不好，却又很自信地以为自己能做好。

　　不要打击孩子这样的探索欲和自信心了，与那些可以用金钱来衡量价值的物品比起来，这样的企图心才更难能可贵。当然，我们也不是要求父母为了守护孩子的好奇心就对他们的破坏行为放任不管，在放任和约束之间，父母可以采取两全的方式，既能守护孩子的探索精神，又能培养儿童正确使用和珍惜物品的意识。应该怎么做呢？

　　首先，父母要教给孩子正确使用物品的方法。要让孩子知道家居用品是怎么使用的，包括哪些东西是容易损坏的，在使用中应该注意的事项等。比如，水杯是在喝水的时候使用的，不能当作玩具用来过家家，而且使用之后要归回原位，一方面是避免不小心碰到摔碎，另一方面也要保持家庭环境的整洁。而对于那些特别容易损坏的物品，要放在孩子看不见也够不着的地方。

　　其次，父母也要有意识地对孩子进行力量和肌肉方面的训练，可以通过手指游戏、影子游戏、扣扣子等活动，锻炼孩子的手部力量，以及手指小肌肉的灵活度。父母也可以经常为孩子提供一些大小和轻重合适的物品，让他们在实践中提升掌控物品的能力。同时，还可以经常鼓励孩子做一些比较"精细"的家务活儿，比如钉扣子、洗手帕、穿针线等，培养孩子耐心细致的品质。

　　孩子在探索活动中不分轻重地"搞破坏"，还有一个重要原因就是不懂得物品的价值，也没有形成节约的习惯。所以，父母在平时的生活中，不要给予孩子太丰富的物质条件，要严格控制他们使用物品的数量，让他们懂得珍惜自己的所有物。而对于那些已经被孩子损坏的物品，即便他们在生活中再需要，也不能"旧的一去新的就来"。比如，他撕坏了图书不能立即就买新的，即便再碍眼，也得先将就着看；他打碎了喜欢的杯子，以后就得用不喜欢的那个喝水……要让孩子懂得损坏了就不能再修复的道理，也要让他为自己的行为承担后果。

当然，父母在时间和精力都允许的情况下，也可以在不损坏物品的前提下引导孩子的探索行为。即便物品不能拆卸，父母也可以根据自己的知识，用观察、讲解等方法解答孩子的疑惑。

最后，应该提醒家长注意的是，即便孩子的破坏行为造成非常严重的后果，也不要因此大发雷霆。孩子在犯错之后本来就很害怕，家长的严厉态度很容易引起孩子的逆反或逃避。此时的正确做法是，以耐心和宽容对待已经造成的破坏，如果孩子破坏了别人的东西，就应该带孩子向别人道歉并赔偿，而如果是别的孩子破坏了自己孩子的东西，应该让孩子学会原谅。

培养孩子观察力的几个关键点

有一天，艾艾和妈妈出门，在楼下遇到了楼上陈阿姨的父亲——老陈爷爷。老陈爷爷不常来女儿家，但左邻右舍彼此也都认识，所以一见面，艾艾妈妈就热情地让艾艾向老陈爷爷打招呼。"陈爷爷好！"艾艾按照妈妈的要求向陈爷爷乖巧地问了好，之后，艾艾妈妈和陈爷爷随便聊了几句，就领着艾艾回家了。

睡觉前，艾艾突然想起什么似的，很认真地跟妈妈说："妈妈，今天见到的陈爷爷我认识。"

妈妈特别好奇，问："哦？你怎么认识的？"

"有一次姥爷带我在楼下玩儿，陈爷爷还陪我玩儿跷跷板了。"

"那你怎么记得那个就是陈爷爷呢？"

"我看到陈爷爷走路瘸，我就问姥爷陈爷爷为什么那么走路，姥爷说陈爷爷腿脚不好，每天都得陈阿姨照顾，我就记住了。"

通俗地讲，观察力就是有目的地注意某个事物，并试图更深入地认识该事物的过程。在儿童成长过程中，观察力发挥着非常重要的作用，它是儿童获取信息、丰富表象、发现事物之间联系的基础，对于儿童的思维力和想象力的发展，都有着非常重要的意义。

对于不谙世事的孩子而言，身边有太多令他们觉得新奇的东西，他们也很容易被那些与众不同的东西吸引，所以，当孩子开始有意识地关注身边的事物时，父母就应该知道，培养观察力的时机到了。

能看到并不等于会观察。看到树叶飘落，无心之人只是随意一瞥；有心之人则知道秋天就要到了。这就是看与观察的区别，即能否注意以及在注意后能否抓住关键点。因此，观察力是一种需要特别培养的能力，但这也让很多家长想当然地以为，孩子观察力的培养也需要进行专业而严格的训练。其实，对于学龄前的儿童而言，日常生活中的有意识引导，更能让他们在轻松、无压力的状态下提升观察力。下面，我们就向各位家长介绍几个在生活中提升孩子观察力的关键点。

1. 随机引导孩子去观察周围事物，并根据孩子年龄的增长，调整引导观察的内容和要求

在孩子还不太会说话的时候，将他们的观察活动引向以指认为主。比如，让他们找找爸爸在哪里、电灯在哪里，引导他们从周围事物中搜寻目标物体。年龄大一点儿之后，可以有意识地引导他们在观察中发掘特点、寻找不同。比如，让他们说说面前的两个水杯有什么不同，宝宝今天的衣服和昨天的有什么不一样等；再大一点儿，就可以要求他们在观察中找寻相同点。比如，让他们说说爸爸和姥爷吃饭的时候哪里一样，学校和家里有哪些一样的物品等。在孩子能主动观察，并能够在观察中找寻事物的异同之后，还可以鼓励孩子对某个事物进行一段时间的持续观察，比如豆芽的生长过程，种子的发芽和生长等，让孩子通过观察建立事物间的联系。

2. 将孩子的观察活动，由视觉扩展到听觉、触觉或其他直觉等多个方面

视觉训练：带孩子到大自然中欣赏美丽风景；把房间布置得色彩明亮又柔和。

听觉训练：每天都和孩子聊聊当天的见闻；多给孩子听动听的音乐；坚持给孩子讲故事。

触觉训练：给孩子洗澡时，用不同柔软度的刷子擦拭孩子身体，并让他感受它们之间的不同；步行出门的时候，让孩子走在前面指路，培养孩子的方位和距离直觉能力。

3. 引导孩子进行有序观察

3岁孩子的心智发展程度尚不能使他们将注意力长久地集中在某一事物之上，他们经常看着这里，眼光又很快被更新鲜的东西吸引过去，此时，爸爸妈妈就要引导孩子从局部到整体进行有序观察。比如，在和孩子看绘本时，孩子看到颜色艳丽的图片很开心，经常这一页还没有看完，就急着要翻到下一页看有什么新鲜的，这个时候，妈妈就要耐心吸引他的注意力："你看，图画书左边有一朵云，云下面的树上结满了果实。咦！藏在树后面露出一条尾巴的是什么动物？"

4. 提升孩子对观察活动的乐趣

既然孩子的注意力不太容易集中，父母就要开动脑筋，为观察活动增加新奇的小乐趣。比如，当和孩子一起观察云朵的变幻时，父母就可以充分地发挥想象力，为孩子描绘云朵的模样："宝贝，看看现在云彩像不像一条小狗？""对，它嘴里还叼着一根骨头！""现在云朵是不是又像沙发了呢？"……当孩子发现白云不只是一堆枯燥的白雾，而是一根棉花糖，是一个握紧的拳头，或是一个戴着王冠的小姑娘时，他们会发自内心地感觉到快乐，从而延长了集中注意观察的时间。

需要提醒父母的是，在为孩子的观察活动增添乐趣时，千万不要用奖励的形式，那样反而会影响孩子观察爱好的培养。

3岁孩子的非凡注意力如何呵护和培养

孩子的专注力是与生俱来的，并且潜能巨大。在婴幼儿时期，孩子就会用耳朵去听，用眼睛去看，用手去触摸。孩子因为成长的需要而产生兴趣，因为兴趣而变得专注。

3岁半左右，是孩子注意力发展的关键期。此时的孩子是一个矛盾综合体，他会对一切新鲜的事物充满好奇，经常坐在自己喜欢的玩具前，这儿摆摆，那儿放放，一玩儿就是很长时间。因为这时候的孩子对一切事物都充满好奇心，所以他又很难对一件事物保持长久的关注。

除了个体的差异外，孩子的注意力不能集中，还可能是一些外在因素导致的，比如你为孩子选择的游戏内容不适合他，或者室内活动太多，孩子（尤其是男孩子）的精力不能得以宣泄，就会躁动不安。此外，有些父母的行为也会造成孩子注意力无法集中，让他对一切都心不在焉。

我们常常遇到一些父母会对自己的孩子心生抱怨：为什么我的孩子总不能安心做好眼前的事呢？更有的父母心甘情愿地花钱带孩子到一些所谓的专业机构进行"注意力培训"。当父母抱怨或培训孩子的同时，有没有想过，很多时候正是父母自己在有意或无意地破坏孩子的注意力。

1. 没时间陪孩子

如果父母总借口自己忙没时间陪孩子，那么孩子就很容易沉浸在自己的内心世界里。他可能会反复去玩自己喜欢的那几样玩具，但这种专注力只是以自我为中心开展的，是散漫无序的，是没有经过良好的引导与训练的。

2. 给孩子太多玩具

因为忙而没有时间陪孩子的父母，常用更多的玩具来代替自己去"陪伴"孩子，这样的结果只会造成孩子更容易分心。他也许正沉浸在自己的小推土机如何使用的思考中，你给他带回来的电动小汽车马上会让他放下手中的小推土机……没有专注的习惯，就不能挖掘出每一套玩具更深的内涵。只停留在玩具表面的诱惑中，孩子的逻辑思维能力根本得不到深入的发展。

3. 经常打断孩子

"宝宝，来喝酸奶吧！""宝宝，来吃水果吧！""宝宝，睡一会儿吧！"……当孩子正全身心地投入到那件百玩不厌的玩具中时，你是不是一直在旁边这样不停地"关心"着他？父母的这种不分时机的问候，不但会引起孩子的反感和烦躁，还会无意间分散孩子的注意力。

一般来说，3岁以前的孩子注意力是被动的，只有新奇的、令他感兴趣的东西或事情才能吸引他，而且控制注意力的能力较弱。过了3岁以后，一些孩子的注意力可以保持较长时间，但这并不能说明什么问题，因为3岁的孩子还是很容易受到外界的干扰。

心理学家认为，环境与孩子注意力的集中有着密切的关系，若要孩子不"一心二用"，聪明的父母要学会给孩子创造一个良好的环境，并做到以下几点。

（1）如果你能把孩子每天起床、吃饭、玩游戏、睡觉、讲故事的时间安排得较为固定，相信对于注意力不易集中的孩子来说不失为一个好办法。

（2）在现代家庭里，电视、电脑是让孩子无法保持专注的一个主因，因此少让孩子看电视、玩电脑，是让孩子静下心来的另一个好方法。

（3）太多的玩具也会让孩子无法专注身边的事物，因此你应多抽出时间来陪陪孩子，而不是让更多的玩具来陪伴孩子。

（4）当孩子专心做一件事时，不要给他太多的关心和问候，这些只需要在他伤心、疲惫、不开心或者生病时去做就可以了，而在此时，你应当让他安静地玩一会儿。

（5）你的孩子对某一个事物的兴趣越浓，他就越容易形成稳定和集中的注意力，所以你应该鼓励孩子多做自己感兴趣的活动，让孩子在活动中发展能力和兴趣。

（6）动态的物体更能吸引孩子的注意力，那些在花丛中飞舞的蜜蜂远比静止的蜜蜂更容易帮助孩子获得认知，但和注意力关系最紧密的还是互动。在互动中，孩子的注意力能够得以加强。如果不存在互动，孩子的注意力会很快转移到一些更有趣的事物上。一旦存在互动，情况就会变得完全不同。

（7）无论孩子是否能够听懂，一旦发现他的注意力集中在某一事物上，就要告诉他此事物的正确名称。比如足球，要告诉孩子这是"足球"或"球"，而不要说"圆圆"；是小狗就要说"小狗"或"狗"，不要说"汪汪"。这样能帮助孩子建立正确的影像概念。

（8）每天你都要和孩子开展有趣的互动游戏，这样不仅能强化亲子关系，还能在活动中有意识地培养孩子的注意力。对于3岁的孩子来说，玩拼图、猜猜看等游戏都会有助于他集中注意力。

（9）过多的家庭争吵或夫妻离异，会给孩子的心灵造成极为恶劣的影响，这种不良影响也会在注意力上表现出来，因为这些事情过早地影响了孩子的身心健康，进而会影响孩子的注意力。因此，为了孩子，父母之间还是少一些争吵吧！

想象力是孩子最美妙的一双翅膀

想象力比知识更重要，因为知识是有限的，而想象力则能概括世界上的一切，推动着进步，并且是知识进化的源泉。

——爱因斯坦

想象力，是指人在头脑中创造一个念头或思想画面的能力。比如，当一个人说起房子，另一个人的头脑中就会浮现出房子的样子来，所以，这种思维活动并不是凭空创造的，而是建立在一定生活经验和知识基础之上的，是一种更为高级的思维模式。与成年人相比，想象力对于儿童的要求明显较低，对于一个3岁孩子而言，想象力就是对已有形象的联想、迁移和再造能力。比如，给孩子一个盒子，他能把它想象成一座房子、一条凳子或者一辆坦克，然后拿着它愉快地玩耍起来。当然，孩子想象力的载体，也应当是现实社会中真实存在的，或者是有形状的，或者是有味道的，或者是有一定功用的。

想象力是孩子最美妙的一双翅膀，能保持孩子思维的敏感和活跃，并引领他的意识挣脱现实的拘囿，自由翱翔。从小就想象力丰富的孩子，长大后必然比别人更富有创造力，也更有主见，在当今这个日新月异的社会中，一个思想活跃的人，更容易取得非凡的成绩。

但令人扼腕惋惜的是，教育进展国际评估组织对全球21个国家进行的调查显示，中国孩子的计算能力在世界排名第一，想象力却排在倒数第一，创造力则排在倒数第五。而美国一家权威咨询机构的调查结果也显示，孩子的想象力和创造力其实是随着其成长发育不断递减的。一般而言，一个1岁的孩子，想象力和创造力高达96%，6岁上学后，指数开始迅速下降，等到孩子10岁时，其想象力和创造力就只剩下4%了。所以，保护孩子的想象力，刻不容缓。

那么，如何判断想象力是否已成为孩子思维发展的短板了呢？家长可以通过观察孩子的日常行为以及一些测试来进行了解。在孩子玩耍的时候，可以观察孩子是否喜欢符合他年龄阶段的益智游戏，如果孩子只喜欢玩儿低于他年龄段的益智游戏，或者干脆对此类游戏没兴趣，就说明孩子缺乏面对挑战的自信和勇气，同时也缺乏想象力。在语言学习及日常思维活动中，如果孩子只是墨守成规、人云亦云，很少表达自己的思想，也不爱问"为什么"，通常也是缺乏想象力的表现。父母也可以故意问孩子一些问题，比如，阴天的时候问孩子太阳公公哪里去了，如果孩子的答案不局限于被云挡住了，而是更为跳跃，那么就说明孩子的思维很活跃，想象力丰富。

在了解了孩子想象力的发展状况之后，我们又该如何保护和发展孩子的想象力呢？答案并不复杂。想象力是孩子与生俱来的一种能力，大人如果能不打扰、不阻碍，并对他创造出来的那个世界及规则给予耐心和尊重，孩子的想象力就能得到充分保护。

1. 不绑缚孩子的手脚

美国是世界上极富想象力的国家之一，其文学、科技以及电影等方面，无不闪现着创造的光辉。美国家长在教育孩子的时候，就是在保证安全的前提下，让孩子尽兴地玩儿，弄脏、弄坏都没有关系。中国父母在对待孩子的时候，则很严格，怕伤着、怕弄脏、怕破坏，在条条框框和拘束中长大的孩子，往往在学习和创造时也畏首畏尾，鲜有突破。在这方面，我们要学习美国人的做法，留给孩子广阔的空间让他们玩儿自己想玩儿的东西，做自己想做的事情。

2. 陪伴孩子时，父母不要"太聪明"

常常见到父母在陪伴孩子时，总是扮演着"教导者"的身份。去博物馆、动物园，父母就抓紧机会滔滔不绝地向孩子灌输自己知道的知识；去游乐场，父母不断地提醒孩子安全事项，告诉他们怎么玩儿；哪怕只是给孩子讲故事，陪他们搭积木，也不断地告诉他们，"猴子不吃萝卜，只能送给小兔子""嗨，错了错了，你怎么能在房顶上再建一座'桥'"……父母的干涉，让孩子的注意力全集中在了解和记忆上，从而忘记了自己去思考。所以，当孩子认真看世界的时候，父母最好能"闭嘴"，让孩子成为活动和自己行动的主人，并在自己的想象中玩儿得更尽兴、更活跃。当孩子开口问时，父母再回答，同时，面对孩子的"为什么"，父母也不要急于给出答案，可以试着反问孩子为什么，他给出的答案可能会更为精彩呢！

3. 用知识来丰富想象力

我们说想象力是随着孩子年龄的增长逐渐递减的，并不是说知识与想象力是根本对立的，这种递减，只是孩子思维方式不断变化而产生的正常结果，并不能将知识看成想象力的天敌。相反地，想象力不是无源之水，它之所以能摆脱天马行空产生改变世界的力量，就是因为有知识作为强大后盾。比如，人类想要飞行，就要研究飞鸟飞翔的奥秘，从而制造出飞机、热气球等交通工具；电影里那些玄幻神奇的场面，也并非无中生有，其中最打动人心的情节，也都遵循着现实世界的普遍规律。

所以，在不拘束孩子行为的同时，也要鼓励并创造机会让他多实践、多体验、多探索，让他在保持好奇心的同时，又有足够丰富的知识和经验作为基础，然后，通过创造将一切聚集、凝结，从而使之成为有价值的成果。

重复练习，是孩子专注力培养的关键

3岁的娇娇正坐在地毯上，摆弄着她的洋娃娃。她把洋娃娃的鞋子、小裙子脱下，放到地毯上细细抚平，再拿起给洋娃娃穿上。然后再脱下来，再抚平，再给洋娃娃穿好……如此循环往复。

坐在一旁的妈妈注意到了女儿的举动，出于好奇，她悄悄地数着女儿穿脱洋娃娃衣服的次数。因为没有人打扰，女儿的游戏进行得缓慢而有节奏，而且，每次给洋娃娃穿好衣服后，娇娇总是充满爱恋地摆弄几下洋娃娃的头发，脸上露出浅浅的笑容。就这样不断穿脱了14遍之后，娇娇玩儿得有些累了，她放下洋娃娃，像刚刚睡醒一样环顾了一下四周，终于注意到了在一旁看着她的妈妈，然后向妈妈身上靠了过去。

像娇娇这样很专注地反复做一件事情，甚至不知道有人在一旁看着她的行为，我们称为孩子的"重复练习"。

3岁的孩子，对身边的一切事物都充满了好奇，因而对一件事情的注意力也难以长久，总是纵容自己的目光在他们的多个兴趣点之间不断转移。然而，孩子一旦碰到自己喜欢的事物，并投身其中循环往复地进行研究时，其注意力的集中程度则十分惊人，就像事例中的娇娇那样，妈妈从旁边观察好久她都没有注意到妈妈的存在。

这样的重复练习看似枯燥且无意义，但对孩子的专注力、智力和综合能力的发展有着非同寻常的作用。出于兴趣，孩子在主动进行的重复训练中，锻炼了自己的耐性，并极大地提升了从事该活动的技能。只要父母一开始就能教孩子将行为细化到每个细节中，在之后重复练习的过程中，他们必然会获得我们无法体会的快乐和满足。而且，因为孩子的一切行动都是出于兴趣，所以一定会将这个活动完成得很好。因为注意力一直集中，重复练习对孩子智力的发展也将起到很大的推动作用。比如，小孩子一般都喜欢水，当发现孩子手脏了，妈妈就会要求他去把手洗干净，之后，因为洗手可以顺便玩儿水，即便手很干净，孩子也会不停地跑去洗手。发现这件新鲜又好玩儿的事情之后，孩子每每想起这件事，就会去洗一下手。过了几天妈妈就会发现，孩子已经学会自觉地洗手了，而且见人都会自豪地伸出小手给他们看，并大声说："宝宝会洗手了，今天的手就是宝宝自己洗的！"

那么，父母该如何帮助孩子开启"重复练习"模式呢？

首先，一定要给予孩子自由选择的权利。没有人喜欢被操控，哪怕是只有3岁的孩童。每个孩子一出生就具有探索周围世界的潜能，拥有自由选择权的孩子，能充分了解自己的需求和喜好，他们会选择自己所偏爱的东西，哪怕只是一个不起眼的毛线球，他们也会玩儿得不亦乐乎。而有些孩子，从出生开始就只能去被动地接受和适应，去不去幼儿园、上什么兴趣班，甚至是吃什么、看什么电视节目，他们都没有做主的权利。对这样的孩子而言，成长似乎与他们没有太大关系。所从事的活动自己并不喜欢，又怎么可能聚精会神地去一遍遍重复呢？

其次，在给予孩子选择权之后，父母还要保证孩子的行为不被打扰。显然，一个3岁儿童的很多行为在大人看来都是无趣甚至是浪费时间的，蹲在地上看蚂蚁一只只地来来去去；把积木搭好，推倒，再搭好，再推倒；把泥土铲进小桶，倒出来，再铲进去……但对儿童来讲，这就是他们认识世界的方式，而他们那个世界，节奏就是缓慢和重复的，所以，父母要多一些耐心和理解，去维护孩子世界的完整性，只有这样，孩子的大脑发育、智力开发、身体成长和性格养成才会圆满和完整。

向父母朋友推荐以下这些与重复练习有关的游戏，父母在家中可以随时与孩子做一做，寓教于乐，既可以增进亲子感情，又可以有效提升孩子的专注力。

1. 开火车

这个游戏需要三人以上。以三人为例，围坐一圈，每个人假设是一个站点，并设定站名。比如，爸爸代表北京站，妈妈代表上海站，孩子代表武汉站。爸爸拍手喊："北京的火车就要开了"，大家一起拍手喊："往哪儿开？"爸爸再拍手喊："上海开。"然后，被设定为上海站的妈妈就要马上接话："上海的火车就要开了"，大家再接着拍手喊："往哪儿开？"……以此类推，火车开到谁的站点，谁就要马上接话。要保证这个游戏的顺利进行，眼、耳、心要并用，同时保持注意力的高度集中。

2. 重复数字游戏

大人先报简单的几位数，让孩子重复，然后大人再增加一位数，再让孩子重复。比如，大人报"12"，孩子就要重复报"12"；大人增加一位数，报"128"，孩子重复报"128"；大人再增加一位数，报"1286"，孩子重复报"1286"……以此类推，孩子能记住的数字越长越好，但也要适可而止，以免因为记不准确打击孩子的积极性。这个游戏需要每天进行，这样，孩子就能在不断复述的同时锻炼记忆力和注意力。

3. 堆火柴棍

家长把多根火柴随意搭在一起，让孩子小心翼翼地一根一根拿起来，力求做到每拿起一根火柴时都不要碰到其他的火柴，也不要让搭起的火柴垮塌。父母可以根据孩子的游戏情况由少到多不断增加难度，这个游戏在培养孩子专注力的同时，也可以锻炼孩子的空间思维能力。

爱发散思维的孩子更有可能具有创造力

　　发散思维，又称辐射思维、放射思维或求异思维，是大脑在思维时呈现扩散状态的一种思维模式，"一题多解""一事多写""一物多用"等，都是这种思维形式的典型表现。它表现为思维视野广阔，以及多维发散等特点。因此，发散思维被很多心理学家认定为创造力的源泉与测定创造力的主要标准之一。

　　心理学认为，聚合思维以逻辑思维为基础，强调事物之间的相互关系，特点是演绎和归纳，试图形成对外界事物理解的种种模式，追求问题解决的唯一正确答案；发散思维以形象思维为基础，不强调事物之间的相互关系，也不需要就一个问题只形成一个答案，而是沿着问题不断发散，以形成不同的思考和解决方式。聚合思维和发散思维同步发展，才能让一个人兼具丰富知识与过人创意，兼具实践性与创造性。但是在当今的教育体制下，人们在强调聚合思维及逻辑思维发展的同时，却将发散思维弃之一旁。

　　心理学家曾做过这样一个试验，他们深入大学和幼儿园，在黑板上画出一个圆，问在座的学生这是什么。大学生的答案一致，都说是圆形。而幼儿园小朋友的答案则五花八门，太阳、皮球、镜子，甚至还有妈妈的墨镜、猫咪的眼睛和姥爷的肚子……很明显，宝宝们的答案更为精彩，也更能体现思维的活跃度。而成年人由于对很多事物的习以为常，便人云亦云，懒得再去思考和推敲，从而形成了许多思维上的定式，哪怕最后的答案是错误的。正因如此，发散思维发展受阻，被认为是中国人创造力不足的重要原因之一。

　　正是因为不拘一格，本杰明·富兰克林才敢以身犯险，用风筝"收集"雷电，从而解开了雷电的奥秘；也是因为善于从"一般情况"中跳脱出来，阿基米德跳进澡盆，从而才会发现流体静力学的重要原理。有些时候，谁能突破生活中的思维定式，谁就能成为生活的先驱者。

当然，要求一个3岁的孩子具备如此深层的思维能力并不现实，但如果父母能抓住孩子思维发展的这个活跃期，让孩子在轻松愉悦的成长环境中保持其思维的活跃性与多层次性，则必然能够为其今后的思维发展打下坚实的基础。

1. 允许并鼓励孩子与众不同

独创性是创造力的典型特征，一个总是拾人牙慧的人，显然与"创造力"这个词语没有半点儿关系。所以，家长要想培养孩子的创造力，就一定要培养孩子的创造性人格，鼓励孩子多思考，允许他持有不同意见，也要赋予他将自己的不同展示于人的勇气。

"妈妈，我认为你说的不对，我觉得……"当孩子再以这样的句式开启对话时，请像尊重一个成年人那样去尊重他们，只有这样，他们才可能不中断思考，将来才可能在其他必要的场合畅所欲言。

2. 多使用开放式的提问

向孩子提问，是帮助他们思考的重要方式，而如果向孩子提出的问题本身就是开放和发散的，也势必会推动孩子的思考能力向着更广阔的方向进行。"你想想，衣服除了保暖，还有其他什么用途呢？""如果咱俩今天回家没带钥匙，应该怎么办呢？""狗狗今天似乎不太活跃呀，你觉得它怎么了？"……类似这样的问题，可以促进孩子的多方面思考，如果长期训练，孩子再遇到新问题，也会开动脑筋，多角度地去思考问题解决的办法，从而有效提高孩子的创造性。

3. 鼓励孩子多动手

人们常说"心灵手巧"。心理学的研究成果也表明，手指的活动可以极大地刺激大脑皮层中的手指运动中枢，继而激发大脑里存在的那些富有创造性的区域。所以，家长可以督促孩子多动手，为他们提供边框性小的材料，鼓励他们不加拘束地自由创造。比如，把鸡蛋壳随意掰碎，让孩子根据鸡蛋皮的形状和颜色，自由地粘贴出他们想要的图案。或者给他们一些包装纸、纸盒等废弃物，和他们一起用这些东西制作汽车、坦克、机器人或者他们任意想到的玩具。

4. 多进行图形想象和词汇游戏

可以问孩子什么东西是方的，然后鼓励他想出身边方形的物体。或者在纸上随意勾勒一些线条，询问孩子能够通过这些线条联想到哪些东西。

除图形训练以外，词汇游戏也是训练孩子发散思维的一种很好的方式。随时随地，爸爸妈妈都可以说一个字，然后让孩子说出一些由这个字组成的词汇。爸爸妈妈也可以说一个词，让孩子就这个词的含义进行扩展，比如说出"蔬菜"这个词，然后要求孩子想想常吃的蔬菜有哪些。

最后需要强调的是，发散思维只是创造能力的一个组成部分，创造不是空中楼阁，还需要以雄厚的知识储备作为基础，所以，父母在培养孩子发散思维的同时，也要大力夯实其知识储备，这样，孩子的创造力才能持久而活跃。

第九章

别做虎妈、狼爸：停止吼叫，
与孩子建立理想关系

为人父母本来就是一件很艰难的事，更别提你的孩子还总是在一些小事上挑衅你的权威——让他往东，他偏往西。这很容易让你怒火中烧，不由自主地大吼大叫起来，往往还在冲动时对孩子说出一些过激的话，不仅伤害孩子，还让自己感到挫败和懊悔。

那么，究竟父母朋友们要以怎样的方式，做到不吼不叫、心平气和地表达对孩子的爱，并让这种爱润泽孩子的一生，成为他们成长的养分呢？

从现在开始，父母要提高爱的质量

现在，我们来讲述一个真实的故事。

基伦·威廉森，一个生活在英国诺福克郡的小男孩。2008年5月，年仅5岁的他，跟着父母来到远离自己家乡的德文郡和康沃尔郡度假，并被那里的秀丽风景深深吸引。小小的他当即要求父母购买画笔和颜料，想把眼前的如画美景留在画板上。

基伦·威廉森的父母并没有把儿子的要求当作小孩子的说笑或瞎胡闹，当即就给他买全了所有需要的东西，尽管儿子在这之前并未接受过任何有关绘画的专业培训，也没有展现出一丁点儿在美术方面的天赋，而威廉森的父亲，也几乎是一个没有任何绘画知识的人。"我们当时只是觉得他喜欢画画，而且他说画画比较简单，能够让他放松。"回想起当年支持儿子画画的原因，基伦·威廉森的父母依然云淡风轻。

不出所料，第一次作画的威廉森果然没有什么惊人表现。和任何一个没有绘画基础的5岁小孩一样，他的画作线条生硬、构图简单，看起来并无什么美感，甚至还有些糟糕。但基伦·威廉森的父母并没有因此就打击儿子，也没有将儿子的想法定义为瞎胡闹，他们只是不断地给儿子购买纸笔，由着儿子尽情地画。

像一壶煮到鼎沸的开水一样，经过一段时间的积累，基伦·威廉森的绘画天赋猛烈地爆发出来，父母很快就发现，他们再也无法凭着自己30多年的经验解答这个5岁孩童关于绘画的任何问题，只能带他去求教诺福克郡的画家。镇上经验最丰富的老师，也是当地最好的画家接收了这个孩子，并对基伦·威廉森表现出极高的兴趣。"他不说话，也不太问问题，只是用他自己的心灵和眼睛去感受和观察。其他人都只是临摹，而基伦·威廉森却要将他看到的东西赋予个性。"

的确，基伦·威廉森的画作完全不同于其他同龄人的作品。他不喜欢用浓烈的色彩，也不喜欢对比鲜明的构图，无论是选景还是笔法，基伦·威廉森都展示出了超乎他年龄的成熟——灰黄色的天、蓝色的人、浅棕色的房子和黑白色的飞鸟，浅淡却不失层次。他这样的画风没有被任何人指责，父母也没有要求他必须像一个五六岁的孩童那样画画，明亮而富有光泽。

"最重要的是，他喜欢画画。他总是在寻找一幅画。"基伦·威廉森的父亲说。为了这样的"寻找"，父母允许基伦还穿着睡衣就奔出门外看日出，也会带他去一些仅仅因为在车上路过便爱上了的小溪、教堂或者田野。但如果去到野外后，基伦更愿意玩耍而不是画画，父母也不会生气。"整个天空变成黄色，而且那里有一道完整的彩虹。然后我看见两只小鹿从田野里跑过，而一只狐狸跟在它们的后面。"这是父母带领基伦一起经历的一个画面，他特别喜欢跟别人讲述这件事情，而且每次说起来眼睛都亮闪闪的。

2010年1月27日，7岁的基伦·威廉森在家乡诺福克郡的一家画廊举办个人画展，仅仅14分钟，他的画作就被人们一抢而空，16幅作品卖出了1.8万英镑的价格。此时，距离基伦开始学习绘画不过一年有余。

之后，基伦·威廉森的画作被各个收藏大家追捧，在业界他被定义为"小毕加索"和"小莫奈"。他拥有自己的网站和名片，媒体也竞相前往威廉森夫妇家进行采访，不仅为他的年龄，更为他在绘画上即使成人画家也无法比拟的构图和技巧。

截止到2014年7月，基伦·威廉森已经举办了9个画展，他绘出的40幅画作被一家画廊估价为40万英镑。

然而，即便12岁就已经成为名扬一时的百万富翁，他仍然像任何一个12岁男孩那样喜欢在户外踢足球，或飞快地骑自行车。他流利而谦虚地谈论着他的作品，人们却也不得不注意他因骑自行车打滑摔伤而贴在手肘处的创可贴。"他的理想是画家和足球运动员，所以我们的生活中总是会遭遇很多意外。"谈及儿子的成就与日常生活，基伦妈妈的笑容与儿子一般明丽。

就是因为如此包容和随性的教育方式，即便已经成为大名鼎鼎的画家，基伦·威廉森也仍然保留了一个孩子应有的天真与质朴，面对蜂拥而来的媒体，他可以想画就画想停就停，可以随性地将自己的某一幅作品定义为"垃圾"，也可以理直气壮地告诉全世界他还没有想好以后要成为画家还是足球运动员。

在基伦·威廉森小学毕业之前，一位老师告诉基伦的妈妈："他总是在看天空。他极度渴望到室外去，他会去踢足球，但也会专心凝视一群飞过的大雁。"为了不束缚儿子的天性，基伦的父母在商议之后，做出了一个重大而艰难的决定——让基伦离开学校，然后在家里教育他。

很明显，教育一个神童是一件很"吓人"的事情，但基伦的父母并不觉得为了给儿子赋予灵感而将他留在家里是一种负担。"基伦很擅长完善他的经历，而且我们碰到他的需求会跟随他的带领。我们从来都不是那种固执己见的父母。"

现在，基伦·威廉森的父母都成了他的"员工"，他们在传授文化知识的同时，也在帮助儿子处理绘画方面的所有事宜。而且，在基伦·威廉森开始画画之后，他的父母就告诉他，如果他在哪天突然停止画画，他们也不会介意。"我们会回归到A计划。我们的脑海深处一直保留有这个。他的爸爸会继续卖他的艺术品，我会成为营养学家。"基伦的妈妈说。

任何和基伦有过交谈的人都会发自肺腑地觉得，他是想要绘画以及需要画画的。"我对于画画，完全没有压力。"基伦说。

什么是父母能给予孩子的最好的爱，这个故事，想必已经阐述得非常清楚了。

用最好的方式，向孩子表达你的爱

很多父母都收看了2015年各大卫视热播的电视剧《虎妈猫爸》，或许还对其中的几个情节记忆颇深。

由赵薇扮演的虎妈毕胜男，是个典型的女强人，她一心扑在工作上，将唯一的女儿交给公公婆婆抚养。有一天，她突然惊觉自己的女儿被两个老人宠溺成了一个自私、无礼、任性，只懂得发脾气的"小公主"，而在智力和各项能力的发展上，女儿都比同龄孩子差了一大截。她先是惊讶，后是不服，于是辞掉工作，准备全身心投入女儿的教育上。

为了让女儿上好的幼儿园，她跟幼儿园领导说尽好话，无果之后，便变卖了住了没几年的房子，一家人挤进一户价格昂贵到和品质完全不成正比的筒子楼里，只因为这是学区房。只可惜天不遂人愿，因为女儿的年龄问题，即便买了学区房，也还是没能将女儿送进最好的小学。在面对让女儿晚一年上学和上别的普通小学这两个选择中，她冲破家人阻力，毅然将女儿留在了家里，并为女儿制订了教学计划，要求自己和家人按照计划严格执行。

不只是这样的虎妈，为了外孙女的教育问题，"狼外公"也千里迢迢来到女儿家，加入了帮助外孙女成才的"大业"中。与虎妈比起来，外公的教育方式更为严苛，甚至有些残忍。每天带着外孙女晨跑，跑不动就用绳子拴腰上拖着走，做不完题不准玩儿游戏，甚至不能吃饭……因为教育理念的不同，本就关系不太和谐的祖辈们更将争斗白热化，为了一个孩子，六个大人闹得不可开交，矛盾重重……

从孩子呱呱坠地，到离开家进入幼儿园、小学，再到升入初中、高中、大学，直至进入社会，哪怕是之后的成家、立业、生子，中国父母对自己孩子长大成人的每个阶段，都想全面参与，也竭尽所能地为他们提供最为优越的环境和条件。望子成龙，望女成凤，在这种在中国延续了几千年的教子理念的主导下，很多父母为孩子操碎了心，并为他们的成长付出了太多的耐心、智慧和爱心。

就像《虎妈猫爸》这部电视剧中所展现的那样，为了让自己的孩子更接近于符合大众标准的那种"优秀"，父母竭尽所能地为孩子选学校、帮孩子觅良师，又省吃俭用地把省下的钱给孩子报书法、英语、演讲、绘画、钢琴、舞蹈等各类辅导班，使得孩子小小年纪就疲于各类学习。为了不输在起跑线上，却将所有本该被定义为"兴趣"的东西，活生生变成任务，让童年这个本该是一个人整个人生中最为光彩夺目的阶段，变得暗淡失色，不堪回首。电视剧中，被大人们掠夺了童年的小女孩，只能用装病和一趟趟地上厕所，来给自己偷得半日闲，看似调皮，却表达了孩子最深的无奈和控诉。

这是爱孩子，还是在费尽心思装点我们的面子？这是对孩子表达爱，还是以爱的名义给他们绑缚镣铐？这是陪伴他们一起长大，还是强行代替他们成长？这到底是爱，还是自私呢？

也许很多父母也很委屈，他们从孩子出生那天起，就背负着让孩子在竞争激烈的社会中立足的重担，而且随着孩子一天天地长大，做父母的也会对自己的角色愈加难以把握，不知道该以怎样的方式表达对子女的爱。其实，这些本就正常，毕竟孩子都会慢慢长大，也必须离开父母的庇护去开辟自己的道路，随着他们知识和生活阅历的增长，他们会形成自己的意识和判断标准，也会选择和铺就自己的那片天地。没有任何人能对别人的未来负责，因为成长这件事，本来就得亲力亲为，不能由他人替代。

那么，究竟父母朋友们要以怎样的方式，平和而又热烈、理性而又温柔地表达对孩子的爱，并让这种爱润泽孩子的一生，成为他们成长的养分呢？

中国少年儿童新闻出版总社首席教育专家、原总编辑，被誉为"知心姐姐"的卢勤老师给出了这样的答案，希望能被各位父母铭记——

用爱的目光注视孩子，用赏识的神情告诉孩子"太好了，你让我骄傲"。

用爱的微笑面对孩子，这样传递给孩子的信息是"我爱你"。

用爱的语言鼓励孩子，爱的语言能够培养出懂得爱的孩子。

用爱的渴望调动孩子，聪明的父母总会给孩子留点儿"渴望"的余地。

用爱的细节感染孩子，细节最能使人动心，要让孩子从生活细节中学会发现爱、感受爱，善于收集爱的细节的人会始终充满激情。

用爱的管教约束孩子，让孩子自小懂得每个人都要对自己的行为负责，要走好人生的每一步，溺爱往往会剥夺孩子童年的快乐。

用爱的胸怀包容孩子，让他们有重新开始的机会，所有的生命都应该得到尊重。

把爱的机会还给孩子，让他们体验到：索取可以使人满足，但付出才会收获真正的快乐。

适当对孩子说"不"

这样的场景想必各位父母都很熟悉：带孩子逛商店，看到新鲜的玩具时，他便会停下来要求父母买给他，哪怕家里面已经有一大堆差不多的玩具，但对于孩子而言，摆在货架上的玩具永远比放在家里的好玩儿。"这个比家里的那个大，肯定比家里的那个好玩儿。"哪怕如此拙劣的理由，也能成为他想要购买新玩具的借口。

做家长的呢，看到孩子喜欢并为此哭泣，就会心软，经不住孩子的软磨硬泡，就会降低底线，觉得买一个玩具又不是什么大事，更何况能止住孩子令人尴尬的哭闹。所以最终会顺从孩子，买下那个玩具。

这种做法是不是真的没什么大不了？其实，你慢慢就会发现，孩子会越来越多地利用这种"伎俩"，去满足他的更多不合理要求，而且手段会更加苛刻，不达目的誓不罢休。

出现这样的状况并不能完全责怪孩子，因为就是父母的妥协和纵容，助长了他以自我为中心的意志，因为父母没有在适当的时候，坚定地对孩子说出那个"不"字！

孩子是需要被拒绝的，这能够让他明确知道，任何事情都是有限度的，不是所有的要求都能够被满足，也不是想做什么都可以。那么，在什么情况下需要父母对孩子坚定地说"不"呢？

1. 当孩子不遵守社会规则时

过马路要走人行横道，公共场合不得大声喧哗，开车上路一定要红灯停绿灯行，买电影票要排队等候，别人的东西未经许可不得据为己有……这个社会之所以能够正常运转，正是因为有这些法定或由大众约定俗成的规则作为保障，于情于法，都是每个社会人员必须要遵守的。

孩子进入3岁后，就已经有一定的规则意识了，这个时候对规则的违反，并非故意，而是不知道。所以，此时孩子做出违反规则的事情，父母就要坚定地予以制止，并给予正确引导。比如，"不能随地大小便，着急的时候要求助于父母和老师。""乱扔垃圾不是好孩子。""一定要尊重老人，你变老以后肯定也不希望被无礼对待。"……用规则来教育孩子，用道理来说服孩子，这不仅有利于孩子的健康成长，也有助于整个社会的文明进步。

2. 当孩子伤害自己或他人时

3岁的小孩，可能在不经意间就对自己和他人造成伤害。

做游戏的时候，他会为了好玩儿而"怂恿"别的小朋友和自己一起从矮墙上往下跳；追皮球的时候，他会跑着跑着就一个不注意跑到马路中间；生气的时候，他会肆意踢打、咬人……他不知道这样会给自己和别人带来多大麻烦，他只是想玩儿得痛快，哭的时候也要尽兴。

这时候，父母就要对孩子的过激行为坚决制止，而制止的理由，并不是无理由地呵斥，而是游戏和人际交往中的规则意识和安全意识。比如，对于生气打人这件事，阻止的同时先安抚他的愤怒，然后告诉他这样会伤害到别人，这样暴力的孩子别人是不会喜欢的。

3. 当孩子出现无休止的欲望时

正如著名心理学家张道龙所说的，"正是我们自己教会了孩子如何对付我们"，孩子无休止的欲望，多是父母的错误养育方式造成的。一个3岁的孩子并不能自主地控制自己的需求，而父母的心软和妥协，就是对这种无限制需求的支持和无限制扩展。所以，对于孩子需求的界限，父母一定要明晰，越界就一定要制止，并用行动告诉他："不合理的要求，我不会满足你。只有你确实需要，我才会考虑。"

在上述情况中，父母的"不"，对孩子是关心、指导和保护，但是，如果父母的"不"说得不合时机，或者过于频繁，反而容易让孩子摸不着头脑，成为对孩子的打击、限制和不信任。

比如，在孩子过分调皮捣蛋的时候，父母要反思是不是自己对孩子关心得不够多，孩子企图用这种方式来获得父母的关注。如果是这样，父母就需要对孩子宽容平和，给予他们更多关注和关爱；而如果仅仅是因为孩子缺乏自制力犯错时，比如打坏东西、弄脏衣服等，父母要允许这种现象的存在，不宜粗暴对待，并且要耐心地给他们讲解物品使用或者玩耍时候的注意事项，还要耐心地给予他们一定的成长时间。当然，父母最需要的是给孩子设立自由和责任的界限，不能让他们以为自由就是为所欲为，而是要在一定范围内，设置可行与不可行。在这其中，父母一定要坚决和公允，不能因为今天心情好就放宽政策，明天不顺心就对孩子太过严厉。

如何与孩子建立更深层次的联系

2015年11月13日，法国发生的暴力恐怖事件给太多向往和平的人心里蒙上了阴影，对于听闻甚至经历过这一切的孩子来讲，对恐怖的感受想必更深。在爱和呵护中成长起来的孩子，看到了一个未曾见过的世界，却也困惑于大人世界的本来模样。

该不该让孩子理解大人的世界？用什么方式告诉他呢？

最近，一段法国父亲向孩子讲述这一事件的视频在各大视频网站上受到热捧。当时，这对父子正在接受当地一家媒体的采访，很多人在附近的地上摆放鲜花和蜡烛，纪念在恐怖袭击中遇难的人们。面对镜头，还没上学的儿子说，因为这里有很多坏人，他们必须搬家，这让他非常害怕。

听了儿子的话，这位父亲安慰道："不用担心，我们不用搬家，法国就是我们的家。"

"可是这里有坏人啊，爸爸！"儿子仍旧觉得困惑。

"是的，但是人有好有坏，我们走到哪里也都会有坏人。"

"可是他们有枪，他们会向我们开枪，他们真的很坏很坏！"

父亲搂了搂孩子继续说道："没关系，他们是有枪，但是我们有鲜花。"

"可是鲜花有什么用呢？它又不能把坏人打跑！"孩子还是不理解父亲的意思。

"鲜花能做任何事，你看，这里的每个人都在放置鲜花。"父亲顿了顿，接着说，"这就是为了与枪斗争！"

"那这是在保护我们吗？"儿子接着问。

"是的。"父亲回答得很坚定。

"那蜡烛也是吗？"

"蜡烛是为了纪念那些不幸离世的人。"

很多家长都知道要重视亲子沟通，也费尽心思地想去了解孩子的世界，倾听他们的心声。但是，沟通并不是单行线，而是一种双向的流通，家长在关怀孩子的同时，难免走入一个误区，那就是总觉得孩子还小，什么都不懂，于是就将大人的世界封闭起来，不让他们看到，也不尝试着让孩子去了解大人的生活与心情。这往往只能造成一种结果，就是父母一味付出，孩子却未必懂得表达、体谅和感恩，亲子间的深层次联系，便无法有效建立。

家庭生活中，父母和子女各有角色，也各有分工。孩子的角色是快乐成长、努力读书，父母的角色则是关怀子女、全力支持他们的成长。所以，两种角色都担负着重大责任，两种角色也都需要被理解、被倾听。就像事例中的那位父亲一样，父母应主动在亲子间建立双效的沟通与分享，发挥家庭的一致性，从而建立起家庭间更深层次的联系。

很多家长都在父母和社会人这两个角色之间疲于奔走，要平衡这两种角色，便没有办法留出太多时间跟孩子沟通和分享自己的生活和想法，因为这种沟通通常要比成人间的沟通费更多时间和力气。这样的"懒惰"虽然不会损害家庭关系，但同样也不会对亲子关系有所促进，所以，父母大可不必将孩子的展示和诉说看得太过复杂和艰深，只要把握机会，这种沟通就能够非常圆满地实现。比如，周末加班的时候可以将孩子带到单位，让他看看父母工作的地方，也让他亲身感受一下父母在照料他的同时还要努力工作，是何等不易。父母还应该把与孩子相处的时间变成优质时间，把排队、送孩子上学，和孩子旅游、吃饭、睡觉前的时间都利用起来，使其成为亲子交流时间。

而对于那些一直与孩子交流甚少的家长，要想重新展开亲子对话，便可以从鼓励孩子谈论学校生活和与小伙伴相处的琐事入手，增加家庭成员的沟通机会。此外，要求小朋友做些简单家务，让他们学习承担家庭责任也是不错的亲子交流机会。比如，晚饭后可以告诉孩子："妈妈一会儿还有单位的工作要做。"然后请孩子帮忙将碗筷放入洗碗池，并清理房间，等等。

在家庭遭遇困境时，父母也要向孩子坦诚相告，取得孩子的谅解后，孩子自然会体谅父母，并懂得减少需求和因为想买东西而闹别扭的情况。一同经历苦难，才能增强家庭的凝聚力，才能让孩子明白什么是互助支持，遇到问题时，才能共同面对和解决。

培养优秀儿童的十条规则

很多父母都在探索让自己孩子变优秀的方法，我们反复强调，父母是孩子的第一任老师，孩子优秀与否，是父母一手缔造的，孩子并不具有绝对权。所以，父母在育儿过程中，必须遵循儿童成长发育的规律，勇敢承担起父母的责任，努力强化亲情意识并将此作为终极目标，以足够的耐心和细心，对儿童进行长期引导。

下面，我们就为大家介绍培养优秀儿童的十条规则，希望与广大父母朋友共勉。

规则一：父母育儿的基本技巧——管理好自我

自我管理包括对自己身体的管理和情绪的管理。首先，父母要照顾好自己，确保自己身体健康、精神饱满，这是养育一个身体和心理都健全的儿童的基础，一个懂得关爱自己的人，才会给孩子更多的爱。

其次，管理好自己的情绪，你可以对孩子的行为进行干预，但要确保自己的情绪不失控，也要保证不因自己心情不好就对孩子撒气。父母要牢牢记住，无论你做什么，孩子都会模仿，包括大声吼叫、情绪多变、对自己和他人的消极评价等。

规则二：父母育儿的基本责任——无条件支持，对孩子永不放弃

不要因为孩子犯错就大加斥责，他还只是一枝含苞待放的花朵，你需要给他浇水施肥，细心维护。要回应你的孩子，不要猜测他需要什么。要支持和赞赏你的孩子，每个孩子都需要随时感受到来自父母的无条件的爱和支持，但这并不意味着你的孩子永远正确，只是表示他永远值得你付出更多努力。

规则三：父母育儿的最重要秘诀——设定规则，少责罚

很多父母将这条规则错误地理解为严标准、重责罚，但责罚只会让孩子的行为越来越糟糕。如果你希望孩子有担当、不懦弱，又善于体谅他人，少责罚是很重要的原则。父母可以对孩子的行为设定限制，但要循循善诱，以感情为诱导，不要一有越界就严厉责罚。要知道，引导和限制同样重要，偏废任何一方都不可能让自律成为孩子的一种品格。

规则四：父母育儿的最重要规则——始终与孩子保持良好沟通

孩子之所以愿意配合和取悦父母，最根本的原因就是他爱父母，希望父母高兴。所以，你应该保护亲子之间的这种和谐关系，这是孩子最需要的，也是你影响孩子的主要途径，为保护这种和谐关系，你应该倾尽全力。

永远不要放弃你对孩子的爱，哪怕因为赌气放弃一小会儿，都不要。

规则五：孩子渴望你成为他的坚实后盾

孩子在幼年时期的最重要情感如果能得到全力支持，他就能尽早学会管理自己的情感，从而控制自己的行为。

如果你希望孩子能管理自己的行为，就首先要培养孩子拥有管理他自己行为背后情感的能力。而如果想让孩子能管理自己的情感，首先就要给他提供一个可以尽情哭泣、发怒、宣泄情感，同时又不会被制止的安全之地。这个安全之地，就是你——你的怀抱、你的臂弯、你的温柔话语。当然，与哭泣一样，笑声也可以缓解紧张，所以，与孩子玩耍也是帮助他们建立这种能力的有效手段，可以帮助他们表达恐惧和挫败感。

规则六：不苛求完美，孩子渴望被理解

你要随时记得，他只是孩子，已经做出了最大努力。所以，家长对孩子的期望，一定要符合他的年龄范围，不苛求完美，不期望超越。随着孩子的不断成长，他的很多不良行为都会慢慢消失，你要等等他，也需要多理解他。

规则七：保持平和心态，不纠结于正确与否

在亲子斗争中，永远都没有胜者，所以不要在意谁战胜谁、谁控制谁。不纠结于正确与否，就能帮助孩子保持尊严。当孩子做了错事，你觉得自己马上要爆发时，以平和态度做出的反应对彼此都更为适宜。当然，保持平和并不容易，所以，在冲突爆发时，先找到让你爆发的根源，你就能更容易控制自己的行为。

规则八：满足孩子的基本要求，让他明白你的期望

孩子撒泼打滚时，你要想想，是不是已经满足了他在睡眠、营养、娱乐、亲情、安全、放松、掌控和爱等多个方面的需求。让孩子预先知道你对他的期望，并对他进行循序渐进的引导，他就能按照你的期望控制自己的行为。

规则九：享受孩子的变化和成长

毋庸置疑，孩子会知道自己的需求。所以，从婴儿时期开始，就要鼓励孩子向你展示他的需求，用心倾听，并积极给予回应。你要试着心甘情愿地欣赏和享受他的变化和成长。

规则十：随着孩子的变化，调整育儿方式

你昨天的育儿经验，今天可能不再奏效，因为孩子是在不断发展变化的，你的育儿方式就应该随着孩子的变化而调整。每个孩子其实都很优秀，我们要做的，只是充分了解他们的需求和变化，然后从容准确地去应对。

做爸爸的，不要让你的"忙"造成孩子父爱的贫乏

父亲对孩子是一种非常独特的存在，他对孩子的培养有一种特殊的力量。美国耶鲁大学进行了一项连续12年的研究，最终结果表明，在成长过程中有父亲充分参与的孩子，长大成人之后表现得更为聪明，精力旺盛、善交际，也更善于理解和接受科学文化知识。国外的研究还表明，父亲除了影响孩子的智力发展，还有助于孩子语言的发展和情商的培养。

父亲的作用为什么如此重要呢？这是因为，父亲与孩子相处时，更容易培养孩子坚毅勇敢的性格。另外，父亲本身所具有的一些特质，比如沉稳、自立、勇于担当等，更容易在潜移默化中对孩子产生影响。所以，那些父亲缺位的家庭中的孩子，就很容易出现"父爱缺乏综合征"，性格中呈现害羞、沮丧、自暴自弃、不求上进、不善交际、急躁冲动、喜怒无常、感情冷漠、害怕失败等特点，严重者甚至会反叛和崇尚暴力。美国父道组织的调查数据显示，尽管只有20%的未成年孩子成长在单亲家庭中，但青少年犯罪的数据表明，70%的少年犯出自单亲家庭。美国60%的强奸犯、72%的少年凶杀犯、70%的长期服役犯人来自无父家庭，90%的无家可归和离家出走的孩子来自无父家庭，戒毒中心有75%的青少年来自无父家庭。

既然父亲的作用如此重要，为什么在孩子的成长过程中又会出现父爱缺失的情况呢？父亲往往扮演着家庭供养者的角色，所以，除了认识上的缺失和生计上的无奈之外，还有就是对夫妻矛盾的逃避。当夫妻之间有了难以调和的矛盾时，妻子往往专心于孩子，在孩子身上找寄托；而丈夫的做法则是醉心于工作或社交，以弥补家庭生活中的情感缺失。因此，在孩子的成长过程中，便形成母亲过度关爱、父亲角色缺失的情况。

为了孩子的健康快乐成长，父亲又该如何与孩子建立起良好的关系呢？

1. 父亲的陪伴必须从小开始

5个月的时候，是孩子面孔识别能力发展的重要时期，父亲角色的建立，在这个阶段特别重要。这个时期，如果父亲能经常陪伴在孩子身边，成为孩子眼里的熟悉面孔，以后就很容易和孩子形成良好互动。而如果父亲因为某些原因错过这个时期，以后就需要多花些时间和力气弥补了。

2. 父亲要多与孩子互动

父亲在孩子眼中本就是身体健壮、富有活力和安全感的形象，因此，在孩子学习走路、跑跳的时候，父亲可以多多参与，一方面可以充分发挥父亲的身体优势，促进孩子运动能力的发展，另一方面则可以在跑、跳、攀、爬等活动中让孩子充分感受到父亲的顽强与坚韧，并将其发展为自己的性格。

另外，父亲也要多与孩子一起玩耍，比如猜谜语、讲故事、搭积木等启智性活动，在启迪孩子心智的同时，也能够帮助孩子获得更多的喜悦。

3. 与孩子相处重量更要重质

父亲与孩子相处的时候，不仅在时间上要有"量"的保证，在内容上更要有"质"的保证。很多父亲以为，跟孩子在一起就是陪伴，于是一边看孩子，一边玩儿手机或者看电视，这样的陪伴虽然不会对孩子的身心发展带来坏处，却也不会有任何好处。有质量的陪伴，是要能够在亲子间建立更深层次的感情，形成并积累快乐的回忆。因此，父亲应该精心安排一些与孩子共处的时间。比如，父亲和孩子共同搭建一座模型，或者单独去动物园、游乐场等，一起度过一段快乐时光，然后将快乐储藏在彼此的记忆中。

4. 和孩子建立平等关系

有些父亲太过严厉，总是把孩子当成自己的附属物，摆出一副高高在上的面孔。这样的父亲虽然能对孩子形成震慑，但很不利于和孩子关系的发展。父亲应该学着放下身段，站在和孩子平视的角度，把孩子当作自己的朋友来相处，这样才能准确把握孩子的想法，并与孩子建立真诚、牢固的亲密关系。

做个快乐型妈妈，信赖关系帮孩子度过特殊时期

家庭是社会的细胞，家庭的好坏不仅影响到每个家庭成员的身心状态，也关系到社会的安定和维系。特别是在中国"男主外，女主内"的传统模式里面，母亲与孩子的接触，母亲对家庭的直接关注和付出，对整个家庭，对孩子一生的教育都起到至关重要的作用。

从十月怀胎开始，妈妈的情绪、作息、饮食习惯都深深影响着胎儿各个方面的发展。孩子出生之后，要感受着母亲的体温和脉搏、接受着母亲的拥抱和亲吻，母亲带给孩子无限快乐与安全感，对孩子性格和心理的成长，有着至关重要的影响。

在中国现有的家庭结构中，母亲不仅是对孩子的成长发育有影响，而且对孩子教育的影响也特别突出。孩子的语言、认知、感官、性格、行为习惯等方面，无不体现着母亲的影响。所以，母亲既是孩子行为习惯的榜样，也是孩子行为的监督人。

孩子的成长离不开母亲，她滋养着孩子，安抚着孩子的心灵。一位充满快乐、对孩子充分信任的母亲，可以给孩子充足的安全感和信任感，能够帮助孩子克服内心的恐惧、不安和焦虑。

在中国社会，无论是老师还是父母，常犯的一个错误就是说教。母亲一般来说心思细腻，陪伴孩子的时间更长，所以更容易事无巨细地对孩子的生活和精神选择进行"指导"。但说教的后果只能是两种，一是孩子在过度管理中失去对母亲的认可，变得叛逆；二是记住了母亲的说教，同时也失去了自己的判断力。代替孩子进行思考，然后再将结论教给孩子的做法永远不可能让孩子探索到人生的真谛。"授之以鱼不如授之以渔"，母亲一方面要让孩子知道问题的解决方式并不是绝对的，要从多个方面看待和解决问题；另一方面，要培养孩子的思考、学习和解决问题的能力。这才是教育的本质。

创新工场董事长李开复说过："严管中长大的孩子，无法独立；施压中长大的孩子，常常忧虑；信赖中长大的孩子，信人信己；放权中长大的孩子，深具责任。"在过分规则框架下成长起来的孩子，会变得胆小、保守和被动，而我们希望培育的孩子，恰恰是乐观、自信、充满快乐的。所以，相较父亲而言与孩子陪伴更多的母亲，就要充分信赖孩子，对孩子放权。

母亲每天跟孩子待在一起，但未必知道孩子想要什么，而如果只是根据自己的判断帮孩子做决定，会淹没孩子的声音，让他们找不到自己的兴趣，从而失去自信，也会造成他们日后责任心的缺失。现在很多孩子有心理问题，有的甚至严重到抑郁、自杀，这些后果很多都是由来自父母的巨大压力造成的，在这些方面，妈妈们要特别注意。

首先，要想成为一个能够给孩子传递快乐，并给予孩子充分信任的妈妈，妈妈本身，就首先需要成为一个真正快乐的人。自身处于快乐良好的状态，孩子才能由衷地感受到来自妈妈的幸福感。所以，现代妈妈首先要学会爱自己，适当地给自己放个假，去逛街、美容、健身、参与闺蜜的聚会，安排好自己的生活，保持自己的好形象和好心情。其次，妈妈们要摒弃完美主义，学会容忍生活中的那些不完美。白天要上班、回家要带孩子，好不容易把"捣蛋鬼"哄睡着，还得洗孩子的衣服，收拾到处散落的玩具，准备明天的早餐，可能还得了结白天没有干完的工作……很烦吧？但与孩子的快乐笑容比起来，这些又算得了什么呢？你可以把衣服留到明天再洗、把玩具往玩具柜里随便收收就好，因为你的精力毕竟有限，没必要样样都做到最好，这样，你就能保持好的心情，从而为家人构建一个宽容而充满爱意的环境。

第十章

3岁到3岁半：如何提升
孩子各方面的能力

3岁到3岁半的孩子拥有超强的学习能力，他们的想象力迅速提高，行为、语言和智力都在飞快地发展。同时，这个阶段也是培养他们各项能力的关键时期。父母要抓住这一敏感时期，培养孩子阅读、语言、数学、音乐等各方面的能力，帮助孩子在生活中进步，从而发挥出自己更大的潜能。

阅读方面：让孩子爱上阅读

很多上完大学，甚至已经进入社会的人，都不怎么会阅读。所谓的不会阅读，并不是说这些人读不懂书中的内容，而是在阅读的速度、理解深度以及阅读时间和阅读习惯方面有问题，特别是在阅读书籍时，很多人往往沉不下心，不能进行长时间阅读，更不能在短时间内就将书中要义悉数掌握。

一位来自英国的育儿专家专门针对这类成年人进行调查，最后得出结论是，这些人其实从小就没有形成阅读习惯，特别是阅读书籍的习惯。这种现象并不是个例，而是在我们现实生活中大量存在的，因为有太多父母把阅读习惯的培养寄希望于学校。可事实上，孩子在六七岁进入小学后，才会正式进入系统且规范的学习生活中，除去寒暑假，每天有七八个小时待在学校，在这样短的时间内，要完成所有学科知识的学习并实现阅读习惯的培养，确实非常困难。而育儿专家也证实，阅读有助于提高孩子的自制力，从小就让孩子养成良好的阅读习惯，让他爱上阅读，更容易使孩子集中注意力，对于孩子未来的学习和成长以及良好习惯的养成，也都益处颇多。

那么，父母要如何提高孩子对于阅读的兴趣，让他爱上阅读呢？

1. 出生后的第一个玩具——布书

一些父母觉得，孩子的启智要等到他们稍稍懂事之后再开始，其实，从宝宝睁开眼睛的那个瞬间起，他们对于世界的探索就已经开始了，这也就意味着，父母对孩子的教育和引导也要随之开始。所以，父母送给孩子的第一个玩具，就应该是布书。布书具备撕不烂、咬不破、摔不坏的特性，同时又兼具认字、识数、认物、看颜色等多种功能，对于不管是用嘴探索世界的宝宝，还是更高阶段的宝宝，都是最为理想的玩具。更为重要的是，宝宝很容易把喜欢的玩具当成自己的好朋友，那么，让他早早认识布书这样一个伙伴，并让他们成为好朋友，何乐而不为呢？

2. 为孩子准备睡前故事

让孩子养成睡前听故事的习惯，一方面是为了增进亲子情感，另一方面则能让孩子养成阅读的习惯，他们一旦喜欢上读书并将读书当成生命的一部分，那么，他们在认字之后就能够自己读书。

对大人而言，给孩子读书也是了解孩子并完成自我提升的过程。有位妈妈新买了一本故事书，睡前读给孩子听，孩子听的过程中问了几个为什么，半个小时后，孩子听着故事睡着了，妈妈就打开电脑把儿子的疑问一个个搜了出来，第二天再仔细解释给儿子听。这样既解答了孩子的问题，又丰富了自己的知识。

3. 读书从"薄"开始

对于字不识几个又没有养成阅读习惯的孩子来说，厚重的书本无疑是"洪水猛兽"，足以让他们对读书这件事情产生极大的畏惧感。所以，在刚刚带领孩子进行阅读，或者孩子刚开始自主阅读的时候，一定要慎重选择提供给孩子的书籍，既要内容有趣，也要符合孩子的阅读量和阅读能力。

比如，对于学龄前儿童，可以多选择画面精致、颜色艳丽的故事性绘本，内容以20～30页为宜。同时还可以为他们提供一些带插图的小故事，这种书籍文字数量比绘本多，父母可以从四五页的小故事开始，循序渐进地为他们增加书本厚度，到他们进入小学后，就可以完成一百多页的"大部头"书籍的阅读了。

4. 以丰富的形式感染孩子

与大人从现实需要出发做某事甚至强迫自己做某事不同，支配3岁儿童行为的动力只有一个，那就是兴趣。所以，如果父母希望孩子广泛涉猎文学作品，期望他从中增加词汇量、学习知识、充实阅历，那么就要选择情节有趣，能激发孩子兴趣的读物，还可以适当地陪他一起进行情节表演。比如，我们在给3岁孩子讲故事的时候，可以和孩子一起制作故事角色中的玩偶，然后做情景表演让他全面体验故事中的乐趣。或者，跟孩子一起在现实中验证书中所传授的知识，书中讲了降落伞的原理，那么爸爸妈妈就可以用塑料薄膜制作一个小型降落伞，将小而轻的玩偶拴在下面，高高扔起，再和孩子一起看着我们的"跳伞员"慢慢落下。再或者，给孩子讲完故事书后，再和孩子看一些和故事有关的动画片，或者一起制作一些与故事角色有关的图画和手工等作为阅读拓展。

5. 开展不同形式书籍的阅读

阅读不同种类的书籍，可以拓宽孩子的视野，帮助他们发现兴趣所在。如漫画、推理、科幻、自然科学等书籍，都可以让孩子增长知识，也都可以适当地让孩子读一读。

而在孩子阅读这些书籍时，家长可以仔细观察，注意发现孩子的兴趣，或者在孩子阅读时多问问孩子："你喜欢不喜欢这本书啊？""为什么喜欢这本啊？"鼓励孩子说出自己的想法，然后根据孩子的兴趣爱好给孩子选择适合的书籍，以便进一步扩展他的阅读量。

语言方面：全面提升孩子的语言能力

语言是人类进行沟通交流的重要工具，也是孩子各种能力发展的基础。很多父母认为"孩子长大了自然就会说了，说话不需要教"，从而忽视了对孩子语言表达能力进行有效的训练，最终影响了孩子的正常成长。

　　瑶瑶3岁半了，但是与同龄的小伙伴相比，她的语言能力却差了很多。别的孩子已经能基本表达出自己的想法，能用较为复杂的语言来描述一件事情了，瑶瑶却只能简单地说几个词，说话的速度也很慢。

　　原来，瑶瑶的爸爸妈妈因为工作太忙，所以在瑶瑶很小的时候就把她送到了奶奶家。奶奶虽然很疼爱瑶瑶，但是不太爱说话，一天跟瑶瑶也说不了几句话。这就导致瑶瑶在语言发展的关键期没有得到很好的外界刺激，错失了发展的良机。

　　美国科学家布鲁姆提出，1~3岁是孩子语言发展最为迅速的时期，也是孩子学习语言的关键期。如果孩子在这一时期没有得到及时的语言刺激和训练，很容易产生语言障碍。故事中的瑶瑶就是因为错过了语言发展的关键期，所以影响了语言表达能力的提高。

　　因此，作为父母一定要抓住孩子语言发展的关键期，以免造成不可逆转的后果。

方法一：经常与孩子交流

　　良好的语言环境对于孩子的成长非常重要。大量的研究表明，当父母从小就把孩子当大人一样不断地聊天、讨论时，孩子学到的词汇更加丰富，而且也能熟练掌握更加多样的表达方式。因此，父母在养育孩子的过程中，不妨多跟他说说话。

　　在日常生活中，父母在陪伴孩子玩游戏的过程中，外出散步时，看到有趣的事情时，都是聊天的良好契机。虽然很多话对于3岁的孩子来说可能不一定听得懂，但是这种交流是十分有益的。美国心理学教授麦克默里曾指出，孩子学习说话的过程通常父母是注意不到的，但当这些不被觉察的学习过程日积月累时，就会产生令人惊讶的结果。

方法二：使用规范、丰富的语言与孩子交流

　　父母在与孩子交流沟通时，要注意使用规范、标准的语言，不要用一

些所谓的婴幼儿语言，如"喝水水""吃饭饭"等等，这样孩子学到的才是规范正确的语言。另外，在描述事物时要尽量用丰富的、多样化的语言，比如，"看，那些五颜六色的花儿多漂亮"，而不是简单地只说一句"看，漂亮的花"，孩子在丰富的语言刺激下，表达能力也会提高很多。

方法三：不要取笑孩子的语言表达，多鼓励，正确示范

小莉最近特别爱学大人说话，常常会有一些令爸爸妈妈意想不到的词蹦出来，但是由于年龄小，小莉的发音并不准确，比如，明明是"吃饭"却被她说成"七饭"，"苹果"也被说成了"皮果"。每当小莉说错的时候，爸爸都爱哈哈大笑，并且学着小莉的话再说一遍。小莉听到爸爸的重复后很兴奋，接着又再说几遍。

孩子在学习语言的过程中，难免会出现发音不准确、表达意思不清晰、说话颠三倒四等情况。父母不要取笑孩子，而要努力去理解孩子所表达的意思，让孩子感受到自己的语言是能被听懂的，是可以跟大人交流的，从而拥有自信心，大胆地开口说。如果孩子的说法有问题，父母可以直接用标准的语言重复一遍，孩子自然就会接收到正确的信息，从而纠正自己的错误。切不可采取故事中小莉爸爸的做法，重复孩子错误的发音。因为这可能会给孩子一种暗示，以为自己的发音是正确的，从而失去了纠正的机会，形成错误的发音习惯。

方法四：不要过度照顾，让孩子表达需求

现在的家庭中，孩子常常被一堆大人围着，照顾得非常周到，往往孩子还没开口，大人就已经猜到孩子想干什么，而直接满足了。时间久了，孩子也就失去了开口说话的欲望和必要，对孩子语言能力的发展是非常不利的。

因此，作为父母要多刺激孩子语言表达的需求。当孩子想要什么东西，想做什么事情的时候，要让他试着自己表达出来。

方法五：创造机会让孩子多练习

孩子的语言表达能力是在实践中不断得到锻炼和提高的。要想提升孩子

的语言能力，父母就要多给孩子创造"说"的机会。

　　妈妈每天都会给小远读故事书，为了锻炼小远的语言能力，每次妈妈讲完一遍故事，总是会让小远试着给妈妈也讲一遍。一开始，小远还复述得不太完整，常常丢三落四，忘记很多情节。渐渐地，小远能够把故事说完整了，而且还从书中学到了丰富的词汇，他的语言能力也大大超过了同龄的小伙伴们。

　　除了这种方式，父母还可以让孩子给小朋友讲讲周末去哪里玩儿了；跟孩子聊聊他都在幼儿园做了些什么；或者与孩子一起玩看图讲故事的游戏；等等。通过这些有意识的练习，孩子可以学会组织语言，表达出自己的想法。

绘画方面：让线条和图形打开孩子的想象力

　　同同爸爸教儿子画轮船，教了半天也没教会，爸爸说了好多遍，同同却总是把轮船的轮廓描得不成边际，不方不圆的，没有一点儿轮船的样子。爸爸忍不住，还是发了火，可过后他非常后悔，经过自我反省，他认识到也可能是自己的教学方法不对。同同爸爸的"遭遇"很多家长都遇到过，虽然很想点拨孩子的绘画能力，却不知道从何做起。

　　绘画在一个人的成长中占有非常重要的地位，因为那是婴儿表达对这个大千世界兴趣和理解的第一种方式。想想看，当我们的宝贝还是个连路都走不利索的"小不点儿"时，他是不是会经常在纸上甚至墙壁上若有所思并严肃认真地画来画去？而且，他们对这些活动还表现出了相当的兴趣，常常会为了自己画出那些疏密不均、长短不一的奇怪线条欢呼雀跃。其实，那些在大人看来无法理解，甚至根本毫无意义的线条，正是他无尽想象力的体现，这也成为孩子对画画产生热情的原动力。待他们再长大一些差不多进入两岁时，随着手眼协调能力的发展，孩子们开始能够画出单独的线条和封闭的圆圈，同时，他们也开始能够对自己的"画作"通过自我想象进行解释说明。对于这两个阶段的孩子，他们笔下的线条是什么其实并不重要，家庭教育中最为重要的，就是尽可能地呵护孩子对于画画这件事的热情，父母不要对孩子笔下的线条和色彩苛求完美，而要鼓励孩子随意画、尽情涂鸦，将他们对画画的这份热情尽可能多地保持下去。

而在孩子进入3岁之后，对于画画这件事则"严肃"了许多。3岁的孩子，开始有意识地作画，也就是说，在动笔之前，就已经决定了要画什么。这个年龄段的儿童，喜欢将自己置身于情景游戏，并以自由描绘的大大小小的圆，以及横的、竖的、长长短短的线条来构成画面，讲述自己的故事。他们虽然画得不好，但对画画这件事却非常自信，总是画完这个又画那个，并且对给插图涂抹色彩、给头像按上身子或者在原本的画作上增添更多景物之类的事情表现出非常浓厚的兴趣，这些行动，就充分表达出了3岁孩子对美的追求和进行创造的欲望。

除了目的性以外，3岁孩子在绘画方面还有其他一些非常明显的特性。

求全性。在绘画时，他们绝对不肯缺省任何一个部分，比如画手，必须要五指张开，画衣服，纽扣就一定要从上画到下，一颗也不能缺。

喜爱性。3岁孩子特别喜欢画他们熟悉的东西，并将自己的感情淋漓尽致地倾注到自己的作品中去。比如爸爸妈妈，就是他们经常描绘的对象，而且，虽然他们笔下的父母形象是那么令人发笑，却充分体现出了他们认识世界和反映世界的能力，比如，画面中的妈妈鼻梁上架着一副造型奇特的眼镜，那实际生活中的妈妈，势必也戴着一副眼镜，孩子只不过增添了自己的想象。

夸张性。对于一个3岁孩子来说，他们在感知、动手、绘画技能等方面尚不成熟，于是，他们的画作会表现出非常强烈的夸张感，甚至有些无拘无束。比如，他们会主观地扩大或缩小所画对象的某些部分，会忽略或增加某些部分，且完全不注重比例是否协调之类的细节，任由画笔随想象天马行空地挥舞。

综合以上对3岁孩子绘画特点的分析，结合这个年龄段儿童意识、认知和动手能力的实际状况，父母可以从以下几个方面入手，提高孩子的绘画能力，并充分呵护他们对于画画这件事的热情。

方法一：培养儿童的绘画兴趣

游戏是儿童的主要活动，因此，"寓教于游戏"是最符合这一时期儿童特点的教育方式。对学龄前儿童来讲，画画其实就是玩耍，要想让他们想画画并善于画画，就要让他们的画画活动在轻松愉悦的氛围中进行。

有一位妈妈这样和她的孩子进行"绘画游戏"：她想教自己的女儿画一只茶杯，但是，她并没有把茶杯摆在高台上让女儿照着临摹，而是将杯子放进一只布袋，让女儿隔着布袋去摸杯子的形状，然后，根据自己的感觉和想象将杯子画出来，并随自己的喜好在杯子上描绘花纹。在女儿用画笔画出了自己想象中的茶杯后，这位妈妈才将茶杯从布袋中掏出来，分析水杯的形状、与杯柄的高低形状关系。于是，一次绘画训练就在轻松愉快的氛围中进行完毕了。

方法二：充分利用3岁孩子的绘画特点提升他们的绘画能力

正所谓知己知彼百战不殆，要想提升孩子的绘画能力，有针对性地入手就显得非常重要。比如，我们前面曾讲过，3岁孩子画画爱"求全"，那么，父母就可以根据幼儿绘画的这种特点，引导他们画一些简单又具有象征性的东西，使得他们在成功之后激发起对绘画的兴趣。然后，就可以要求他们抓住事物的形态特征，先能描绘大轮廓，再去注意小细节。比如画花，不管梅花、桃花还是荷花，先教他们画一个小圆圈作花蕊，再在小圆圈上画几个小圆弧作花瓣即可，以让他们"胸有成竹"地认为自己能够画花了，然后，再教他们注意细节，对花蕊、花骨朵等局部细小部分进行描绘。这种方法既可以培养幼儿的绘画兴趣，增强孩子的记忆力和概括力，同时又是很好的绘画基础训练。

方法三：为孩子打造一个可随时抒发灵感的园地

如果父母能给孩子开辟一片属于他们的涂鸦天地，让他们随时抒发灵感，对于绘画能力的提升不无裨益。比如，可以把对开报纸那么大的白纸成摞粘贴在墙上，或者把黑板、魔术画板之类的东西钉在墙角，既给孩子提供独立绘画的空间，又能够让这样的涂鸦天地成为他们展示自己的舞台。但是要注意，涂鸦墙的高度一定要与孩子身高相仿，同时，因为3岁孩子的手眼控制能力还不是很好，所以为他们提供的绘画空间一定要大，这样才能任由他们肆意挥洒。

方法四：多赞美少挑剔

父母要知道，以大人的眼光去判断和评价孩子的画作是不正确的，他们的画作就像哭和笑一样，那也许只是孩子内心感受的粗略表达。所以，只要他们在运笔的过程中感受到了快乐、内心得到了释放即可。在孩子6岁之前，大人无须按照大人世界的标准，就形状、画法、涂色进行矫正和挑剔，这完全没有意义。

自我认知智能——"我是谁""我从哪里来"

[案例1]

3岁的壮壮经常站在镜子前，一边左照右照，一边发自肺腑地夸赞自己："嘿，看看这个小帅哥，他真是太帅了！"每当这时，大人们就会被他逗得捧腹大笑，有时，大人还会就着这个话题继续逗弄他："是啊，真是个小帅哥，不知道大家是不是喜欢他？"此时，壮壮就会更加得意："我喜欢他，其他人也一定喜欢他！"

[案例2]

3岁的喵咪是个不太自信的小姑娘，总是为各种小事情生气闹别扭。

照镜子的时候，她总是发出类似这样的感叹："今天的辫子好难看啊，我不要出去，你要给我重新梳！"

妈妈："哪里难看了，跟昨天的发型不是一样的吗？"

喵咪："跟昨天一样也不好看，太丑了，你看月月，她的辫子才好看呢……"

出现了错误，她的反应通常也是这样："妈妈，是我太笨了！"

妈妈："我女儿才不笨呢，你还小，以后慢慢长大就会做了。"

喵咪："真的吗？"

妈妈："真的呀！"

即便这样，喵咪还是闷闷不乐地不高兴。

上述案例中的两个孩子，就代表了两种截然不同的自我认知智能水平。自我认知智能决定着一个人是否能够了解自己，认识到自己的内在爱好、情绪、意向等，是一个人独立思考能力的体现。案例1中的壮壮，自信、乐观，充满了蓬勃活力。这样的孩子进入社会以后，往往会有好人缘，因为在他们的意识中，对自己负责任是非常自然的事。反之，案例2中的喵咪，自我认知则比较负面，对自己和他人有诸多不满，这样的孩子长大之后，往往就很容易成为那一类忘记做作业、喜欢欺负他人、稍有问题就逃避的"问题小孩"。这样的说法也许有的家长会觉得太过于简单和武断，但不可否认的是，孩子们的现实表现，与他们对于自己的看法有相当大的关系，在我们的日常生活中，那些在学校表现良好，也善于承担责任的孩子，大多也是那部分自我感觉良好的孩子。

在了解了自我认知智能的重要性之后，那么，家长又该如何有针对性地提升孩子们在这个方面的能力呢？

其实，和其他能力的发展成熟一样，儿童的自我认知智能也随着儿童成长的不同阶段呈现出不同的特点，因此，家庭教育便可依据这些特点有的放矢地进行。迈向3岁的儿童在自我意识的发展方面有着这样的特点：摆脱意识的混沌状态，逐渐能初步用语言来表达自己的需求；能回忆起过去的事情，对所见所闻能够进行简单的概括和推理；自我意识逐渐增加，意识到"我"和"他人"有着本质区别，也因此表现出一定的独立性，遇事会从自己的角度出发，主观意志越来越强。进入3岁之后，孩子的语言能力、自理能力、独立性会愈发明显发展，能够明确表达自己的观点，对大人的依赖性大大减少，人际交往能力迅速发展，通常会表现出情绪化、易冲动、做事没有明确目的等。

提高孩子的自我认知智能，大人应该从以下几方面着手。

一、教孩子了解他的祖国、家乡、家庭和他自己

父母要多和孩子讲述家族和他自己的故事，通过对家庭历史和父母经历的了解，帮助孩子强化身份认同。当然，孩子也很喜欢听自己更小时候的故事，那么，一本相册、旧的画册和玩具，便都可以成为父母和孩子进行回忆、分享和交流的桥梁，有助于提升孩子的归属感。当然，在这个过程中，父母也不应该一味地把孩子当成倾听者，而是要加强这种谈话中的交流，父母要多要求孩子用语言表达自己的意识，这样，既可以了解孩子的诉求，又能够通过有意识的语言训练，逐渐减少孩子对于肢体语言的依赖。

二、帮助孩子认识自己的心理感受

父母要多和孩子进行"交心"，这样的交心，包括了解孩子的喜悦、烦恼、成就和挫败，交心的氛围也不必太过严肃，在平时看电视、做游戏、读画报的时候，就可以有意识地引导孩子逐步进行。在孩子将自己的感受表达出来之后，父母也要及时地帮助孩子进行总结归纳，以让他们能够更清楚明晰地认识自己，从而逐步形成自己的判断和选择标准。

三、帮助孩子进行正确的自我反省和评价

孩子对自己能否进行正确的认识和评价，对孩子自我认知智能能否良性发展非常重要，所以，父母要有意识地对孩子进行引导，将他们的认识和判断引到正确的轨道上来。比如，晚上睡觉之前，妈妈可以跟孩子一起简单回顾一下一天的活动，赞扬他表现好的地方，反思不足的地方。在这个过程中要非常注意的是，父母不应该只是一味地评价孩子，父母也要反思自己在这个过程中的角色扮演——"其实妈妈做得也不是很好，我应该换一种方式来做这件事"，这样既可以帮助孩子更为全面客观地看待整件事情，又能够帮助孩子学会以这样的方式进行内省。

数学逻辑智能——锻炼孩子缜密的思维

在进入这个话题之前，我们先来分享两个育儿小故事：

故事1 "笨蛋"小合学数数

妈妈在3岁的小合手里放了4颗葡萄。

妈妈："我们一起来数数这是几颗葡萄好不好啊？"

小合："好。"

妈妈："来，1、2、3、4！"

小合："1、2、3、4。"

妈妈："那你手里有几颗葡萄呢？"

小合轻轻摇了摇头，脸上的表情很茫然。

妈妈："怎么能不知道呢？刚才妈妈不是教你数过了吗？你还数得很好呢。还记得吗，现在你自己来数一数。"

小合："1、2、3、4。"

妈妈："我儿子真聪明，对啦，那你说，我们一共有几颗葡萄？"

小合："不知道……"

故事2　"笨蛋"依依的加减法

妈妈给了4岁的依依两块积木，并问她："依依，你有几块积木？"

依依："1、2，两块。"

"那你来数数妈妈有几块积木呢？"妈妈伸开手掌，将手里的积木亮给女儿。

依依："1、2、3、4，4块。"

妈妈："对啦，我女儿真聪明！那现在把妈妈的积木都给你，你一共有几块积木啦？"

"1、2、3、4、5、6，6块。"依依认认真真地数完自己面前的积木，给出了正确回答。

"太棒了！那妈妈再问你，2加4等于多少？"妈妈进一步引导。

"嗯……嗯……不知道。"依依想了半天，茫然若失地表示自己并不知道。

"笨蛋"小合、"笨蛋"依依，这一类的"小笨蛋"在我们的生活中其实很常见，只要孩子不是天赋异禀的"神童"，父母就难免会发出这样的感慨："这孩子怎么这么笨啊！"其实，真的不是孩子笨，对于3岁的孩子来说，有小合和依依这样的表现，是非常正常的，这与孩子的思维发展有着非常密切的联系。

人类的思维发展遵循着从动作思维到形象思维、再到抽象思维的规律，3 岁孩子的动作思维已经成熟，但形象思维还没有成为主导，所以会出现像小合这样的，在数数时能够准确数出 1、2、3、4，却无法总结出一共有 4 颗葡萄的结论。同理，4 岁的依依形象思维已经开始发展，但抽象思维还没有萌芽，因此，她虽然能够得出面前一共有 6 块积木的结论，却还是无法抽象出 2+4=6 这样的结果。然而，数学逻辑智能还远不是小合和依依所进行的数数和加减乘除之类的简单运算，真正的数学逻辑能力，是处理一连串的推理、识别模式和顺序的能力，除了计算能力，还包括逻辑和推理、模式、可能性和科学的分析，以及构建问题和发现问题的问题，毫不夸张地说，数学逻辑智能甚至比语言包含的范畴还要更为深刻和广阔。

看到这里，也许有些父母会疑惑："我们上学的时候学了那么多那么难的数学知识，进入社会之后，只要不从事相关工作，似乎当年的辛苦就白费了！"但专家认为，学习数学的终极目标不是具体知识，而是学习过程中潜移默化地形成的那些思维方法和思维水平，具有较强数学逻辑智能的人，更可能从事会计师、财务分析师、科学家、工程师、发明家和生物学家之类职业。如果抛开职业不谈，数学逻辑智能强的人，也通常在生活中表现出极强的逻辑和理财能力，也比其他人表现出更多的理性，也就是说，数学思维具有一般思维的普遍性。

可见，儿童数学逻辑智能的培养，必须注意两个要点：一是不能过于急切，必须严格遵循儿童智力和思维发展的规律；另外，父母对于孩子数学逻辑智能的培养也不可以过于松懈，以免错过思维发展的最好时机，耽误孩子的未来发展。下面，我们就根据孩子生长发育的特点，提供 4 条培养孩子数学逻辑智能的建议。

建议一：帮助孩子理解基本的数字

很多孩子在两岁的时候，能够非常轻松地从 1 数到 10，有的孩子甚至能够数得更多。但很多时候，这些"聪明"的孩子，其实只是在背数，对于数字的理解实际为0。因此，数字作为孩子认识和理解数学的入口，父母首先要做的，就是让他们对数字有更为直观的认识，父母可以教孩子背儿歌数数，也可以在日常生活中慢慢教孩子计数。

建议二：帮助孩子建立时间和空间的概念

3岁孩子的时间感和空间感还很模糊，父母应该有意识地在这些方面进行培养，以加强他们的逻辑思维能力。比如，可以有意识地向孩子传达并帮助他们理解表示时间的词语，比如"立刻""等会儿"等等，这样，可以帮助孩子更为准确地进行自我表达或理解别人的话。

另外，孩子也不是生来就知道"上下左右、里外前后"究竟是哪些方位，因此，父母要在日常生活中及早引导孩子掌握这些概念并实现他们的熟练运用，比如，"请把玩具放在桌子上""把饭放在碗里"。

建议三：帮助孩子了解顺序的概念

事物按照高矮、胖瘦、颜色深浅等，都会有一个顺序，如积木有大小、布娃娃有高矮，父母对孩子进行关于顺序的有意识训练，容易帮助孩子更好地把握事物特征。

建议四：数学逻辑智能的培养，要随时巩固

任何能力的形成都不会一蹴而就，数学逻辑智能也是如此，家长要利用一切可以利用的时间和机会，对孩子进行测试。比如，吃饺子的时候，家长随口就可以问："你先吃了3个，又吃了2个，一共吃了几个？"只要孩子答对了，就要及时地进行表扬："你算对了，太棒啦！"而且，父母所设置的这些"小考"要尽可能地在无准备的状态下进行，且语速要快，以锻炼孩子形成快速思维的习惯。

动手能力——让灵巧的双手培养一个聪明的大脑

奥奥是个3岁半的小男孩，他聪明伶俐，能说会道，是个很讨人喜欢的孩子。按理说，有这么个聪明儿子是很安心的一件事，可奥奥妈最近却有了一件无法解决的烦心事，那就是，在儿子上幼儿园后，经过与其他孩子的对比，她发现儿子的动手能力特别差，而且专注力不够。

比如说玩游戏这件事，奥奥对于需要动手的游戏本不太感冒。妈妈为了培养他的动手能力，便有意识地对他的这些方面进行培养，但是，在他玩积木、拼图之类的游戏时，必须有大人陪在身边跟他一起玩儿，大人一走开，他就立刻把正在进行的游戏抛在脑后，又去干别的了。在幼儿园也是这样，老师要求孩子们自己穿衣服、整理玩具，很多孩子也都能按照老师的要求独立完成，可奥奥在这方面被家人照顾得太好，本就不太擅长，一着急，他就会大发脾气，把衣服玩具扔得到处都是。为了提高儿子的动手能力，妈妈也曾尝试着送他去乐高课堂，但试听了两节课，妈妈就没敢再把儿子往那里送了，因为她明显察觉到了儿子的不开心，而且也不想让他因为课程昂贵而有太大压力。

但奥奥妈妈还是担心啊，儿子的动手能力这么差，影响以后的学习和工作怎么办啊……

正所谓"心灵手巧"。在人类的大脑中，支配神经躯干的细胞约有5万个，但负责手部动作的神经细胞却有20万个。可见，灵巧的双手是一个人大脑发育良好的重要标志。但专家同时也指出，灵巧的双手又能促进大脑各个区域的发育，手、眼、脑的协调配合能够极大地促进幼儿的智力发育，也因此就有了民间广为流传的"眼过百遍，不如手做一遍"的说法。

孩子在成长过程中大多是非常活泼好动的，他们对眼之所见的几乎所有东西都充满了好奇，会不断地摆弄那些在他们看来新鲜的东西，这些看似无意义的动作不仅锻炼了他们的协调能力，也在很大程度上促进着他们大脑的发育。

进入3岁之后，随着思维能力和手眼协调能力的不断发展，孩子自己动手的愿望会表现得更为强烈。他们会非常关注事物的形状、颜色、声音和动作，对自己感觉器官所接触到的物质充满了好奇心，甚至已经开始对折纸、剪纸等更为精细化的手工劳作产生了浓厚兴趣。所以，如果父母能抓住3岁这个儿童成长的转折阶段，对他们的动手能力进行有意识地训练和培养，对幼儿智力的开发大有裨益。

1.激发孩子兴趣，让孩子爱上自己动手

兴趣是一切成功的基础和保证，因此，父母要想法设法地激发孩子在动手这件事情上的浓厚兴趣。比如，聪明的父母会敏锐抓住3岁孩子喜欢自己动手的规律：孩子喜欢撕东西，就拿来一些废纸给他撕；喜欢敲敲打打，就买小鼓、木头或棍子让他敲；喜欢涂涂抹抹，就给他笔和纸让他不受拘束地随便画；喜欢倒腾瓶瓶罐罐，就找一些不用的小瓶、小盒让他配盖子……这些做法，既顺应孩子的兴趣点顺势培养了他的动手能力，也让孩子在动手时学会了解决问题的技巧，培养了专注力和独立能力。

2.锻炼孩子的自理能力

不管我们对自己的孩子有多么宠爱，都不能把他当成温室里的花朵，一旦脱离了父母呵护，便手不能提肩不能扛，别说承担成长必须要担负的责任，甚至连照顾自己都做不好。所以，爸爸妈妈们在日常生活中要刻意锻炼孩子的自理能力，要引导他自己整理玩具、打扫房间，要求他自己动手洗袜子、手帕等小衣物。

3.父母要具体指导，从旁鼓励

要知道，孩子所学到的任何一种新的动手技能都是以原有技能为基础的，比如，孩子上学之后要学习在键盘上打字，但如果孩子过去学过电子琴或钢琴，就会对打字这件事有很大帮助。所以，即便面对的是一个什么也不需要懂的 3 岁孩子，父母也要有意识地培养他们的各种动手能力，这对他们将来的学习和生活会有极大帮助。

当然，任何能力的发展都可能遭遇瓶颈和停滞，这是一种非常正常的现象，心理学上将其称为"倒退期"。在这个阶段，孩子会感觉到失落和挫败，有些意志力差的孩子甚至因此还会想到放弃，这个时候，父母的引导和鼓励就显得非常重要。父母要鼓励孩子不轻言放弃，待积累达到一定程度之后，势必会出现质的飞跃，也就是我们常说的"熟能生巧"。

音乐智能——有效开发孩子的大脑右半球

一听到音乐，3 岁的然然会马上警觉，不管是爱吃的食物还是喜欢的动画片，他都会统统抛下，赶紧站起来随音乐节拍扭动身体，举起双手打拍子，有时甚至还会跟随音乐节奏舞动身体。

再长大点儿，然然不光能随音乐起舞，他还能随着音乐边唱边跳，可爱极了。大人们常常会被他逗得哈哈大笑，但这一切在然然那里，似乎是十分自然的事。

听到悦耳的乐曲、欢快的节奏、美妙的旋律，无论大人还是孩子，都会在精神和身体上感到愉悦，这是人类的本能。

在儿童胎教和早教领域，早就证明音乐可以开发幼儿大脑右半球的功能，启迪孩子的潜能，让孩子变得更加聪明。也正因此，在家庭教育领域，父母们便越来越注意孩子音乐智能的开发和培养。

音乐智能，是指一个人能够敏锐地感知音调、旋律、节奏和音色等的能力。音乐智能发达的人，对节奏、音调、旋律或音色的敏感度非常高。比较适合从事的职业有歌唱家、作曲家、指挥家等。即便音乐智能较为发达的孩子在长大成人之后没有从事相关行业，但他们仍然会表现出比其他人具有更多的创造性。正是因为音乐智能对一个人的成长和发展有如此重要的作用，很多父母在孩子很小的时候就投入巨资给孩子买钢琴、小提琴等高档乐器，给他们报各种培训班，要求孩子学唱歌、听名曲……但是，这样的做法真的能从根本上提升幼儿的音乐智能吗？

答案当然是否定的。唱歌、跳舞、听名曲并不是音乐的全部，纵观国外的幼儿音乐教育，培养儿童的节奏感才是音乐智能启蒙的良好开端，除了喜欢音乐、喜欢唱歌之外，能否准确定音、快速学谱，是否喜欢选择音乐活动，也是判断儿童是否具有音乐智能的重要特征。

了解了音乐智能的本质之后，那么，父母又该如何在家庭教育中融入音乐智能的培养呢？以下几点建议或许会对您有所启示。

聆听世界的声音

3岁左右的孩子，经过训练可以通过耳朵来辨别声音，甚至准确区分不同的音色。因此，父母要尽可能多地带孩子到户外，感受更为丰富的大自然的声音，比如，风雨的呼呼声、小鸟的叽叽喳喳、蟋蟀的清脆鸣叫等等。父母要引领孩子聆听并区分这些声音，还可以引导和鼓励他们进行模仿，长此以往，一旦形成习惯，孩子就会主动留意听到的声音，甚至还会自发地进行模仿。

除了大自然的声音之外，父母还可以引导孩子多聆听和辨别生活中的声音，比如，汽车的喇叭声、摩托车马达的轰鸣声、门铃的响声、火车行进时与铁轨碰撞出的咔嗒声。聆听的同时，父母也要引导孩子抓住这些声音的特质，尝试进行模仿。

多倾听音乐

培养孩子的音乐智能，主要是培养他对音乐的感知力和领悟力，因此，就要让孩子多听，听一些优美的音乐，父母要注意观察他在倾听音乐时的表现，从而判断他更适合听哪种类型的音乐、哪种乐器的音乐，是古典还是流行，是钢琴还是交响乐，然后更加有针对性地为孩子选择音乐，让他对音乐的兴趣更加强烈。

除了让孩子倾听音乐之外，父母还应该致力于在音乐和孩子的生活之间建立连接。比如，可以根据不同的生活情境为孩子播放合适的音乐：早上起床时，为孩子播放轻快悦耳的音乐，以振奋孩子的精神；晚上入睡前，播放轻柔舒缓的音乐，让孩子亢奋的情绪逐渐平静，快速进入良好睡眠状态；逢年过节，要给孩子播放应景的歌曲，比如圣诞节的《铃儿响叮当》、过年时候的《过年好》、儿童节时的儿童歌曲等。当孩子的生活与音乐联系起来的时候，他们就能自然而然地感受到蕴含在音乐中的不同感情。

学习感知音乐

是否有乐感，是对孩子音乐感知力的检测，对孩子音乐智能的发展也有很重要的作用和意义。父母平时无论在做什么，都可以有意识地唱一些你喜欢的歌给孩子听，特别是要注意唱歌时候声调的上下起伏和抑扬顿挫，并引导孩子跟随你一起唱。如果孩子听不懂或干脆不懂歌词的意思，也不要着急，不妨把他不懂的词唱得更加响亮一点儿，以引起他的注意，在他长大一些之后，就自然能够解读意思，并且是自主解读了。

除了用唱的方式表达音乐之外，跳舞也是一种非常好的表达方式。大人可以随意播放你们喜欢的各种音乐，并有意识地随着音乐摇摆身体，孩子看到后，自然也会被吸引去注意力随着你一起欣赏音乐，这时，父母就可以鼓励孩子随你一起摇摆，或者直接拉起孩子的手，或跑或跳或旋转或滑动，随音乐做出各种动作。

多做与音乐有关的游戏

用小木棒敲击翻过来的桶、盆、陶器及各种能够发出悦耳声音的用具，或者把孩子的眼睛蒙上让他猜测声音是什么物品发出的，或者敲打出不同节奏，让孩子学着敲打。

用两块积木（或竹板）敲打出长短不同、快慢不一的声音，让孩子听听，哪种声音像马儿奔跑，哪种声音更像是妈妈早上急匆匆上班的脚步声？

拍手歌，是老少皆宜、不限人数、不限场合的游戏。父母可以播放一些节奏感强的音乐，然后引导孩子和自己一起随着音乐节奏拍掌。

把多个装有不同体积水的瓶子摆成一排，让孩子用筷子或者汤勺轻轻敲打，让他聆听甚至分辨每个瓶子发出的不同声音。本身就具有乐理知识的父母，如果能由此制造乐器，敲击出音乐，对于孩子兴趣的培养则更为有益。

自然观察智能——每个孩子生来就是自然爱好者

[案例1]

3岁的峰峰最近又增添了新爱好，就是喜欢趴在地上看蚂蚁，几乎每天从幼儿园回家后，他都要撅着小屁股趴在地上至少半个小时。妈妈跟他说，地上又脏又冷，而且蚂蚁有什么好看的，叫他起来，他就是不听。

峰峰的不听话不光表现在看蚂蚁这一件事上，前几天，他还从楼下草丛里逮住两只毛毛虫，要求带回家养。妈妈觉得太脏不同意，峰峰便又哭又闹起来，最终，妈妈只好妥协，弄了个小盒子，在客厅给儿子养了起来。峰峰妈妈满心纳闷，儿子怎么会突然对这些小虫子感兴趣了呢？

[案例2]

瑶瑶爸爸知道，对孩子进行观察力的培养很重要，所以他在家庭教育中会有意识地去培养女儿这方面的能力。他会经常陪女儿去楼下观察蚂蚁、蚂蚱、毛毛虫、小狗等动物，周末的时候，还会经常带女儿去动物园长见识。可是，瑶瑶在这些方面却似乎并不感冒，新鲜的事物只会让她愉悦，但并不会花太多注意力去观察，对于小动物呢，瑶瑶更是害怕得要命，别说老虎大象，就算看见的是小狗，瑶瑶都害怕得要爸爸妈妈抱，双手捂着眼睛，想看又不敢看。

对此，瑶瑶爸爸很是犹豫，自己的教育方式是不是错了？在培养观察智能和获得安全感之间，他该更倾向于哪一方面呢？

通过峰峰妈妈和瑶瑶爸爸的倾诉，我们可以明显感觉到，两位家长在孩子观察小动物，或者可以说亲近自然这件事情上，态度是截然相反的。峰峰妈妈关注的是儿子的身体健康，因而反对儿子观察蚂蚁的行为；瑶瑶爸爸重视的是女儿的观察力的发展，所以极力地将女儿推进大自然的环境中，也由此引发了在观察自然和获取安全感之间的矛盾。那么，这就涉及一个问题，对于3岁的孩子而言，究竟是该让他们亲近大自然，还是该让他们安心做"温室里的花朵"？

其实，每个儿童生来都是自然爱好者，这不是巧合，而是一种本能，而且，这种本能对于儿童的发展是非常有益的。3岁孩子对于大自然的丰富体验，包括观察和感觉，不仅能够帮助孩子长大之后更快地适应社会环境，更能够激发他们持续一生的对自然、对生活的欣赏和崇敬，特别是后者，对于孩子积极乐观态度的培养，和环境保护以及人类的可持续发展，有着非凡的意义。

所以，只要有可能，父母就一定要多让孩子接近大自然，从而培养他们的自然观察智能，以求孩子能够更为胆大、心细，长大之后能够更好地适应复杂多变的社会环境。

融入自然，亲身参与和体验大自然的奇妙

人类的知识和技能来自于两个方面，一是通过直接参与获取知识，二是通过间接经验获取知识。虽然间接性的学习能够在很大程度上节省人力物力，但对于3岁孩子来说，因为他们还处于感觉运动阶段，或者刚刚脱离感觉运动阶段走入用动作来学习的阶段，所以对于他们而言，亲身经历的事情更能够刻入他们的思想，直接学习就显得比间接学习更为有效。

有一位家长说，他家4岁的孩子特别喜欢看书，书本上的各种小动物都能如数家珍，但有一次，当他们全家去乡下郊游时，儿子突然恍然大悟道："原来猪跟牛不是一样大啊！"所以，不要让孩子的观察只停留在书本上，而应该更多地带孩子去看、去听、去感知、去触摸，观察是思维的窗户，眼界有多宽，体验有多深，他未来的思维空间才能有多大。

观察时，全方面调动孩子的感官

成人的观察活动主要是靠眼睛，但我们已经说过，3岁的孩子还是以感性为主的，所以除了眼睛之外，耳朵、鼻子、舌头、手脚，对孩子智能的发展同样有作用。

为孩子的观察活动，提供适当工具

人类的感觉器官势必不能照顾到观察活动的方方面面，科学家也是因此而发明了显微镜、放大镜、望远镜等工具，所以，在孩子进行观察时，父母只有为孩子选择并提供适当工具，才能够满足孩子的全部观察欲望。比如，当孩子想观察飞舞的蝴蝶，却又无法让蝴蝶待在那儿老实不动时，父母就可以拿小网来帮助孩子，用小网将蝴蝶暂时控制起来，待观察结束后再将蝴蝶放飞。当然，在这个过程中父母也要引导孩子对给他带来帮助的小网进行"感谢"："谢谢小网的帮助。"这样的做法一方面可以让孩子了解到工具在观察活动中

的重要作用，另一方面，也可以引导孩子对人类发明心怀感恩。

按照观察力的自然发展顺序提高观察水平

3 岁孩子自然观察力的发展遵循一定规律，即先是关注事物之间的不同点，然后是把握事物之间的相同点，最后才是事物之间既反应相同又体现不同的相似点。家长在了解自然观察力发展的这一规律之后，就必须要尊重并按照这种规律去引导孩子。一方面，要引导孩子有意识地比较事物之间的差异和相同之处，以加深孩子的印象；另一方面，在孩子确实无法准确分辨事物之间的差异时，也要给予充分理解，这种结果的出现，很可能是因为孩子还没有习惯这样的思维方式，这就需要对他们进行更多且更有耐心的系统训练。

第十一章

抓住叛逆期，打开孩子
学习能力的黄金大门

对于3岁的孩子，父母一定要多观察、多了解，以欣赏的眼光和包容的心态，对待他与别人的千差万别。如果孩子对某一事物或在某个方面已经展现出来最初的天赋，父母千万不要对这些现象视若平常，更不能盲目否定，而要发现他们的兴趣和天赋，因势利导，帮助孩子开辟一个新天地。

3岁，孩子学习兴趣培养的关键期

如果你家有个3岁的宝宝，你会是否经常为他超强的记忆力感到惊讶？

难道没有吗？回想一下，你满屋子找寻某个物品，当孩子听说你要找的是什么东西后，是不是就能非常果断地告诉你，你上次用完放哪儿了，然后冲过去帮你迅速找到？也许你要说，那是因为他淘气，每天喜欢到处乱翻，所以"瞎猫撞上了死耗子"。那么你再回忆一下，你照着画本给他念一个很久之前讲过的故事，他不认识字，只是忽闪着大眼睛专心致志地盯着上面花花绿绿的图画看，你漫不经心，讲错了一个地方，或者是一个情节，或者是哪个人物的一句台词，他马上就会提醒你，这里讲错了，应该是什么样子的，令人惊奇的是，你会发现，他说的和书里写得一模一样，原来他早就把这个故事的每一个字牢牢记在了脑子里。还有，他会清楚地记得很久之前发生的事，也会在回家后把当天在幼儿园新学的儿歌一字不差地唱给你听……

这时，你是不是终于要惊叹孩子的记忆力了？确实，3岁儿童很多时候并不知道他们看到的和听到的是什么意思，却能够把一切牢牢刻在脑子里。

从生理学上讲，人在儿童时期大脑发展最快，3岁左右的儿童，大脑重量就达到900～1000克，约相当于成年人脑重量的2/3。等长到7岁左右的时候，其脑重量就有1280克，相当于成人脑重量的9/10。兴趣是最好的老师，有如此优良的先天条件，如果再能打开兴趣这扇大门，孩子的注意力、观察力、记忆力、想象力和思维能力，就都能得到很好的发展。那么，父母要如何激发并持续提升孩子在学习方面的兴趣呢？

1. 培养读书的习惯

这种习惯，可以从孩子出生后念故事书开始。等宝宝长到五六个月大时，就可以让他坐在怀里，给他念书讲故事，当然，选择那些颜色鲜明的绘本或者布书，对孩子更具吸引力。

父母是孩子第一任也是最具影响力的老师，要想培养孩子的学习兴趣，父母也要有良好的读书习惯和思考习惯。你每天在家里都习惯读几页书，孩子耳濡目染，有事没事自然会学着父母的样子找书看；如果你遇到不懂的问题喜欢打破砂锅问到底，孩子肯定也会有样学样，遇到问题不退缩，努力找寻答案。

2. 激发兴趣

父母可以想方设法激发孩子在学习方面的兴趣和好奇心。比如，买一盒汉字积木，让孩子自由拼拆、组合。家长在陪伴过程中，可以有意识地引导孩子将某个汉字的偏旁拆开，和另外一个积木组成新的汉字。孩子可以通过认识一个字，连带学会更多的字，并在拼拆过程中激发出创造性和动手能力。或者，把他喜欢的玩具摆一排，给他和玩具一起上课等，可能你讲着讲着，小家伙也按捺不住，要加入讲课的行列了呢！

3. 陪伴孩子完成家庭作业

进入幼儿园后，老师就会或多或少地给孩子留一些家庭作业，幼儿阶段更偏重于手工、绘画等适合亲子一起完成的任务。事实证明，学校通过留作业的方式调动家长参与孩子的学习，是培养孩子的有效手段。所以，在孩子学习时，哪怕只是很不起眼的手工作业，父母最好也能从旁帮助或陪伴，这对孩子是莫大的鼓舞。有了这样的鼓舞，孩子从上幼儿园起，就更能对学习产生兴趣。

4. 减少强迫

很多父母生怕孩子输在起跑线上，所以就盲目地跟"别人家的孩子"进行攀比，还有样学样，强迫自己的宝宝像"别人家的孩子"那样在幼儿甚至婴儿阶段，就达到超越他们年龄范围的智力水平。这样的做法开始时可能会有显著成效，但不能真正激发孩子的好奇心和求知欲，长此以往，反而会使孩子因为压力而感到厌倦，厌恶"填鸭式"的教育方式，厌恶接受新知识。

5. 鼓励要适时

孩子的行为要靠大人来强化，他们最喜欢的就是来自父母的鼓励和赞美，但只有鼓励得法，才能促使孩子不断向新的目标迈进。在孩子开始学习一项新技能时，父母就要在他进步时及时地给予肯定和赞美，否则，当孩子将注意力又投入别的方面后，父母就失去了强化他先前行为的机会。而在孩子巩固新技能或又向新的高度努力迈进时，父母的鼓励就要"跳跃"起来，让孩子因为间断而无规律的肯定和赞赏，更迫切地需要父母的肯定，从而保持兴趣并不断努力，一步一步地迈上更高的台阶。

爱玩儿是孩子的天性，引导孩子从玩乐中开发智慧

美国著名心理学家、儿童早期教育研究者玛斯博士，经过多年研究认为：21世纪儿童要在早期教育中获得影响未来的能量，不是通过灌输，而是通过游戏。现实也确是如此，很多聪明伶俐的孩子，往往也是喜欢玩耍的孩子。

居里夫人有两个女儿，大女儿伊蕾娜和小女儿艾芙。作为享誉世界的科学家，居里夫人教育女儿主要有两个秘诀，一是生活上严格要求，二是让她们肆无忌惮地玩儿。为了能让女儿玩儿得开心，居里夫人在花园中特意装设了吊杆、滑绳、吊环和秋千，把这里变成了女儿的乐园。每天只要一完成功课，居里夫人就让两个女儿到花园里自由玩耍，而且不管工作多忙、身体有

多疲倦，居里夫人都会抽时间陪女儿出游，与大自然亲密接触。就是这样的尽情玩耍，两个女儿的智慧得到极大程度的开发，最终她们都成为影响世界的杰出人物：大女儿伊蕾娜在1939年获得诺贝尔化学奖，小女儿艾芙成为享誉盛名的音乐教育家和传记作家。

对一个3岁的孩童来讲，玩耍就是他生活的全部，他在玩耍中认识和探索世界，在玩耍中积蓄成长的力量。玩耍对孩子而言，与营养丰富的食物、干净的空气、充足的睡眠和来自父母满满的爱，同样重要，是孩子最为自然的学习方式。

玩耍能够让孩子更具创造力，把手边的瓶瓶罐罐假想成飞机、坦克来一场"世界大战"，一根绳子就能幻化成利剑然后闯荡江湖，一个纸盒垫一张白纸就是环游世界的轻轨列车……玩耍中的孩子，突破了现实与幻想的界限，不断地进行着思考与尝试，根据自己设想的情节变化快速做出反应，加上玩耍中双手灵巧性的锻炼，促使大脑最富创造性的区域得到最深层次的开发。

玩耍让孩子拥有最为安全的情感表达方式。在玩耍中，孩子就是他所幻想的那个"世界王"，他可以随意删除和更改故事情节。不想9点钟上床，在游戏中他就可以赖床；不想吃胡萝卜，在游戏中他就可以扔得远远的。而且，他可以在游戏中无所不能，他能是最聪明的科学家，能是最勇敢的战士，也能是最漂亮的公主，最酷的运动员。不仅如此，在游戏中他也可以安全地释放自己的所有情绪，比如厮打和争斗，这是现实生活中绝对不被允许的行为，但这一切都可以在游戏中实现。而他在游戏中所设置的种种情节，又能让他将失望、害怕、愤怒或嫉妒等情绪在游戏中悉数品尝，这样的假想性体验可以帮孩子克服恐惧，让他们学会承受和面对自己的情感和他人的感受。

孩子会玩儿和爱玩儿是如此的重要，但很多家长觉得，自己的孩子并不会玩儿。在"钢筋混凝土城堡"中长大的孩子，玩伴少，出去玩耍的机会少，而且孩子很容易会被琳琅满目的电子产品吸引，从而投入电视、电脑和手机的怀抱。那么，父母朋友们又该如何引导，从根本上提升孩子的"玩商"呢？

秘诀一：教孩子呼朋唤友

父母有没有发现，孩子在很小的时候就表现出交友的欲望。婴儿时代，遇到别的小朋友，他们的眼睛会一眨不眨地盯着看，有机会还会用手触碰。再大一点儿，他们会对小朋友表现出非常强烈的好奇，但交往只限于看，一旦有更亲密的行为，他们就会羞涩地躲起来。其实，交友也是一种能力，需要父母的引导和培养。

宝宝的羞涩，通常只是他们社交无能的外化。这个时候，父母不妨多给孩子创造一些机会，引导他们一起游戏。这样，不仅能让孩子在与他人的玩耍中增长与人交往的经验，提高孩子的情商，也能够让游戏变得更为有趣和有意义。

秘诀二：带孩子走进自然

"自然缺失症"的概念，是由美国作家理查德·洛夫在其畅销书《林间最后的小孩》中首次提出的，其目的，就是揭示儿童因为与大自然接触的机会越来越少，从而导致一系列行为和心理上的问题。现代社会，高楼林立，越来越不容易接触大自然，加之电子产品在人们生活中的重要性不断提高，城市儿童患上"自然缺失症"的概率在不断增大。所以，各位爸爸妈妈，不妨多抽出一些时间，带孩子去自然天地，闻青草幽香，听虫鸣鸟语，享受广阔天地和自然斑斓，使孩子的心灵变得宽广和丰满。

秘诀三：世界那么大，带他去看看

"我发现在旅行中人会成长得非常快，你会学到很多新东西，感觉在旅行当中，我20年所学的东西都被刷新了，很多东西都是我没有接触过的，包括地理常识，后来回忆起上学时候的地理考试一直也是这么混过来的，真正的地理知识却是在旅行当中学的。我发现旅行当中可以弥补很多知识模块，是常规教育当中所没有的东西。"纪实摄影师、Everykid创始人红杏带着孩子佳佳走遍了大江南北，不无感慨地说道，"我就觉得我不能让这一课在孩子身上缺失。"

秘诀四：在游戏中加入创造性

以《纳尼亚传奇》《怪物史莱克》享誉全球的新西兰大导演、编剧安德鲁·亚当森谈起自己的成就时，将大部分功劳归于自己的父母："父母从来没有制止过我玩耍，没有觉得我整天唱唱跳跳涂涂画画是浪费时间，也从来没有对我说过'你能不能干点儿正事'的话。"

得益于这样的教育，安德鲁·亚当森又将这种成功的教育方式延续到了自己的孩子身上："我花大量的时间陪他们，和他们一起变换花样地玩耍，一起制订游戏规则，我们自己编歌曲然后给自己表演，我们还会分配小角色演出一幕小童话剧。我尽量不去限制孩子，而是鼓励他们的发明创造。我还会让他们看到我是如何进行创作的。我弹琴的时候，非常欢迎他们也来按上两下，虽然那声音不一定悦耳，但是我会表现出欣赏和快乐。我经常带他们到工作室玩耍，鼓励他们坚持不懈地涂鸦。我从不用过高的要求去浇灭他们的热情。当孩子看到父母欣喜于自己的作品时，他会感受到最大的快乐和自豪。"

把孩子的"为什么"变成学习的欲望

3岁左右的宝宝，嘴里的"为什么"越来越多。这是因为他们随着自己不断长大，小脑袋瓜里觉察到这个世界并不像他们一度以为的那么简单，因此，他们就不再满足于看看、触碰和使用等表面化的了解，而是努力挖掘更深层次的内容，于是，问题就来了……

有的时候，宝宝的问题多到任性，奇怪到爸爸妈妈都无法招架。很多父母都觉得，宝宝提出的那些千奇百怪的想法只不过是他们一时的心血来潮，是玩闹，自己有心情的时候会当逗乐回答几句，没工夫的时候就敷衍，赶上心情不好，便会以一句"每天没事瞎琢磨什么？一边玩儿去！"将孩子打发。可是，宝宝提出种种问题时，他们可是认真得很，在他们的提问中，求知欲、想象力、创造力、学习能力都在悄悄萌芽，他们探索世界的欲望和能力也在逐步提高。那些千奇百怪的"为什么"，就是他们握在手里的钥匙，这把钥匙所能开启的，是未来世界的大门。但孩子最终能否运用这把钥匙开启未来大门，主动权则在爸爸妈妈的手里，如果父母能认真、耐心地对待孩子的问题，为他们答疑解惑的同时引导他们进行更深入的思考，他们就会延续这样的好奇，更加积极主动地思考和提问，让其发展成为持续学习和探索世界的精神动力。反之，这样的探索就会被压抑，父母也丧失了一次提升孩子学习兴趣的绝佳机会。

为了更好地促进宝宝的成长，爸爸妈妈应该以怎样的态度对待总是问个不停的宝宝呢？又该以怎样的方式，将这些看似荒谬的"为什么"，变成宝宝持续学习的不竭动力呢？

既然提问对宝宝来讲是提升学习兴趣的途径和动力，那么，爸爸妈妈就要尽量鼓励孩子提问题。不管孩子提出的问题是人人都该知道的常识，还是天马行空的天方夜谭，爸爸妈妈都要认真对待，因为你觉得无聊甚至无稽的问题，却可能是孩子在心中萦绕了很久都无法解答的大问题。如果这个问题能够得到及时解答，宝宝的认知就会迈上一个新台阶，然后有基础去思考另外的、更有深度的问题，而不是长久地徘徊在老问题上举步不前。

认真解答孩子的提问，是维护孩子这种思考行为的第一步，也是最重要的一步。而在及时耐心地为孩子答疑解惑之后，爸爸妈妈最好再鼓励孩子几句："这个问题问得真好，我家宝宝很有想法。""我的宝宝居然能问出这样的问题，真是个爱思考的好孩子！"……父母也可以顺着孩子的思路，反问孩子一些问题，比如，"那闪电为什么要先于雷声呢？""冬天你在外面呼吸为什么会有白烟？""海龟是因为伤心才流泪吗？"父母在这个时候的发问，当然不是为了考住宝宝或者显示自己的学识有多渊博，而是为了促进宝宝思考，或帮助他温故知新。所以，父母的问题不要太艰深，而且最好是孩子已经知道的，这样，孩子就有机会巩固和整合已经学习到的知识，并且更有自信地问下去。

当然，孩子们的问题刁钻古怪，爸爸妈妈不可能是"全知"。很多父母为了维护自己的威严，会不懂装懂胡乱给出个答案蒙混过关，这样做，虽然看似会在孩子心目中树立一种大人无所不能的形象，但并不利于孩子认知的发展，也会使得孩子盲目崇拜大人，反而变得自卑。

这个时候，父母最好的做法，是直接告诉孩子："你问了个好问题，难住妈妈了，咱们一起来找找答案吧！"爸爸妈妈坦言自己不懂，并带领孩子找寻答案、探求真理的过程，其实是在以实际行动，向孩子展示求实好学的精神，同时也向孩子传递了一种学习的方法。从精神和实践两个方面，对孩子的思考和学习活动进行深化，这将使得孩子一生受益。

需要注意的是，当孩子反复提出同一个问题的时候，则可能反映了他的不同情绪。比如，当孩子反复问"为什么要吃饭？""为什么要这么早睡觉？""为什么小朋友就得去幼儿园？"等问题时，就可能是孩子因为不情愿在发泄负面情绪。这个时候，父母就需要准确把握孩子的情绪，及时应对孩子的这种消极反抗。爸爸妈妈可以将吃饭、睡觉和去幼儿园的重要性，耐心地一点一点地讲给孩子听，然后再认真征求他的意见，他就有可能接受了。孩子对一个问题的重复发问，也可能是由于爸爸妈妈的答案并没有满足他的好奇心，如果出于这样的原因，爸爸妈妈不妨反问孩子："你是怎么想的呢？""你是这么认为的吗？"……从而给孩子一个表达自己想法的途径，鼓励他积极主动地思考。有时，孩子的问题也可能过于荒谬，你根本无法回答，他却问个没完。面对这样的状况，爸爸妈妈就可以把孩子的问题引导到另外一个比较理性的层面上，这样，不仅可以绕开孩子的"牛角尖"，而且可以发散他的思维，同时又激发了他更多的好奇心。

在游戏中学习是孩子最好的学习方式

现在，越来越多的父母把注意力放在儿童的早期教育上，认字、数数、背唐诗，是很多孩子在牙牙学语阶段就已经开启的课程。在孩子长到三四岁时，有时间、有条件的父母，必然会把孩子送到各种各样的早教班中学英语，学绘画，学钢琴，学习各种在未来人生旅途中可能为其提供帮助的技能。诚然，早期教育在启迪孩子智慧、夯实孩子知识基础方面的作用不容小觑，但不科学的教养方式、"填鸭式"的知识灌输方法，无疑会对孩子的能力培养和个性发展造成破坏，结果让孩子成为只懂得记忆不懂得思考的"书呆子"。更为严重的是，还可能使孩子从小就将学习当成枯燥无聊的苦差事，对知识和学习过程充满厌倦。

英国儿童教育专家指出："对儿童的早期教育应从娱乐和游戏开始，儿童在入学前几年间所学的东西，比一生中任何时候都要多，学得也快，且绝大部分知识是在玩耍中学到的。"美国资深教育专家芭芭拉女士也认为："学到什么，对一个四五岁的孩子而言并不是最重要的，更重要的体验，音乐、空间、绘画等不同领域的玩耍都能让孩子学会发挥自己的想象力，而这才是他们学习和思考的好方法。"

父母对于孩子的教育，不应该是强迫，而应该是孩子自发的、本能的。

游戏是孩子的第二生命，也是孩子的第一所学校。1岁之前，孩子就会调皮地摆弄自己的脸庞，模仿父母喜怒哀乐时候的脸部动作；进入2岁，孩子就会举起拳头咿咿呀呀地学大人打电话，也会抱着洋娃娃像妈妈一直做的那样，给娃娃喂奶；再大一点儿，孩子就会在游戏中加入更多自己的想象和创造，他可以将一块积木当成饭碗，也能够将一个墙角想象成自己一应俱全的居所，哪怕只是一根小棍，都能让他在胡乱挥舞中变身为打怪兽的大英雄……这些是孩子的游戏，却也是他们感知世界和扩展能力的途径。不要觉得这样的说法太夸张，你想想，模仿大人的表情，是不是在以一种特别而有效的方式与这个世界沟通？模仿做饭和生活，是不是会增进孩子对现实生活的了解？扮演英雄和医生，去勇敢地拯救世界或挽救病人，是不是消除了他对未知的恐惧，并很好地培养了他的责任感和自信心？至于那些在游戏中进行的看似不着边际的玄幻想象，则更是对孩子想象力的发展有极大的推进作用，而大量心理学研究则表明，想象力丰富的孩子更有耐心，在学习活动中更能集中注意力。

　　既然在游戏中学习具有这么多的"好处"，下面，我们就来推荐几个适合父母陪伴孩子一起进行的小游戏，既扩展思维，又寓教于乐。

1. 道路游戏

　　游戏目标：让孩子在游戏中学习交通安全知识，提高自我防范意识。

　　游戏方式：用积木或绳子在客厅空地上制作"道路"和"路口"。爸爸站在路口中间充当交警，妈妈和孩子则可以扮演出租车司机、私家车司机、骑自行车的行人、过马路的小朋友，或者牵着狗遛弯儿的老太太等角色，在"交警"手势的指挥下在道路上行驶或通过路口，以帮助孩子了解交通知识。另外，父母还可以在游戏中设置让孩子向交警叔叔问路和求助等环节，让他掌握在走失或者遭遇困难时，向警察求助的技能。为增加难度，父母还可以制作一些交通指示牌引导孩子进行辨认。一轮游戏完毕，父母和孩子可以互换角色，让孩子当交警，父母当行人，以帮助他巩固新学到的知识。

2. 当老师游戏

游戏目标：让孩子复习和巩固已经学到的知识，培养孩子的胆量和语言表达能力。

游戏方式：父母可以设置一个固定时间的小课堂，邀请孩子当老师，自己当学生。课程开始，父母要严格按照"课堂纪律"，背好手，不说话，认真跟"小老师"学唱歌；念儿歌；听他讲故事；按照他的安排做游戏。当然，一个3岁儿童是不可能将已经学到的知识原原本本地向父母复述出来的，所以，父母要允许和鼓励孩子自由发挥，从而进一步锻炼他的想象力和应变能力。

3. 布贴游戏

游戏目标：帮助孩子发展想象力，帮助他们建立空间概念。

游戏方式：找一些碎布头、各式毛线，和孩子一起剪布拼图。红色的三角布可以是小屋的房顶；白色的毛线可能是一缕缕青烟；黑色的不规则圆，则可以是大黑熊吃胖了的脸……父母可以根据材料的形状，让孩子充分发挥想象力，也可以根据孩子的要求，把碎布剪成他们需要的形状，然后把一块块布用胶水在纸上粘成孩子想要的模样。他们会很喜欢这样的游戏，也会为最后的成品感到自豪，长大之后，这样的东西也能成为孩子童年美好回忆的纪念册。

模仿是最重要的学习方式

对于模仿，我们并不陌生，从出生开始，模仿就成为我们了解自己和认识世界的主要手段。我们模仿爸爸妈妈的面部表情，知道了笑是喜悦、哭是伤感、愤怒也会让别人不高兴；我们模仿身边人的行为举止，然后就懂得怎么开灯、怎么关门、怎么用筷子吃饭、怎么干脆利落地用语言表达自己的需求；我们模仿身边的每一个人，也由此明白了哪些是被允许的、哪些是被禁止的，什么是对，什么是错，何为善，何又为恶……可以说，人类的成长很大一部分都来源于模仿，而人类从很早的时候，就已经开始重视模仿对一个人成长的指导作用了。

孟母三迁的故事家喻户晓。孟轲3岁丧父，母亲带着他靠给别人浆洗、纺织为生，日子虽然过得清贫，但母亲对儿子的早期教育非常重视。开始，孟轲母子住在坟场附近，见多了送葬扫墓的情景，孟轲就和小伙伴们模仿所见所闻，成天玩儿着挖坑、埋人的游戏。孟母觉得这样的环境不利于儿子成长，便带着儿子搬了家。然而新家靠近市场，见多了杀猪卖肉，孟轲和小伙伴们又玩儿起了杀猪卖肉的游戏。孟母感到这里也不宜久居，于是又带着儿子搬迁到了一所学宫附近。在这里，孟轲听到的是琅琅书声，满眼看到的都是彬彬有礼的读书人，在这种氛围的感染下，孟轲也学着大人的样子刻苦读书，以礼待人，终成一代儒学大师。

社会学习理论也认为，学习的产生是通过模仿获得的，即一个人通过观察另一个人（模型）的行为反应而习得。好的习惯通过模仿得到传承，但同时，不良行为习惯也常常通过这一途径形成，比如儿童看到成人的暴力行为，便很容易变得极富攻击性。所以，作为孩子的第一任老师，父母一定要重视孩子的早期教育，正确引导孩子的模仿学习。

1. 做孩子模仿学习的榜样

俗话说，"有其父必有其子"，"有其母必有其女"。可见父母在孩子心目中的榜样性，以及对他们行为的影响力。家长的一言一行都会对孩子产生深远影响，待人接物、衣着发型、气质风度、语言习惯等，无不是孩子有意无意模仿的对象。如果想让孩子成为谦谦君子，父母就一定要时刻规范自己的言行，规范、严谨、从容、乐观；如果想让孩子性格豪爽，父母就要处事果断，不斤斤计较，以宽广胸怀包容万物。而如果父母有讲粗话、抽烟、酗酒、赌博等不良习惯，孩子沾染这些毛病的概率就明显高于其他同龄人。

2. 有了最佳模仿对象，还必须形成强大"模仿意愿"

"模仿意愿"是孩子模仿习惯的动因。比如，你想在多长时间内提升孩子多大程度的词汇量，就需要让这种结果成为孩子短时间内的一个目标。比如，你可以为孩子买一本他可能喜欢的故事书，读过之后，问他是不是喜欢，如果喜欢，就可以接着引导他："那你想不想很快就记住这个故事，然后去幼儿园给老师和小朋友讲呢？"这种事情小孩子一般都是非常愿意的，所以，他肯定不会排斥你的建议，并会在你一遍遍地讲故事，他一遍遍地模仿中将故事迅速记牢，也由此增加了词汇量。再比如，你想让调皮捣蛋一分钟都坐不住的儿子像别的宝宝那样严守纪律，就可以为他找一个身边熟悉的"小榜样"，这样一来，孩子肯定就会时刻注意自己的"小榜样"，在模仿中学会规范自己的行为。但要注意的是，父母给孩子赋予"模仿意愿"的时候，必须是具体的目标或结果才更有效果。

3. 保护孩子模仿学习的兴趣和积极性

模仿学习是人类成长过程中最基本的学习方法，家长应充分理解，并保护孩子的这种学习权利，不打击、不扼杀，并学会引导孩子在模仿中朝更有利于他的方向发展。比如，孩子看到妈妈洗衣服，便也会学着妈妈的样子玩儿起洗衣服游戏。但很多父母并不理解这是孩子的模仿行为，往往认为他们是因为喜欢玩儿水在淘气，所以就会对那些跃跃欲试想帮忙洗衣服，或者自己学着洗衣服的孩子进行斥责，这种做法无疑会打击孩子模仿学习的兴趣与积极性。

正确的做法是，在孩子想帮着父母洗衣服，或者想玩儿洗衣服游戏时，挑出一些诸如手绢、袜子等小型衣物，用盆子盛些水让孩子尽情地玩儿，即使弄湿了衣服，或者把浴室弄得一团糟，也比一味阻止孩子要好得多。

4. 科学引导孩子的模仿学习

模仿学习，并不是让孩子简单机械地重复他人的行为做法，而是要通过观察和实践，了解所学事物的关系或解决问题的要领，从而达到真正掌握知识内在规律的目的。比如，很多大人严厉禁止孩子学大人的样子使用剪刀，怕他们不小心伤着自己，这却往往更激发了孩子的好奇心，使得他们总是在大人不注意时进行"尝试"，这反而不利于孩子安全的防护。如果大人不是一味制止，而是教给孩子剪刀的正确使用方法，并向其说明使用时的注意事项，尤其讲清楚剪刀可能造成的危害，同时也在大人在身边的情况下多训练孩子用剪刀剪纸的能力，就能在培养了孩子动手能力的同时，也让孩子养成安全防范意识和自我保护意识。

如何发现宝宝的兴趣，培养其发展特长

1982年6月，郎朗出生在辽宁省沈阳市沈河区一个普通却又并不一般的家庭中。说其普通，是因为郎朗的家庭与大多数普通人的成长环境并无二致；说其不一般，是因为郎朗的家庭充满着音乐氛围，他的祖父是师范学校的音乐教师，父亲曾是文艺兵，在部队里做过二胡演奏员，退伍后才进入沈阳市公安局工作，母亲则从小能歌善舞，是学校里的文艺骨干。

因为家庭环境的熏陶，郎朗自幼就对音乐很有兴趣。两岁半的时候，他被动画片《猫和老鼠》中汤姆猫演奏的《匈牙利第二号狂想曲》吸引，无师自通的他在家中那架从祖辈传下来的国产立式钢琴上，弹奏出了这首曲子的基本旋律，令一家人大为惊异。发现儿子对音乐的浓厚兴趣以及在这方面的天赋后，父亲郎国任便顺势对儿子开始了正式钢琴启蒙。郎朗3岁时，父亲就带着他拜沈阳音乐学院的朱雅芬教授为师，系统性地开始学习钢琴。5岁，郎朗第一次参加东三省少年钢琴比赛，斩获第一名，并在赛后举办了生平第一场个人演奏会。1989年，7岁的郎朗参加首届沈阳少儿钢琴比赛，再次获得第一名。在启蒙导师朱雅芬的建议下，郎朗的父亲带着儿子排除万难远赴北京考学，在三千多名考生中以第一名的成绩考取中央音乐学院附小钢琴科。之后一路过关斩将，成为享誉国际的青年钢琴演奏家，从此走上职业演奏家的道路。

在教育界流传着这样一句话："属于孩子自觉想干的事情，其能力就能轻易地、牢固地为孩子所获得。"所以，孩子们是千差万别的，父母们与其花费大量时间精力，强迫自家孩子像"别人家的女儿"那样学绘画、学舞蹈，像"别人家的儿子"一样学英语、学跆拳道，倒不如发现和培养自己孩子的兴趣爱好，让他的人生道路因为充满理解而变得美好。

这个世界如此宏大，大人以理性思维看到的世界，与孩子以美妙和奇异的幻想所认识的世界，注定不会相同。所以，父母如果能多关注孩子的想法，多去探究他所看到的那个世界，也许就能发现孩子眼中的别样美丽，从而了解他的好恶。

有一位朋友，他的儿子特别喜欢玩儿泥巴——注意，不是橡皮泥，是真正的泥巴。每天下午的楼下小公园"放风"活动，他儿子的固定项目就是和一堆泥，然后用这些泥巴捏各种大人或看得懂或看不懂的东西，朋友见儿子喜欢，即使觉得特别不卫生也忍了。可更为"过分"的是，小家伙每天玩耍后都要求把自己的"作品"拿回家，弄得家里特别脏。有一天收拾屋子，小男孩的妈妈一生气就把这些已经干巴巴的"作品"都扔了，惹得小男孩大哭一场，几顿饭都没有吃。孩子喜欢泥巴，父母却凭着一己好恶强加阻断，这不仅不利于孩子身心的健康成长，自己也错过了一次走进宝宝内心世界、了解宝宝兴趣特长的宝贵机会。

父母对孩子一定要多观察、多了解，以欣赏的眼光和包容的心态，对待他与别人的千差万别。比如，有的孩子天生喜欢音乐，小小年纪就对音符有近乎完美的感受，能准确唱出每个乐符；有的孩子喜欢画画，一旦兴起，纸张、地面，甚至衣服、床单，都能成为他的画布；有的孩子对于猫狗，甚至毛毛虫等各类昆虫，都有着非常特别的喜好，喜欢饲养，有时甚至会为一只死去的小鱼吃不下饭……凡此种种，都是儿童对某一事物或在某个方面所展现出来的最初天赋，父母千万不要对这些现象视若平常，更不能盲目否定，而要发现孩子的兴趣和天赋，因势利导，帮助孩子开辟一片新天地。

当然，父母不只要懂得发现美，还要能够培养美，善于培养孩子的兴趣和特长。

孩子是父母的影子，家长的点滴举动都会成为涓涓细流，注入孩子的灵魂，所以，即便自己不喜欢，父母也要本着培养儿童的目的，带他看天高云阔，带他览遍大千世界，让这些成为培养孩子兴趣、爱好和特长的催化剂。

不仅如此，父母对于孩子在某方面刚刚展露出的一点儿兴趣苗头，都要及时给予肯定，并多加培育。孩子兴趣所致时，难免会将事情引向非常糟糕的境地，比如弄乱屋子、弄脏衣服，甚至是毁坏物品，比如前文所述的郎朗，第一次弹起祖辈留下的钢琴时，想必很多父母都会捏把汗，"那是多么珍贵的物品啊，一个什么都不懂的小孩儿别给摆弄坏了……"但是，与孩子的兴趣甚至可能成为其未来的梦想比起来，这些都是微不足道的小事，父母不要求全责备，而是应该悉心引导，给予肯定，加以鼓励，充分保护和激发孩子的兴趣。

第十二章

巧妙应对孩子
最典型的反抗行为

　　3岁孩子的成长是极其让父母操心的，他们总会出现各种各样的问题，使父母烦恼不已。本章列举了在孩子成长过程中最常见、最重要、最棘手的15个问题，并由育儿专家手把手指导你如何迎刃而解，还你一个可爱的天使。

孩子完全不愿意听我在说什么

3岁的浩辰最近对水特别感兴趣，每次洗澡，都抓着喷头不松手，还动不动在大人不注意的时候打开水龙头，拿玩具在水池子里拍打，弄得到处都是水。

"浩辰，你不能玩儿水！"

"浩辰，水龙头不是你的玩具，不能动不动就去开！"

……

对于这些，妈妈不知道提醒了多少遍，但事实证明，浩辰根本不愿意听，也似乎完全没有听见。

这天，在厨房的妈妈听见在客厅玩耍的儿子发出一阵阵开心的大笑，她忙着做饭，也没太在意。过了一会儿，就听儿子大声地喊："妈妈快来，发洪水了。"妈妈出去一看，原来，儿子早就不在客厅，而是在浴室拿着喷头对着墙喷，不仅浴室里一片汪洋，而且流出的水已经到卧室了。见状，爸爸赶紧脱鞋进去把儿子抱了出来，关上水龙头开始打扫"战场"。妈妈呢，忙着脱下他的那身湿衣服，把他裹进干毛巾里。"跟你说多少遍了，不能玩儿水，你看看，木地板都泡了！"妈妈气急败坏地说。

这样的场面想必很多父母都不陌生吧，对于这些精力充沛、爱动爱玩儿的孩子，无论是平日里的生活，还是像浩辰这样玩儿得兴之所至之时，都需要父母付出更多的精力和心思。也正因如此，"你看隔壁的妹妹多老实！""听话！你这个孩子怎么就不听话呢……"等这样的话语就变成了这些父母嘴边的口头禅。

当父母必须阻止孩子的行为，并且冲他们说出"你怎么这么不听话"的时候，建议父母不要怒发冲冠，或者居高临下地斥责孩子，而是蹲下来，与孩子目光持平，然后搂住他，用温柔的声音告诉他："你不可以这样做，因为……"孩子能够从父母平视的眼光和温柔的语气中读到充盈的爱，再加上父母如果能在平时生活中就多理解孩子，不会动不动就呵斥和反对，孩子必然也会对父母充满尊敬和热爱，在这样的氛围之下，孩子怎么可能不本能地顺从父母的要求呢？

在解决这个危机之后，父母还要从亲子冲突发生的根源上找问题。想一想，孩子之所以不听你的话，是不是因为你的指示太多太频繁，使得孩子有些晕头转向了；或者，你分配的任务是否有些不合情理，他即使努力也做不到。而对于习惯性不愿意听父母在讲什么的孩子，你要考虑一下，是不是因为你的底线总在不断变化。他们了解父母的忍耐程度，知道不对父母的话做出反应也没有关系。

在明白孩子"不愿意听大人说话"的原因之后，父母可以尝试使用以下办法，当然，这些办法是已经被证实为非常有效的。

· 指示要明确、易懂。

· 要求要具体，比如让孩子准备碗筷，要求要具体到拿几个碗、几根筷子出来。

· 给予孩子的指示每次不超过两个，等孩子完成后，再提新要求。

· 如果你不想被孩子拒绝，就不要给予他选择，而要用果断却不蛮横的口吻做指示。比如，"我敢说我数到50，你就能把剩下的饭吃完。"

· 让孩子听到你讲话：孩子专注于玩耍的时候，可能听不清你的话，甚至完全听不到你在说什么。为避免这种情况，你在对玩儿得兴起的孩子交代要求时，一定要抱着他，把他的身子立正，让他平视你，并让他把你的话重复一遍。这样的做法在对待容易走神的孩子时也同样有效。

· 说到做到：父母在对孩子提出要求后，一定要在事后检查孩子的完成情况，这样，孩子就不会再把父母的话当耳旁风。当然，父母一定要避免对孩子提一些不必要的要求。

在公共场合大吵大闹

　　笑笑妈妈带着女儿参加同学聚会。笑笑大眼睛，小酒窝，见人就会甜甜一笑，在场的叔叔阿姨们喜欢极了，这个逗逗，那个哄哄，笑笑表现得非常配合，特别乖巧。

　　等饭吃到一半，笑笑对大人聚会的新鲜劲儿过去了，表现出明显不耐烦的她，几次要求妈妈回家。"你吃完这块蛋糕就走。""再过10分钟就走。""乖，等妈妈再跟这个阿姨聊会儿。"……笑笑的要求被妈妈几次拒绝之后，她因为玩儿水杯被妈妈阻止这件小事突然就发起了脾气，口口声声地喊着："妈妈坏，我要回家找姥姥！"眼泪也大颗大颗地滚落下来。妈妈见状，赶紧把女儿拉到怀里试图安慰，可没想到，温顺了一晚上的女儿不但不听，还拍打着妈妈的胳膊哪怕连接触一下都不愿意。面对着一大堆同学，此情此景让笑笑妈妈十分尴尬……

　　这样的经历父母们同样也不陌生，孩子的脾气说来就来，才不管场合和对象。孩子令父母尴尬的事情数不胜数，很多公共场合的突然哭闹，甚至引来路人的围观也不足为奇。那么问题来了，孩子在公共场合闹脾气到底要怎么办？

步骤一：转移注意力

　　越小的孩子注意力的集中时间就越短，所以，在宝宝情绪失控的当下，转移注意力是第一个值得尝试的办法。像刚才故事里的笑笑妈妈，就可以这样引导孩子："你不是喜欢妈妈的帽子吗？快来把妈妈的帽子戴上，给叔叔阿姨们看看你漂不漂亮。"孩子的情绪来去不定，转移注意力明显比"不要哭了"的训斥更为有效。

　　必须注意的是，爸爸妈妈可以极尽所能忽略和转移孩子的注意力，但切忌以"贿赂"的方式讨好孩子。比如，不要对他说："别哭了，妈妈明天给你买玩具。""你乖我就给你糖吃。"……

步骤二：严重警告后，给孩子一次重来的机会

当忽略和转移孩子注意力的尝试遭遇失败时，父母可以就孩子的行为后果进行警告，让他明白利害冲突之后，再给予他一次重新补过的机会。还是以前文中的笑笑为例，此时妈妈就可以告诉她："你如果继续吵闹，我就再也不带你出来玩儿了！你想想，你究竟要继续哭，还是乖乖听话，以后妈妈去哪儿都带着你呢？"有些孩子了解到哭闹发脾气的后果后，就会慢慢安静下来，或按照父母的期望重新表现，父母一定要及时鼓励他们好的行为。

步骤三：马上离开现场

如果前两个步骤对孩子仍旧收效甚微，且孩子的哭闹有越演越烈之势，父母第三步要做的，就是带领孩子离开现场。大庭广众之下，如果任由冲突继续加剧，一些家长可能会为了维护自己的面子而向孩子屈服，另外一些家长则可能当众责骂，使得彼此更加失控。这时，如果父母能将孩子带到安静的地方，比如车上、商场母婴休息室等，静静地让孩子发泄，这对大人也是难得的冷静机会。

步骤四：彼此冷静后，再寻求行为的修正

当孩子情绪缓和之后，你可以简明扼要地指出他的错误行为，并对其进行修正。还以例子中的笑笑为例，妈妈可以在她停止哭闹后告诉她："那么多叔叔阿姨在，你在饭桌上大吵大闹是不对的，更不能打妈妈。等你安静了，我们可以进去，跟叔叔阿姨们道个别离开。如果你继续哭，我以后就不会再带你参加这种活动。"当孩子表示不哭要进去时，记得给孩子一个拥抱，别再唠叨。

当然，对于孩子在公共场合发脾气这件事，现场应对是一个方面，更重要的，还是平时生活中就应该对孩子的情绪进行修正。

（1）允许孩子有脾气。发脾气是每个孩子成长的必经过程，特别是1~3岁的孩子，困了、累了、父母关注少了，都有可能成为他们生气的导火索，企图用发脾气控制大人。对此，家长要保持耐心，找出原因与适合彼此的解决方式，给孩子的发脾气行为一个过渡期。

（2）对孩子发脾气这件事关注越多，孩子的脾气就越大。孩子一发脾气父母就表现紧张，这反而会让孩子觉得，发脾气是他获得关注甚至挟持大人的砝码，就会愈加频繁地运用。相反，如果父母在日常生活中就对孩子的发脾气行为临危不乱且不过分关注，反而会让孩子表现良好。

（3）为避免尴尬，进入公共场合之前，事先对孩子提出限制条件。比如，"宝贝，妈妈今天带你去超市，是要给奶奶添置一些生活必需品，并不打算给我们自己买什么。如果你看到自己喜欢的东西，可以告诉我，我会记在纸上，下次去超市时一起买给你。这是咱们说好了的，你要是答应了，待会儿去超市就不能因为想买什么东西哭闹。"

孩子怕医院，妈妈有对策

妈妈："宝贝，妈妈给你准备了漂亮的小裙子，快穿好我们准备出门了。"

女儿："我们要去哪里？"

妈妈："去医院打预防针啊，昨天晚上你已经答应了妈妈的。"

女儿："我不要去医院，我害怕，明天去行不行？"

妈妈："不行，我跟大夫已经约好了，而且你明明昨天答应了的。"

女儿："我不要去医院，不去呀，哇哇哇……"

几乎对所有孩子而言，医院都是个抹不掉的噩梦。而几乎所有家长谈起带孩子去医院也是苦不堪言。在医院最常看到的一幕就是，父母抱着生病的孩子去医院，脚还没迈进门，声嘶力竭的哭声就先传了进去。有些孩子甚至因为不想进医院而赖在地上打滚，哭到气竭。

去医院到底有什么可怕之处，值得孩子拼命抗争？

孩子讨厌医院，无非是这样几个原因：一是以前就医时的不愉快经验，比如，尖尖的针头过来时的那种害怕、针头插入皮肤时的疼痛、医生检查嗓子时使用压舌板造成的恶心，甚至偶尔一次的打点滴扎针，都会被孩子牢牢记在心里，并将当时的不悦和疼痛无限放大；二是生病的宝宝需要父母的爱和呵护来抵御来自身体的不舒适感，但气味难闻的医院、陌生的医生，却让本就不舒服的感受变得更加严重；三是平时生活中为了让孩子安静下来，大人总是以"再不听话就带你去医院打针"的说法来恐吓小孩，长此以往，即便是没去过医院的孩子，也会对医院这个地方产生莫名的恐惧。

孩子之所以会讨厌医院，害怕就医，除了医院和医生本身的一些因素之外，父母作为孩子的看护者，本身能做的减少孩子恐惧的事情也有很多。

1. 由亲近的人带孩子去医院

刚出生的孩子，对于去医院这件事其实并没有概念，一般要到9个月之后，他们才会对医院心生恐惧。9个月大的孩子开始学会认人，所以，陌生的人和环境都会让他觉得害怕，而在身体不舒适的情况下，出于对安全感的需求，这种恐惧感会更为强烈。所以，为了不给孩子雪上加霜，去医院这件事，最好让他最为亲近的人来做，熟悉感和满满的安全感，自然会帮他抵消不少恐惧。

2. 不以医院吓唬孩子

要降低孩子对医院的恐惧度，最重要的就是别让孩子觉得医院是个恐怖的地方，不要认为医生的一举一动，都会给他造成疼痛甚至是伤害。所以，父母平时千万要杜绝拿医院吓唬孩子的言论，比如，"穿上棉袄才能出去玩儿，不然就会感冒去医院打针。""好好吃饭，再不吃饭护士阿姨就要来咱家给你打针了。"……此外，父母带孩子在医院候诊时，也不要反复叮嘱孩子诸如"打针时候别乱动，不然扎偏还得再来一针"之类的话，换个角度去说，孩子未必就听不懂，孩子的恐惧感也能减少。比如，可以这样告诉孩子："看那个小哥哥，大夫给他打针的时候他一动不动，是不是就能很快完事，回家看电视吃好吃的啦！"

3. 用游戏和故事引导孩子熟悉过程，减轻焦虑

在家里可以多陪孩子玩儿"去医院"的游戏，让他假扮大夫，让玩偶充当病人，模仿在医院见到的各种人物和诊疗过程。比如，小兔子生病了，宝宝大夫就要给它听心脏，量体温，然后让作为护士的妈妈帮小兔子打针……

当然，讲故事也是让孩子正确认识医院存在的意义、减轻恐惧感的一种有效手段。妈妈可以有意识地给孩子讲一些和去医院看病有关的故事，让孩子了解生病了为什么要看大夫，为什么要吃药。同时，也可以购买一些图文并茂的关于医院的书籍，让孩子知道有关医院诊疗的一些简单常识，明白诊疗过程是为了查明病因，让他恢复健康，从而打消他对诊疗过程的恐惧感。比如，大夫为什么要用压舌板压住他的舌头，为什么会用手电筒照他的喉咙，确实能引起孩子兴趣的小知识。

4. 事先沟通

去医院之前，妈妈最好要诚实地告诉孩子他要去的地方、可能会面对的诊疗，情况不妙的话也可能打针，或者也可以让去过医院的小朋友跟孩子做些经验分享，这些做法，都会让孩子从心理上有所准备，从而降低就医时哭闹的可能性。爸爸妈妈不要试图先把孩子骗去医院，之后再想办法蒙混过关，那样的结局只能更糟。

孩子出现咬人、打人的行为怎么办

令不少父母烦心的是，孩子不知道从什么时候开始，就染上了"咬人、打人"这种坏习惯，稍有不悦就会咬住爸妈的手臂不松口，你稍不注意，他又会把玩得不高兴了的小朋友一把推倒在地。

咬人、打人是孩子身心发展的自然表现

一两岁的孩子习惯于用嘴巴和手探索世界，所以，语言能力还未发育完全的他们，一旦遇到无法用肢体和语言表达的需求，或者以他自己的能力无法向外界充分表达的情感、挫折和困难时，就难免用咬人、打人的方式来表达感情，抒发自己的挫败感。而对于牙齿正在萌芽阶段的孩子来说，"咬人"这件事情就更加平常了，牙齿的发育让他们的牙龈痒、不舒服，所以他们的咬人行为，大多不含有敌意，而是通过咬来释放牙龈内部的压力，让自己变得舒服些。

两三岁的孩子，咬人、打人则有着非常明确的目的。这个阶段的宝宝，自我意识已经萌芽，出于对所有权的保护，他们会用敌意和攻击行为实现自我防御和对所有物的维护。有时，周围环境以及父母情绪的变化，也会被他们敏感接收，为释放压力，有时也会外化为攻击行为。当然，看多了成人以暴力方式解决问题，爱模仿的孩子也会以为这就是生活的真谛，而变得崇尚武力。

总之，大多数孩子的咬人、打人行为，其实是身心发展到一定阶段的自然表现，与性格暴戾并无太大关联。这需要父母仔细分辨，耐心引导。

以下是改变孩子咬人、打人习惯的六种方法

（1）及时控制事态发展

在孩子出现咬人、打人行为时，父母一定要坚定地告诉他"不能咬人""不能打人"。如果孩子正处于激动状态，对这样的劝说完全"免疫"，请立即从身后环着双臂抱紧他，一来可以阻止孩子的动作，二来可以缓和他的情绪，也能保证自己不被孩子的拳打脚踢伤害。

等孩子情绪稳定后，可以尝试说服他向对方道歉，哪怕只是一句简单的"对不起"，最好也能让他对自己刚才的行为有所补救。如果孩子的情绪不能及时平复，或者即使平复却仍旧倔强着不愿意道歉，父母可以先代替孩子向对方及家人道歉，然后带他离开现场，找个安静的地方继续交流。

（2）了解孩子行为背后的原因

通过冷静观察、简单询问和快速判断，父母要耐心分析孩子咬人、打人的背后原因。不要一看见孩子发生攻击行为就怒气冲冲地质问，因为情绪激动中的孩子这个时候一般不会告诉你实情，也很容易引发你和孩子之间的冲突。

在分析出主导孩子暴力行为的原因后，试着搂紧孩子，明确表达对他行为和想法的理解。比如，"妈妈知道那是你心爱的玩具，××不该不打招呼就拿走的。""我知道是他先弄疼了你……"这样的举动能够让孩子激动的情绪快速缓和下来，他也更愿意将实情原原本本地告诉你。

（3）让孩子了解不当行为的后果

千万不要以暴制暴，如果你因为他的暴力行为再对他进行体罚，那就是用实际行动告诉他，暴力是最权威的处事原则。

要告诉孩子，咬和打都会使对方疼痛。这种同理心的培养确实是一个漫长的过程，父母可以客观冷静地帮孩子分析行为可能导致的后果，但绝对不能为了强调这种感受，就给孩子增加太多负担，比如，对他说"×××都不敢跟你玩儿了，因为你一生气了就会打他"之类的话。

（4）教会孩子情绪表达的正确途径

设置不同场景，细致地教会孩子如何用语言和动作来表达情绪，比如，喜欢对方，就可以拉住他的小手；对于不愿意做的事情，就大声告诉对方"不"；遇到处理不了的情况，就及时告诉父母和老师等。

（5）帮助孩子合理释放压力

尽量通过调整周围环境、改变成人情绪，来帮助孩子释放压力。比如，带他做一些他喜欢的事情，或者去接触大自然，来帮助他调整情绪。另外，给长牙阶段的孩子准备一些适合摔打或啃咬的玩具。

（6）不过多评价孩子的行为

对咬人、打人行为的过多关注反而会起到强化作用，所以，不要因为孩子偶尔出现这样的行为，就到处去讲到处去问，更不能因此就给孩子贴上"霸道""暴力"等标签，要知道，你觉得孩子是怎样的，孩子就会朝着你认为的方向发展。

总是吵着要吃糖，如何应对

　　甜味的诱惑，孩子很难抵御。但看似可爱的糖果，对于孩子的成长却不是什么好伴侣。一时的美味享受之后，会给孩子的身体健康带来负面的影响。

　　糖是一种纯热能食物，除了糖分，几乎不含任何其他营养成分。糖的饱腹感极强，据测定，每1克糖在体内可产生4000卡热量。但对于儿童而言，除了糖，蛋白质、脂肪、维生素、矿物质、微量元素、膳食纤维等都是他们成长发育的必需元素，吃糖后会使孩子减少食量，这些营养素的摄入量就不够了，长此以往，势必会使孩子营养失调。

　　不仅是营养不良，糖为酸性物质，它在消化中会中和人体内的碱性物质钙。所以吃糖会大量消耗体内的钙，直接影响孩子的成长发育，导致个子不高，甚至引起骨质疏松及佝偻病。而且，吃太多糖对孩子的牙齿也不好，容易引起龋齿，久而久之就会形成龋洞或口腔溃疡。

　　专家建议，3岁之前最好不要给孩子吃糖，等孩子身体及自控能力已经成长得相对成熟之后再给孩子吃糖，这样才不会让他们因为对糖太过依赖而影响身体健康及成长发育。

　　但是，对于那些已经尝过糖果美妙滋味，已经对这种美食欲罢不能的孩子，父母又该如何应对呢？

1. 定量提供

　　贪吃糖果对孩子的成长发育并无好处，而且甜食吃多了容易上火，所以，爸爸妈妈一定要坚定信念，严格控制孩子每天的糖果摄入量，要有决心，更要有狠心，即便孩子眨着水灵灵的大眼睛恳切哀求，也绝对不能妥协。

2. 善于利用

　　宝贝贪吃糖果？父母先别急着头疼，因为世间万物都有两面性。如果你家宝贝是个很难说服的"倔强鬼"，或者是个一分钟都不停歇的"小捣蛋"，那么好极了，糖果的另一种效用马上就能显现了。孩子今天没吵没闹，高高兴兴地跟着妈妈去学校了，好的，奖励一颗糖；孩子没听家人的话，还因为生气伸手挠奶奶了，那么，今天的糖果就没有了。孩子绝对拒绝不了糖果的诱惑，如此一来，孩子自然就会自觉规范自己的行为，严守规矩，努力将每一件事都做好。

3. 学习工具

现在的糖果无论是颜色还是形状，做工都相当精巧，父母大可将这种形式多样，同时又受小朋友深深喜欢的食物变成他们认物、辨色甚至是学习计数的工具。比如，可以买一包各种颜色的巧克力豆，给孩子吃糖果的时候就可以向他询问糖果的颜色，回答正确才可以拿糖果给他吃。或者，让他给大家分发糖果。让他给爸爸三颗巧克力豆，一颗红色一颗黄色还有一颗绿色；给妈妈一颗，要粉色的；宝宝自己呢，来一颗蓝色的。分发正确后，妈妈还可以对这个游戏进行延伸，让宝宝想想他们三个人一共吃了几颗巧克力豆。既让孩子学习了辨色和计数，又学会了分享，一举三得，何乐而不为呢？

4. 糖果替身

现在市面上有很多可以帮助孩子防止蛀牙的天然甜味剂，比如木糖醇。适当地给孩子吃类似这样的食品，既满足了孩子想吃糖果的需求，又不会伤害孩子的身体。当然，爸爸妈妈可以培养孩子吃水果的习惯，大多数水果都是甜的，从味道上讲孩子比较喜欢，而且水果对孩子的成长发育也有很大好处。

孩子非常霸道，说了也不听，怎么办

小辉家小区公园有两个专门供小朋友们玩儿的小型秋千。小辉每次去玩儿的时候，坐在这个秋千上面，还必须把另一个秋千的荡绳攥在手里。有别的小朋友过来玩儿，他就急急忙忙地站在中间，把两个秋千都占着。爷爷让他让出一个给别人，他不仅不肯让开，还会尖叫着让别的小朋友走开。秋千本是小区的公用设施，可小辉硬说那是他家的，是他自己的，你说霸不霸道？

宝宝生性霸道，不仅会给父母带来尴尬和困扰，而且也使得他不能与别人很好相处，久而久之，就会成为别人眼中"不受欢迎的人"，影响其性格和社会交往的发展。那么，究竟孩子为什么会从小可爱变成"万人烦"呢？

1. 自我意识太强

有的孩子自我意识太强，太自以为是，喜欢所有的事情都由自己决定，也希望每个人都能听命于他，所以在人际交往和集体生活中处处争强，不允许别人对他有所忤逆，甚至会欺负别人。

2. 受环境影响

有的父母过于"专制"，使得孩子在家庭生活中感受不到应有的温暖，也不能享有起码的自主权。在这种环境中长大的孩子会不由自主地将父母的处事法则运用到自己的人际交往中，凭借自己的高大身材或者靠与他人斗猛斗狠，欺压别人。另外，在压迫环境下长大的孩子，一旦经历过以武力反抗获得成功的经验，就错误地以为可以靠武力和蛮狠征服一切，便将偶尔为之变成了习以为常。

3. 父母的溺爱

现在的家庭大多是六个大人疼爱一至两个孩子，所以对宝贝的需求，一定竭尽所能地满足，所以久而久之，就让孩子形成"我想要的我就一定能有""我希望的事就一定能办到"等想法，表现在行动上，就是多吃多占，即便是不合理的要求也一定要实现。

了解了孩子霸道的原因，父母又该如何改造霸道宝宝呢？以下是改造霸道宝宝的五个小妙招。

1. 冷处理，冷静后逐步引导劝说

面对孩子的无礼行为，父母的温言劝说毫无效果时，应切忌"以暴制

暴"或一味忍让，这时候最为科学的做法，是将孩子放在一个安静且在父母视线内的区域，在不使孩子太过难堪的情况下，坚决不理会他的任何哭闹。在孩子冷静之后，尝试与孩子进行沟通，指出他行为的错处，并讲述不能霸道的理由，逐步引导他认识到自己的行为是不恰当的。

2. 强化孩子的良好行为

从行为治疗的观点来看，如果孩子有某方面的不好行为，那么，就要想方设法地引发他另一方面的良好行为。而且，一旦孩子的良好行为出现，就要及时抓住机会，通过肯定和称赞，强化孩子的良好行为，让好的行为习惯成为孩子的常态。

3. 让孩子照顾比自己小的孩子或饲养小动物

通过照顾比自己小的孩子，能够让孩子在帮助别人的过程中感受到快乐，同样地，饲养小动物，也能够培养孩子的怜弱爱贫之心，从而减少霸道之气。

4. 营造平和民主的家庭氛围

父母要一改全家人围着孩子一个人转的状况，把他当作独立、平等的家庭成员，遇事一起协商，参与讨论决定，这样，孩子就不会产生太强烈的特权意识和优越感，同时也会在平和、民主的家庭氛围中关照别人的想法，就不会再以自己的想法和需求为唯一衡量标准了。

5. 帮助孩子建立良好的人际关系

多带孩子参加孩子间的社交活动，鼓励他多和同伴们一起玩耍，并在这个过程中教会孩子何为分享、作为年龄较大的孩子怎么照顾弟弟妹妹。孩子的自尊心都是很强的，他们会很喜欢这样的新角色，同样也会因为在这个过程中感受到足够的愉悦而产生建立良好的人际关系的期望。

孩子为什么总喜欢吃手

很多妈妈看到孩子吮吸手指的第一反应是阻止，"多脏啊！""吸多了空气肚子会疼吧？""老这么吸，手指头都变形了。"……但看着他们吸吮得津津有味的模样，会不忍心打断，而且很多时候即便被打断，没过一会儿，他的小手又会伸到嘴里。那么，孩子为什么会喜欢吃手指呢？这个习惯一定要戒断吗？

人类从出生开始就会吮吸，而吮吸手指，一方面会给孩子带来安全感，以抵抗因为对这个世界的不熟悉而产生的焦虑；另一方面，孩子本身就具有吸吮和反射的需求，而吃手指带来的满足感和吃母乳的感受是不一样的，因此，孩子即便已经吃饱了，也还会把小手放到嘴里不停地吸吮。

因而，专家指出，吸吮手指是很多孩子成长过程中一定会做的事。对于年龄较小的孩子来说，十有八九都有这种现象，有些宝宝甚至在妈妈子宫内就会吸吮手指了。到了1岁左右，大多数孩子的吸吮手指习惯就会逐步消失，4岁之后，只有5%~10%的儿童会出现这个动作。而且根据专家研究，在6岁之后还保持吃手指习惯的儿童，和已经戒断这一习惯的儿童相比，在人格上并无太大差别。唯一不同的是，到6岁还吃手指的儿童，大多在早期有过被父母强制戒除这一习惯的经历。所以，在宝宝4岁前，也就是恒牙长出来前，吸吮手指并不是什么大不了的坏习惯，强迫戒除反而会让他们失去安全感，给他们的成长发育带来不好的影响。

虽然吸吮手指并没有什么太大危害，但也要谨慎预防吸吮手指带来的一些不良后果。一是谨防细菌入侵，手洗得再勤，也难以避免细菌的存在，一旦孩子在吃手指的过程中吃入太多细菌，就有可能引发肠胃感染或其他病症；二是谨防颜面变形，孩子吃手指时，手指难免在口腔内四面蠕动，时间久了，可能会干扰上下颌的正常生长，还会影响宝宝的容颜；三是谨防手指受伤，手指每天都泡在嘴里，很容易造成脱皮、肿胀等外伤，长期吮咬，手指的骨骼发育也可能变形；四是谨防影响牙齿生长，吃手指的过程中，如果正好赶上长牙阶段，手指的乱入会影响牙齿的排列、咬合。

要允许孩子吮吸手指，但要预防过度吮吸，要做到这一点，最好从孩子还是婴儿时就着手。

（1）尽可能实现母乳喂养，让孩子充分享受吸吮的快乐。

（2）如果要断奶，先从让孩子逐渐适应辅食和配方奶开始，不要突然断奶，让孩子感到焦虑和突然失去安全感。

（3）爸爸妈妈要准确分辨孩子的各种需求，对于那些必需的和合理的需求，要及时予以满足，同时，也要多陪伴和拥抱孩子，多陪孩子做游戏，参加户外活动，睡前给他讲轻松愉快的故事，让他随时都能感受到安全、幸福和满足。

（4）孩子睡醒后，不要让他单独在床上待太久，以免他因为无聊有意无意地把手指伸入嘴里，从而养成吮吸手指的习惯。

（5）如果孩子已经出现吮吸手指的行为，那么，可以尽可能及时地把他的手指从嘴里拿出来，然后用玩具，或者给他一块磨牙饼干，来转移他的注意力。

（6）为预防孩子过度吮吸，把他的衣袖拉长遮住手指也不失为一个好办法。另外，给孩子的手指上涂抹一些苦、辣的食物，也能有效地戒断孩子的吮指行为。

孩子挑食、偏食怎么办

挑食，是指儿童对饮食挑剔或仅吃自己喜欢或习惯的几种食物，挑食是一种非常不好的饮食习惯，孩子只喜欢吃自己喜欢的食物，会影响多种营养元素的均衡摄入，非常不利于孩子的健康成长。

如何确定你家宝宝是否有挑食、偏食的毛病呢？父母们可以通过以下测试来判断：

1. 宝宝每次吃饭，不吃自己小碗里的米饭或面食，光吃肉或荤菜就吃饱了？

　　A.经常是　　　　　　B.偶尔是或从没这种情况

2. 宝宝看见各式蔬菜，或者不吃，或者刚含在嘴里就吐出来？

　　A.经常是　　　　　　B.偶尔是或从没这种情况

3. 宝宝非常喜欢吃鸡蛋，一天至少能吃三四个，打出饱嗝都带鸡蛋味？

　　A.经常是　　　　　　B.偶尔是或从没这种情况

4. 宝宝大便的时候总是很困难？

　　A.经常是　　　　　　B.偶尔是或从没这种情况

5. 宝宝爱吃油炸食品，甚至可以当饭吃？

　　A.经常是　　　　　　B.偶尔是或从没这种情况

6. 宝宝就爱喝牛奶、酸奶，可是米饭或面食却不爱碰？

　　A.经常是　　　　　　B.偶尔是或从没这种情况

7. 宝宝尤其爱吃水泡饭，但不爱吃菜？

　　A.经常是　　　　　　B.偶尔是或从没这种情况

结果分析：

有4～7个A：你的孩子的确有严重偏食或挑食的习惯。

有1～3个A：你的宝宝已经有偏食或挑食的倾向了。

1个A也没有：你的宝宝没有偏食或挑食的习惯。

孩子偏食并不是由孩子的性格和胃口一方面决定的，父母本身的饮食习惯，以及对孩子的不当养育方式，都是孩子挑食、偏食的诱因。那么，又有哪些办法能改变孩子的这种不良饮食习惯呢？

（1）父母不要为了让孩子多吃饭，就采取哄骗、威胁等方式。对孩子吃饭这件事，父母不要给予过多关注，因为怕营养不均衡就不管孩子饿不饿，一味地进行"填鸭式"喂食，不仅不会对儿童成长有所帮助，更可能因为不易吸收或消化不良，造成儿童腹胀、胃疼等问题。孩子是否需要进食，不是你觉得需要就需要，而是要等他饿了再让他吃。

（2）坚决抵制孩子边吃边玩儿或边吃边看电视的习惯。只有专心吃饭，人类大脑才会刺激肠胃分泌有助于食物消化的酶，食物得到完全消化后，营养才能为人体充分吸收，所以，边吃边玩儿或边吃边看电视，都会造成孩子吃饭分心，影响食欲和食物消化。同时，父母还要严格控制孩子的进餐时间，一旦磨磨蹭蹭，用餐时间超过25分钟后，就要把碗筷收走，不允许孩子再吃，也不允许吃任何零食或餐后辅食。

（3）为增加孩子对食物的兴趣，父母在准备饭食时，一定要多花些心思，不仅是口味，还要在食物外观上大做文章。食物的外形对孩子的吸引力最大，如果你能在专注食物口味的同时，把孩子不爱吃的食物改变一下形状，或者用食物拼画图案，我们的好奇宝宝肯定会大吃特吃呢。

（4）对于那些孩子特别不愿意吃的食物，父母首先要做到的是不强迫。你跟孩子谈营养，谈均衡，他根本听不懂，反而可能因为你的强迫而对某种食物产生抗拒。但是，如果父母能巧妙利用孩子的好奇心，当着他的面津津有味地吃着他不喜欢的菜肴，或者在和家人的交谈中仿佛不经意地就这种菜的口味、外观进行正面评价，多次之后，孩子可能就会因为好奇去尝试，也可能在一次次的尝试中变得习惯这种食物的口味。

（5）在准备饭菜的时候，不要准备太多种类的菜肴。如果饭桌上菜肴太多，孩子自然就会选择自己爱吃的，摒弃那些不喜欢的，而儿童的胃本来就很小，这样一来，那些他不喜欢的饭菜，就总也不会吃了。所以，要想让孩子吃下他原本不爱吃的东西，那么餐桌上最好只有一个他喜欢的菜，但量不多，同时配以一两个他不喜欢的，让孩子在不知情的情况下"被迫"进食。当然，这个方法的实施必须配以两个前提：一是不要给孩子吃太多零食，也不要在饭后给孩子添加太多牛奶或鸡蛋等辅食，否则会减少其正常进餐时的食欲；二是适当增加孩子的户外活动时间和活动量，以增进其食欲。

（6）为食物披上神奇外衣，也是让孩子摒弃偏食、挑食的一剂良方。还记得《大力水手》这部动画片吧，看着大力水手吃下菠菜之后的雄伟模样，试问哪个小孩还能拒绝吃菠菜？所以，聪明的妈妈就可以利用这种方式给食物披上神秘外衣，通过故事和游戏增加孩子对食物的好感，这比一味强调营养，希望孩子去吃的说教有效且有意思多了。

喜欢把东西扔得到处都是，怎么引导

小檬最近喜欢上了一个新游戏——投掷。

每次一吃饱饭，小檬就会随手把桌子上的东西扔出去，勺子、水果、碗，往往是抓到什么就扔什么，边扔边哈哈大笑。睡觉的时候就更是疯得不得了，枕头、枕巾、玩具、衣服，大人稍不注意她就能一股脑儿抛得到处都是。"不能扔东西，妈妈捡回来你就不能再扔了！"妈妈警告她。可是，小檬大眼睛眨巴着答应得好好的，但等妈妈刚一捡回来，她便会哈哈笑着继续扔出去，乐此不疲。

"不许扔，再扔我就要打屁股了！"妈妈生气的时候也会大声训斥，可她才不管呢，依然我行我素。妈妈心中不禁奇怪，宝宝为什么那么爱扔东西呢？

对很多1岁半到3岁的孩子来说，扔东西绝对是一项让他们满足新鲜感和成就感的新技能。从举臂抛出，到松开手指让东西落下，这是一系列非常精细的动作，也需要相当精准的手眼配合能力，难怪你的宝宝想频繁练习这项令他激动的新本领。而接下来发生的事情，则让他更为欣喜，他会看到，不管把什么东西丢出去，永远都是下落，而不会向上去。虽然他还不懂得地心引力这回事，但绝对会完全快乐地沉浸其中，如果他扔的是球，球会弹起来；如果扔的是勺子，会和地面碰撞发出清脆的响声；如果扔的是有水的杯子或者是有饭的碗，飞溅起来的食物更会让他兴奋不已。这些不仅会让孩子觉得非常好玩儿，还会让他亲身体验到事物发生的变化，增长了知识和经验。当然，有时孩子把东西扔出去，是希望引起大人的注意，他扔你捡，他会觉得这是你和他之间在进行游戏。

除非你的宝宝是用水杯砸镜子，或者用硬物投人，否则真的没有惩罚的必要。然而，无论扔东西对孩子来说多么有趣，或者有多少好处，毋庸置疑的是，他们的这种乐趣和探索肯定会给大人带来困扰。但想让这个年龄段的孩子不扔东西，就像让他们安安静静待半个小时一样困难，父母能做的，只是控制他扔出的物品和砸向的地方。

如果你能引导宝宝知道哪些东西是可以扔的，哪些是绝对不可以丢出去的，宝宝喜欢扔东西这件事给大人带来的困扰才会大大减少。比如，塑料泡沫球绝对属于可以随时抛出的物品，不会对人和其他物品造成伤害，危险性最小。不过，有游戏性质的抛物对3岁孩子来说可能更为有趣，比如，把用过的纸巾抛入垃圾桶，或者把石头丢进水里。通过这样有意识的引导，孩子慢慢就会明白只要他在合适的时间、合适的地点扔合适的东西，是完全被允许的。

但要注意到，如果他扔的是不合适的东西，比如勺子，或者扔的地方不合适，比如用皮球砸人，家长也千万不要严加指责，这反而会让孩子觉得，扔东西是获得别人关注的好办法，有了这样的成功经验后，以后一旦他想引起关注或者希望表现自己，就会用扔东西的方式来实现，反倒不利于这种坏习惯的戒断。

不严厉制止并不代表不管，父母首先要做的，是平复自己的情绪，然后带孩子走到他扔东西的地方，对他的行为进行中肯评价："乱扔东西，绝对不是一个好宝宝该做的事。""这样丢东西是不对的，我们不喜欢这样的宝宝。"……别着急，耐心中肯地多说几次，他会听懂，也会记得的，这一点你一定要相信。

父母不要在宝宝把东西扔出去之后，就立即把东西捡回来，这很可能会让他觉得这是一种游戏。当然，也不要为了惩罚孩子就要求他把扔出去的每一件东西都捡回来，对这个年龄的孩子来说，这样的工作量太过艰巨，所以惩罚也就显得有些重。正确的做法是，父母在孩子丢出东西后，先给他片刻宁静，让他在气氛的突然变化中反思自己是否犯了错误，之后，父母就可以对他的行为进行公正评判，待这些都进行完毕后，再邀请孩子一起来收拾残局。"你看屋子被你搞得这么乱，你要不要和我一起收拾呢？"

孩子做事拖拉，怎么办

9月的时候，安安的妈妈将刚满3岁的安安送进了幼儿园。与别的小朋友每天哭哭闹闹不同，安安似乎很适应幼儿园的生活，每天早睡早起，到了幼儿园就微笑着跟送他去的爸爸妈妈道别。老师们也很喜欢安安，说他听话、懂事，又聪明伶俐，老师刚教两次的儿歌他就能一字不差地背出来，而且很能耐得住性子，尤其是手工和绘画，做得比别的小朋友都精致，这对他这个年龄的孩子来说非常不易。

对于安安上幼儿园后的表现，爸爸妈妈感到很欣慰，只是安安做事太慢。吃饭的时候东张西望，往往别的小朋友吃完了，他还端着大半碗；午休后，老师要求大家叠毯子，别的小朋友早就叠好去玩儿了，他却还像绣花一样，在那里一点儿一点儿地要把所有褶皱抹平……虽然安安做事比别的小朋友好，可是作为一个男孩子，显得有些过于拖拉。爸爸妈妈多次向他表示，希望他快一点儿，甚至还因此批评过他，可是毫无效果，爸爸妈妈为此特别着急。

3~6岁是儿童养成各种良好行为习惯的关键时期，孩子做事认真细致，固然是好事，但如果速度太慢、效率低下，且已经形成习惯的话，对于其未来学习和生活都是非常不利的。那么，孩子做事缓慢，太过拖拉，要如何矫正呢？

1. 向孩子讲明拖拉的坏处

爸爸妈妈一发现孩子有做事拖拉的习惯，就要立即指明，并就事论事，向他说明拖拉的坏处。比如，做事慢，效率就会低下，如果在任务多的情况下，就可能无法完成。当然，做事拖拉的人也难免会给别人留下有些笨拙的印象。

针对故事中的安安，爸爸妈妈就可以告诉他："吃饭的时候一定要专心，不然眼看着别的小朋友都吃完了，老师却还得过来给你喂饭，多不光荣啊。而且你现在吃饭慢，以后成小学生了，肯定就会写字慢，这样你学习怎么能跟得上，还怎么像表哥一样年年拿奖状呢？"

2. 给孩子设定完成任务的时间

要求孩子在规定时间内完成什么标准的任务，是治疗儿童拖延症的第一良方。在孩子做事前，父母可以有意无意地给孩子设定完成时间，以减缓拖延，并在反复多次的训练中将其固化成孩子的一种行为习惯。比如，出门前就可以这样要求孩子："马上我们就出发去动物园，给你5分钟时间穿鞋，准备好了吗？准备好了我马上开始计时！"为增加这种活动的主动性，刚开始的时候，还可以事先跟孩子制订奖惩措施，在规定的时间内保质保量完成，就奖励；如果完成不了，就惩罚。

3. 与同龄伙伴开展竞赛

当爸爸妈妈发现孩子有做事拖拉的习惯后，可以在孩子身边，特别是熟悉的小朋友中间寻找一个做事果断、利落的人作为标杆，让他们一起开展竞赛，比比做同样的事情谁能做得又快又好，以此激发孩子提高自己做事速度的决心。

4. 善于发现孩子的好习惯，并及时强化

大多数做事拖拉的儿童，并不是做每一件事都拖拉。这就需要父母摒弃挑剔，一旦发现孩子能迅速且果断地做完某件事，就要及时予以肯定和夸奖，记得要特别讲明是因为孩子办事利落才会大加赞赏。表扬永远比批评有效，这

一点在孩子不良行为的纠正中，是永恒的真理。

动不动就哭鼻子，怎么办

有些小孩子特别爱哭，轻则哼哼唧唧，重则大哭特哭，不但别人讨厌，父母也常常束手无策。

孩子爱哭，是一种非常常见的现象，特别是在语言能力还没有发展成熟之前，饿了、渴了、尿了、热了、病了、召唤父母注意，都可能成为他们哭闹的原因，而且，如果他们通过哭闹表达的需求没有得到正确理解或充分满足，哭闹的级别还会持续加大。

在学会说话之后，孩子虽然多了一种更为科学高效的表达内心的途径，但还是会因为表达不畅，或者需求得不到充分满足而哭泣。另外，和成人一样，孩子在情绪不佳、身体不适或者受惊等情况下，也会用哭来表达不适。还有一种比较难处理的情况，就是孩子有通过哭泣成功"要挟"家长的经历，觉得一哭就能万事顺意，日久天长，就形成了用哭泣换取甜头的习惯。

无论你家宝宝是因为哪种原因成了"爱哭鬼"，但爱哭总是不好的习惯，不仅不利于儿童身体健康，更可能使得宝宝变得懦弱或专横，从而形成极端的性格。所以，对于宝宝爱哭这件事，父母也不能一笑了之，应该以科学有效的方式，将其作为一种不好的习惯予以纠正。

第一，理解孩子的敏感性。无论是身体上的感觉还是情感上的灵敏度，儿童都比大人更为敏感，所以，作为大人，要理解孩子的敏感性，不能因为孩子在你心烦的时候或者人多的场合哭闹起来就严厉斥责，试图以强权压制哭闹，这对孩子而言是不友善、不道德的。相反，为了让敏感的孩子少哭泣，更应该给予他足够的同情与关爱，鼓励他成为强者，以减少他的孤独感和脆弱感。

第二，别为孩子乱贴标签。有的父母觉得，要想克服孩子行为中的某方面缺点，就一定要多说，多强调，因此便给爱哭的孩子贴上"敏感""多疑""爱哭鬼"等标签，反复说起，企图以激将法让孩子觉悟。殊不知，父母的评价对孩子往往是最高指示，一旦贴上这样的标签，以后就很难摘除。不仅是贴标签，父母在平时的聊天中也要注意，不要动不动就当着孩子的面向别人诉说他爱哭的行为，更不要在诉说中带上贬低性词汇，什么"号个没完"，等等这些，会让孩子的幼小心灵深深刺痛。

第三，教孩子用语言表达内心。父母在生活中可以有意识地教孩子如何用语言表达情绪，可以一条一条地教给他什么样的情绪该怎样诉说，也可以多将自己的情绪表达给孩子听。当情绪表达得清楚明了之后，"对症下药"就容易多了，孩子哭的机会也便少了些。

第四，针对以哭来"要挟"父母的孩子，不强化是父母最基本的应对方法。孩子哭，就不要理睬，让他去哭，千万不能因为心软而迁就。经过这样的试探，孩子明白哭这个"武器"并不能使父母上当的话，就自然会忘记这种手段了。

家里有个"可怕"的破坏狂

小伟每天放学跟爸爸回家，都会看到爸爸用钥匙开门，这样让他觉得非常新鲜。于是这天，趁爸爸妈妈不注意，他拿出爸爸那一大串钥匙，在卧室的门锁上开始了试验。或大或小，好像哪个都不是很合适，爸爸是怎么办到的呢？好，终于找到一把能插进去的，转！嗯？不动……再使劲儿转转也许就好了，呀，钥匙断在里面了……

很多父母都会抱怨自己的孩子破坏欲太强，不论玩具还是什么家居用品，只要到他们手里就难逃厄运，一会儿就被分解得支离破碎。而且被教育过后还是不长记性，他们到底怎么了？

心理学家将孩子的这种状况称为儿童破坏性行为，虽然破坏性行为的原因和症状各有不同，但被普遍认定为孩子成长过程中的正常现象。

有限的控制力和强烈的好奇心，被认为是造成"破坏狂"的最基本原因。3岁的孩子，对这个世界普遍都抱有非常强烈的好奇心，也希望能通过自己的方式去一探究竟，但是，3岁儿童的身体和手眼协调能力发展毕竟有限，出发点虽好，也难免因为精力不足或能力有限而造成破坏。模仿也是孩子造成破坏的一个原因，3岁的孩子总想着能够像爸爸妈妈一样做很多事情，像例子中的小伟，就是因为一场方法错误的"模仿秀"而造成破坏。觉得好玩儿，也会导致破坏。儿童在没有形成成熟规则意识之前，只要是他们觉得好玩儿的、有意思的事情，就有可能去做，比如，用蜡笔在墙上乱涂乱画，把爸爸的书撕成碎末"下雪"。另外，当孩子的一些合理要求被拒绝，或者遭受一些他无法排解的挫败后，也可能用破坏的方式来表达抗议、伤心或失望。

了解了"破坏狂"行为背后的原因，父母就可以以宽容的心态，来对待家里的那一团糟了，也可以有意识地采取一些措施，在不挫败孩子探索精神的前提下，将损失降到最小。

提示1：正确为破坏大王挑选玩具

既然孩子喜欢以不断的"拆装"为乐，那么，父母就可以特意为他们选购那些结实或者适合拆装的玩具。如乐高、积木、插板和橡皮泥等，都可以让孩子自由拆搭和建造；魔方、魔棍、小型拼图等智力型玩具，能让孩子在操作中提升智力发育；而布、纸、沙子等自然材料，则能给孩子提供更为广阔的探索和创造空间。

提示2：在玩耍中引导孩子的创造性

父母不要一看见破坏就气急败坏，对孩子严厉批评，或者说出"下次再也不给你买了"之类的话，因为这样的批评和威胁，很可能会扼杀孩子难能可贵的探索精神。相反，父母要采取积极手段，把隐藏在孩子"搞破坏"背后的创造性引导出来。

鼓励孩子适当地破坏，并适时参与到孩子的破坏活动中去，和孩子进行互动，引导他思考，帮助他一起找寻结果，这样既能够让孩子在破坏中获得心理和知识上的满足，又能够极大程度地减少破坏。比如，"宝宝，想不想和爸爸一起查查看，为什么这个音乐盒会自己转圈唱歌呢？"

提示3：给予孩子练习的机会

孩子的每一个行为都有意义，但有时不一定值得鼓励，也不会因为父母的情绪而中止。孩子对世界的理解和感知，往往是随着自己的探索而进行和逐渐深化的，但在他们手眼协调能力尚不成熟之时，出现的失误就有可能变成父母眼里的破坏。所以，父母不要对孩子盲目禁止或训斥，只有了解孩子成长，细心给予孩子引导，并让他们的动作在实践中日益成熟，才能有效避免破坏行为的发生，也有助于帮助孩子建立自信。有些时候，对孩子耐心等待，也是最高级别的爱。

孩子总是丢三落四，怎么办

随着今年刚满3岁的元元进入幼儿园，元元妈妈需要操的心更多了。这是为什么？原来，开始独立生活的元元，又出现了新的毛病，那就是丢三落四。

入园两个月，元元丢了多少铅笔和橡皮，元元妈妈已经懒得数了。昨天放学回家，发现水壶不见了，问元元，他也想不起来是落在了教室，还是在院子里玩儿的时候丢在了外面，今天只好又重新准备了一个；早上上学，妈妈让元元自己穿衣服，他只穿了一只袜子就去吃早点，直到要出门时，妈妈才看见儿子脚上只有一只袜子；晚上爸爸去接元元，回家才发现，元元的书包丢在了班里，而粗心的爸爸也是在妈妈提醒后才注意到……诸如此类的例子不胜枚举，元元妈妈就愁啊，刚刚上幼儿园儿子就这么粗心，以后可怎么办啊？

丢三落四的现象在孩子中间并不鲜见，孩子之所以会出现这样的毛病，除少数属于注意力障碍和个性原因之外，大多数还是父母的原因。

很多父母就纳闷了，孩子丢三落四，怎么能怨父母？没错，孩子丢三落四，需要反思的的确是父母，因为孩子的没有条理，往往是由父母的一手包办造成的。

在孩子还小的时候，做事总是笨拙混乱没有条理，父母没时间等待，就为孩子准备一切以节省时间。而且，很多父母也觉得，爱孩子，就是要为孩子做所有的事。所以，很多妈妈从小就为孩子包办一切，为他穿衣叠被，为他整理物品，为他喂饭喂水，为他做可以做到的一切……这样的做法不仅没有帮到孩子，反而剥夺了他的成长机会，在习惯于被安排和打点好一切之后，需要独立时，孩子自然就容易丢三落四了。

在日常生活中，父母也没有注重孩子良好习惯的养成。丢了玩具、没了水壶，没关系，再买就好了……家长对孩子的很多小毛病都是睁一只眼闭一只眼，无限放大孩子的瑕疵，对物质生活的完全满足又让孩子对身边物品不甚珍惜。丢三落四看似是个小毛病，深究起来却是关乎责任感的大问题，可能对孩子一生产生重要影响。

心理学上有个"100%理论"，是说如果所有事都是妈妈做，那么孩子就不用做了。如果父母完成80%，孩子自然就会去做剩下的那20%。而如果父母只做20%，那80%孩子其实也有能力做，而且他们的潜力也能爆发80%。

这就是说，如果父母手太勤，都帮孩子做了，孩子就失去了一次难得的成长机会，其潜力也就得不到有效挖掘。在发达国家里，父母们普遍重视对孩子自理能力的培养。从孩子很小的时候开始，父母就会让他们懂得劳动的价值，并学着分担家务活儿，比如洗衣、割草、简单木工修理等，无论家庭贫穷还是富裕皆是如此。有位富商爸爸，就经常带着3岁的儿子在自家的大花园里浇花除草，大太阳把孩子晒得汗津津的。有位朋友看见这样的场景，就对他说："你不用让自己的孩子如此辛苦，你的花园也会长得很好的。"这位父亲回答说："我不是在侍弄花草，我是在培养我的孩子。"

授之以鱼不如授之以渔，父母其实大可交还孩子自己做事的权利，然后从旁协助，指导孩子做事的顺序和条理，比如事前的准备、先做什么、后做什么等，培养孩子良好的生活习惯。同时，在孩子丢了东西之后，父母也不应该随意鄙视，而是要严肃地指出孩子的错误，并要求他为自己的疏忽承担后果。比如，丢了铅笔，丢了水壶，当然可以再买，但是，一定要在父母先行垫钱买单之后，用零用钱或者做家务分期偿还。如此的恩威并施，孩子才会慢慢变得能干，条理性也才可能越来越好。

坐车的时候不老实，怎么办

孩子大都喜欢出门，而且很多孩子一上车就特别兴奋，上蹿下跳的，一分钟都不歇息。一会儿坐在脚垫上，一会儿靠着前排座位站立起来，甚至还会爬到后座上躺下。大人抱住他，他也手脚不老实，又抓又踢，有的孩子玩儿兴奋了，甚至还会去扒拉驾驶汽车的爸爸或妈妈。

行车安全到底有多重要？3岁的孩子不知道，而且也很难听得懂。对他们而言，坐汽车就意味着要到另外一个好玩儿的地方去，欢乐和兴奋自然是不言而喻的，而在车上的那段旅途，对他们来说，则是将游乐场从家里搬到了车上，他们一定要边玩边走，愉快地度过这段旅途时光。

面对如此天真的想法，父母又怎能狠得下心来苛责他的顽皮淘气？孩子是从根本上意识不到安全行驶的重要性，所以，如果只是临时打骂，除了造成亲子冲突之外，似乎再无益处。父母最为重要的，还应该是平时生活中的早说多教，早早就将安全行车意识树立在孩子的心中。

1. 将孩子安置在安全的位置

不管是私家车、公交车还是客车，都尽量让孩子选择后排位置。乘坐轿车时，如果没有大人陪同，绝不允许孩子独自坐在副驾驶座上，而在乘坐公交车或客车时，也一定要避开第一排。这是因为，前排位置离司机比较近，一旦孩子因为兴奋或者其他原因突然出现父母来不及控制的行为，不会因为孩子干涉驾驶员而酿成事故。同时，相对后排座位而言，一旦发生事故，由于惯性力量，前排乘客往往会因为没有多少遮挡物而受伤，因此，无论从行车安全还是车辆本身安全来讲，都是让孩子坐在后排较为合适。

2. 告诉孩子一些简单的行车安全知识

行车时的一些安全常识，父母也要较早地教给孩子，并要求他时刻记在心中。比如，行车的时候不能干扰驾驶员，无论是语言还是动作，都是绝对禁止的；不得将脑袋探出车窗外，因为疾驰而过的车辆很容易对孩子造成巨大伤害；不得在乘车时站在座位上，或者将脑袋探出天窗，危险随时都有可能发生，如果坐在车内的人本身不稳，一个小小的颠簸或磕绊，就可能酿成巨大灾祸；车行驶过程中一定要系好安全带，并抓紧扶手，即使是孩子长大之后，也要让他养成坐车抓扶手的习惯，这样能最大限度地预防意外的发生。

3. 绝不允许孩子在车里打闹，必要时给予惩罚

如果车里有几个孩子，在一起坐车出去时，孩子们很可能就变得格外兴奋，从而打闹起来。这个时候，父母一定要严厉制止，如果仍旧无效，必要时父母可以予以惩罚。找个安全的地方，把车停下，然后要求"不听话"并可能给他人造成危险的孩子下车，然后发动汽车慢慢前行。这样，孩子就会因为害怕和无助，了解到自己的错误，也会将这样的经历牢牢记在脑子里。

4. 乘坐安全座椅

使用安全座椅，是保证行车安全最为有效，同时也是最为省心的办法。父母大可以从孩子出生开始，就为他使用安全座椅，以让他从小就适应安全座椅的存在。

而对于那些后来才开始坐安全座椅的宝宝，父母可以先把买回的安全座椅放在家里作为他的专属玩具，让他玩耍，并让他在玩耍中慢慢熟悉。等孩子对这个原本觉得有些奇怪的东西不再抗拒时，再把它安装到车上使用。

当然，无论是从小就习惯安全座椅的孩子，还是后来才乘坐安全座椅的孩子，在成长过程中，他们难免会因为意识发展而讨厌这种绑缚，从而坚决拒绝。出现这样的情况，父母也不必着急，大可利用儿童正在萌发的自我意识，诱导他再次喜欢安全座椅。"宝贝，你已经长大了，妈妈就不帮你了，你自己试试，是不是能够像大人一样正确乘坐安全座椅，并系好安全带。"给予孩子一定权利，他一定会欣然接受，并且积极行使权利，愉悦体会成为大人的感觉的。

5. 家长以身作则

想让孩子在车里老老实实的，父母就一定要以身作则，一上车就系好安全带，无论多重要的事情也不做危险动作。父母是孩子的灯塔，他看见你这样做，便也会照猫画虎地学着做。

爷爷奶奶的庇护——恃宠而骄

腾腾在学走路的时候，经常会碰到东西而摔倒。

一次，腾腾去爷爷家玩儿，不小心碰到沙发摔倒在地。或许是孩子摔得真有些疼，或许是觉得特别宠爱自己的爷爷在身边，腾腾没有像往常那样自己爬起，而是坐在原地哇哇大哭起来。爷爷见状心疼不已，一手扶起孙子，一手狠狠地拍打起了沙发，嘴里还大声教训着："这个臭沙发，把我宝贝绊倒了，打死你，打死你！"平时在自己家发生这种事情时，腾腾爸妈总是让儿子自己站起来，而且要求他对东西说"对不起"，可到了爷爷家，一切都反了过来。没见过这种阵势的腾腾马上就不哭了，然后还被爷爷的样子逗得哈哈大笑，然后爷爷也笑了起来。

对于这样的事情，祖父辈的人肯定会觉得很平常："我宝贝磕疼了，肯定要赶紧扶起来揉揉。而且我宝贝吓着了，可不得'收拾'一下'肇事者'，安慰一下宝宝吗？哭个没完会坏了身体的。"而很多父母也许并不这么考虑问题："孩子必须从小学会坚韧、谦逊，长大才能够抵御艰险，待人处事也才能不飞扬跋扈。"

谁对谁错？两代人之间的教子理念论战了几个世纪，却仍旧如"是鸡生蛋还是蛋生鸡"一样，两派谁都无法把谁说服。应该承认，很多祖父母很有育儿经验，不仅对孩子身体成长的各个阶段了如指掌，能从容应对孩子的头疼脑热，还因为有足够的时间，能具体问题具体分析，耐心细致地指导孩子的行为和品格发展，宽严适度，不苛责、不娇纵，这些都是隔代教育的有理一面。但现实生活中，能做到这样的老人并不多。一方面，隔代亲情比父母对孩子的亲情更为深厚，甚至是深重，对于自己孩子的孩子，祖辈往往竭尽所能，爱到极致；另一方面，很多老人在年轻的时候因为时间或客观条件的原因，对自己子女的成长关照得比较少，有了孙子辈后，就迫切地想将在下一代人身上的亏欠，在下下一代人身上补回来，的确也很容易将对孙子辈的爱变成溺爱。

世界上没有绝对的事，隔代亲也是如此。面对隔代亲的两个极端，父母们又该如何扬长避短，协调两方关系以最大限度地促进儿童的健康成长呢？

1. 两代人要统一思想

由于出生和成长环境的差异，两代人在养育宝宝的问题上自然也各有侧重。比如，老一辈希望为孩子提供完全富足的物质条件，并满足他们身体和精神的所有需要，同时，看重道德教育，让宝宝陷入纵容和束缚的夹缝中；而年轻父母则更注重宝宝的智力培养和个性发展，希望在孩子成长过程中多给予他们知识、自由，并赋予他们探索的勇气和精神。

面对这样的差异，两代人最重要的，是平心静气地沟通。年轻人多理解老人，老人们多接受新思想、新知识，只有统一认识，两方之间建立理解和谅解，才能减少摩擦，并能不在宝宝面前暴露分歧，以防止他们利用分歧要挟父母或祖辈，造成更多问题。

2. 尊重老人为上，寻找合适平衡点

遇到分歧时，首先要尊重老人，接着再指出孩子的错误，这样才能保证家庭环境的和谐。

同时，祖辈与父辈两代人在教养孩子时，要坚决理智，深爱而不溺爱，爱得从容，爱得适度。要严守爱与规则的界限，没有规则的爱不能使孩子获得好的发展，没有规则的环境也不能给孩子成长赋予足够的安全感。此外，孩子本质上是独立个体，无论父辈还是祖辈，都要冷静地看待他的成长，不将他看成任何人的附属，给予其自由，赋予其权利，让他自己选择自己要走的路。

3. 年轻父母要担负起教育孩子的主要责任

爸爸妈妈千万不能以忙碌为借口，把对孩子的抚养和教育，全权委托给祖辈。尽管相比忙碌的父母，孩子跟祖父母在一起能被照顾得更为周全，但如果父母长期忽视与孩子的相处，孩子的心理就会受到影响。现在，这种和父母生活在一个城市，却很少能与父母相处的孩子，被称作"城市里的留守儿童"，和真正意义上的留守儿童一样，他们因为太少与父母相处而变得缺乏安全感，变得内向和自卑，也可能为了获得父母的关注而出现很多问题。

孩子被其他孩子欺负了，怎么办

3岁孩子虽然具有一定的独立意识，但是他还不能很好地与小伙伴相处，他们之间偶尔会产生一些不愉快。其中比较严重的情况是，在孩子的小伙伴当中会有调皮、霸道的小朋友喜欢欺负人，而你的孩子被这些小家伙欺负了，受到惊吓，甚至是受伤。发生这种状况后，孩子会表现出自尊心受损或情绪低落。这是很多3岁孩子的父母经常面临的问题，而这个现象是由这个年龄段孩子的心理特点决定的。

3岁的佳旭每次从幼儿园回来，都会告诉妈妈"幼儿园×××欺负我了"。妈妈刚开始时会觉得小朋友在一起玩难免会有些磕磕碰碰，就没有在意。但是有一天妈妈接佳旭回家时，发现佳旭的胳膊上有红印，经过询问之后才知道是被小朋友掐的。

妈妈的火气马上就上来了，她想告诉佳旭以后再有人欺负她就一定要还手。可是话刚到嘴边她又咽了下去，也不能教孩子打人呀，这不是以暴制暴吗？可是，孩子总被欺负也不是办法，佳旭妈妈陷入了烦恼之中。

当孩子被别人欺负时，如果一味地教他忍让，让他做个乖乖的"小绵羊"，会让你的孩子觉得连父母都保护不了他，也会让他滋生胆小懦弱的心理，极有可能导致他在今后的生活中遇到类似事情也会用同样的方式处理，最终形成软弱的性格。

但是如果教孩子以牙还牙，做个凶狠的"大灰狼"，"谁要敢欺负你，你就打他"，又会让孩子形成以暴制暴的性格，最后会成为幼儿园里不受欢迎的人。

对于大多数3岁孩子来说，他们在外面受到欺负后常憋在心里，不敢和家人说。如果父母发现孩子出现异常，要有策略地询问。可以这样问："从家到幼儿园的路上你看到了什么？""在幼儿园的游乐场有什么发现？""隔壁家的小哥哥爱欺负小朋友，要是你会怎么办？"这样的发问容易让你的孩子接受，他会觉得父母不是在问他的经历，而且受欺负的也不仅他一个人。

如果弄清孩子确实受到了欺负，家长也不要采取过激行为，不要发怒和责备，你要让孩子知道爸爸妈妈是站在他那一方的，并且是爱他、会帮助他的。

此外，孩子多交一些朋友，常参加集体活动会避免受到欺负。有小朋友在场的时候，孩子做事也会有底气，会因为有人支持而变得勇敢和强大。因此，父母应引导孩子在幼儿园多交朋友，这不仅能锻炼孩子的社交能力，同时也是强大自身的有效方法。

多数情况下，孩子之间的争执并无大碍，父母不必介入。但如果这种事情持续发生，父母就应当向孩子的老师当面沟通，请老师帮助解决。

什么事都说"我不会"

那些幼儿园小班的老师经常会发现这样的情况，很多孩子常对他们说："老师，我不会。""老师，这个我做不好。""老师，我不会跳这个舞。"……老师发现，信心不足的孩子都有这样的共同点：

· 他们非常依恋父母，每次父母送他们进幼儿园时都会用很长的时间。
· 上课时不敢或极少发言，不敢在众人面前讲话。
· 缺乏主见，喜欢跟在能力强的小朋友屁股后面。
· 遇到问题时，表现得很害怕，容易放弃。

· 不敢主动要求参加集体活动或其他小朋友的游戏。

· 不敢主动地与小朋友交往，只有得到小朋友的邀请，才敢迈出第
一步。

· 害怕尝试新事物、新活动，不愿意从事那些有难度或有挑战性的
活动。

· 在必须完成一件未曾做过或看起来有难度的活动时，常会先说："老
师，我不会。"

这些说"我不会"的孩子在3岁时表现得很明显，因为3岁是孩子的性格敏感期，很多孩子的不自信表现让妈妈们为之担心。事实上，孩子在这个时期的不自信是家长造成的。

本来3岁孩子已经开始走向独立了，这时他喜欢用"我来""我会""自己做"等语言表达，这是自信心的最初萌芽，此时如果父母对孩子溺爱则让他失去了动手的机会。

因为父母对孩子包办、代替过多，孩子原本具备的自信就会逐渐减弱，甚至完全失去，导致孩子不仅缺乏必要的生活自理能力，而且缺乏活动能力、解决问题的能力、与人交往的能力。以后在做其他事的过程中，一旦遭遇困难，他们就会用"我不会"来敷衍了事。

与溺爱相比，有些父母也会用极为严厉的方式（严厉的批评，甚至是打骂）来教导孩子。这种严厉的做法，就像是一把锤子，一下子就把孩子的自信幼芽摧毁了。

错误的教育方式会培养出太多的"我不会"儿童，因此，要想让孩子说"我会""我能"，首先要帮助他树立自信心，让他的内心变得强大起来。

鼓励孩子勇于尝试，正确面对失败

孩子在3岁时就表现出了一定的动手能力，这时他们已经有了独立的自我意识，很想自己动手，不希望父母插手自己的事。他们有时也会跟在父母的后面想做点事，可是很多父母却以"不要捣乱"为理由支开了孩子，或者看到孩子做得不好，闯了祸后再训斥孩子。

孩子是通过完成一件件小事让自己独立，并培养出自信的。这是孩子的自然成长规律。我们要做的不是对孩子在事前或事后进行打击，而是要多鼓励孩子，把一个"我不会"的孩子变成"我会"的孩子。

当孩子在生活中遭遇挫折时，父母应引导孩子分析受挫折的原因，从中吸取教训，并想办法克服困难。如果孩子独自克服不了困难，父母应给予适当的安慰，并提供一定的帮助，以免造成孩子过分紧张，影响身心健康。当孩子因遭遇失败而难过时，父母不应以怜悯的态度对待孩子，或者在孩子面前唉声叹气，甚至是劈头盖脸地责骂孩子。正确的方法是让孩子明白，失败、错误没什么大不了的，人人都可能碰到，勇敢、聪明的孩子会从失败中总结经验，继续努力。

父母的肯定是孩子自信的源泉。有位哲人这样说："人类本质中最殷切的要求是渴望被肯定。"在马斯洛的"需要层次理论"中，自我实现的需要是最高层次的需要。孩子在主动做事时，充当了重要角色，在这一过程中找到了自我价值，内心就会得到满足。

3～4岁的孩子可以整理自己的画册、洗碗、洗菜、帮父母拿拖鞋等。当孩子想要帮你做家务时，适时地加以肯定对他建立自信心是极有帮助的。你可以对他说："宝贝，我相信你可以的！""你把画册整理得不错。"这些都有利于孩子建立自信心。

如果孩子3岁前一直是在笼统模糊的赞美中成长的，那么上了幼儿园之后，孩子很快就会发现，在很多事情上，自己都是落后于别人的。在强烈的对比之下，孩子以前树立起来的自信就会不堪一击，轰然倒塌，孩子也很容易滑入自卑的泥潭。因此，夸奖孩子的时候要具体到位，要做到明明白白。

3岁孩子太害羞，怎么办

两三岁是孩子害羞的敏感期，这是他们成长的必经阶段。这时的孩子对别人的意见、对别人情感的反应敏感性增强。当他做错事受到家人或老师的批评时，会感到害羞、难为情。在羞耻感的体验和表现上，女孩要比男孩更为明显。羞耻感的出现，也为孩子自觉遵守集体规则提供了动力和基础。

尽管每个孩子都会经历害羞敏感期，但是也有少部分孩子过于害羞，影响了人际交往，这是应该及时纠正的。这样的孩子只要一到公众场合或陌生的场合，就感到浑身不自在、说话结巴、面红耳赤，完全不会表达自己的想法，并且在各种活动中畏缩不前，不敢与人竞争。

3岁的玲玲是一个害羞的孩子，平时不擅长表达自己。每当家里来了客人时，她就不敢在众人面前说话，总是躲在自己的小屋里不出来。在与陌生人交往时，她更会感到害羞和胆怯，经常是脸发红、心跳加快、说话发颤、手脚不知往哪儿放好。马上要上幼儿园了，看到玲玲这样，妈妈十分着急。

像玲玲这样不敢表达的孩子在生活中很多见。本来3岁是孩子的害羞敏感期，再加上孩子天生内向，所以这种害羞感表现得可能会更强烈一些。

如果你的孩子在人前不善于表达自己，一定不要训斥和批评他们，也不要认为孩子越大越没出息。最好的策略是多鼓励，多引导孩子参加一些集体活动。比如，平时多鼓励孩子与小朋友一起玩；家里来了客人可试着让孩子接待，做一些力所能及的招待活动，为客人送茶水、送水果、搬椅子；多督促孩子参加幼儿班里的一些讨论或活动；等等。

增强孩子的自信是让他克服害羞的好方法。如果你的孩子一直害怕说话，不敢表达自己的想法，你可以告诉孩子不要过于紧张，也不要担心自己会说错话，就算说错了也没有什么关系的。一般来说，2～3岁的孩子，很多事情上都需要父母的帮助。而他做了充满自信或者勇敢的举动后，父母的欣赏表扬就是对他最大的鼓励。

父母平时还要多与孩子交谈。再忙的父母都需要拿出一些时间来陪孩子，与你的孩子共同游戏或让他参与家务劳动，从中创造交谈的机会。谈话的主题可以联系孩子在幼儿园的生活。比如，可以问他："宝贝，你今天在幼儿园画了哪些画？""你今天又和谁交朋友了？"，等等。

任何时候都不要给孩子贴上害羞的标签。比如，"你怎么那么害羞啊？""一见生人就不会说话，真是笨死了！"……或者经常当着孩子的面对别人说："瞧瞧，我的孩子就这么害羞。"这样很容易将"我是害羞的"的意识植入孩子的内心，让他认为自己就是这个样子，以后会利用这个借口来逃避不喜欢的人，那时的害羞就成了孩子的一种有意识的行为。

能让3岁孩子帮爸爸妈妈做家务吗

过去的孩子参加一些家务劳动是生存需要，现在人们的生活水平提高了，家务劳动程度也降低了，大多数孩子很少干家务了。如今，无论是生活在城市还是农村，3岁孩子更多的是玩乐。尽管这时候的孩子需要更多的玩乐，会从玩中得到快乐，但是我们也要让他们参与一些家务劳动。对于孩子来说，做家务既是一种玩乐，也是走向独立的开始。

德国孩子擅长做家务在西方国家中是很出名的。有的德国孩子在2～3岁的时候就开始在父母的指导下学做一些简单的家务活儿，如用餐前把餐具摆好，修理自家的草坪等。尽管有时仅仅是象征性的，但长期锻炼下来，他们的动手能力就出类拔萃了。大部分德国妈妈都愿意为孩子提供各种尝试的机会，因为她们明白：没有足够的尝试，孩子就不可能变得更加独立。

我们从"美国孩子家务清单"中可以看到美国的孩子在3～4岁时能做哪些家务：更好地使用马桶，洗手，更仔细地刷牙，认真地浇花，收拾自己的玩具，喂宠物，到大门口取回地上的报纸，睡前帮妈妈铺床，拿枕头、被子等，饭后自己把碗盘放到厨房水池里，帮助妈妈把叠好的干净衣服放回衣柜，把自己的脏衣服放到装脏衣服的篮子里。

其实引导孩子做家务，并不在于孩子干活儿多少，而在于孩子的参与过程。孩子能够参与做家务，不仅仅是为了减轻成人的负担，更重要的是可以让他更好地体验自己是家庭的一员，从小培养他的独立性和责任心。

不要忽视了3岁孩子的内在能量，3岁半的孩子可以做很多家务了。可以收拾餐桌、整理玩具、洗自己的小毛巾、给家里的花草浇水等等。尽管有些事做得并不完美，但是他们已经很乐意做这些事了。

当然，你在教孩子做一些家务时，肯定要花费一定的时间和精力，而且你还必须要降低标准，但一定要坚持下去，最后你会得到很大的回报。这样培养出的孩子不仅可以更早独立，还能学到各种宝贵的技能。

如果家务活儿干得不标准，比如，床单铺得不平整、毛巾没洗干净，就随它吧，或者告诉孩子："宝贝，我们一起来做吧。"必要时给孩子一些帮助和指导，比如在收拾玩具时，可以在玩具箱上面贴上图片，说明什么应该放在里面，这样你的孩子就会知道怎样来收拾他的玩具了。

　　孩子是乐于和成人一起做家务的，他们喜欢和妈妈一起择菜洗菜、收拾衣物，喜欢和爸爸一起整理房间、修剪花草树木。孩子与家人一起劳动时，不但会提高他的劳动兴趣，培养出协作精神，还会增进亲子感情，使家庭气氛更加融洽。

　　尽管很多孩子在做家务时，有很大的游戏成分，但只要孩子玩得开心，得到了锻炼，自信心得到了满足，我们又何乐而不为呢？即便是事后自己麻烦一点儿再返工，也是值得的。

　　另外，给孩子安排家务时，一定要安排他们力所能及的事情，使他们能够体验到完成任务的成就感。如果家务太难，孩子很难完成，那么他们就会对这件事丧失兴趣和信心，以后也许再也不愿尝试了。

　　对于3岁孩子来说，确实有很多事情是他们不能做的，比如，独自搬比较重的东西，自己安电插座，自己倒热水等。家长应该尽力阻止孩子做这些危险的事情。当然，你在对孩子说"不行"的同时，要用温和的态度向孩子解释原因，并借助一些看得见或摸得着的事实，让他真正理解并牢牢记住。

　　此外，对于3岁孩子来说，父母的鼓励也是必不可少的。

　　德国著名的儿童教育专家舒马赫曾指出：一些年轻的妈妈总认为"全面"照顾孩子是自己"义不容辞"的责任，因而总想事事"包办代替"。其实，这样做反而剥夺了孩子学习的机会，长此下去孩子不仅可能手脚笨拙，而且还可能产生强烈的依赖性，丧失宝贵的自信心。

　　孩子的好奇心很强，他们对于一些家务劳动也同样怀有这种好奇心。如果大人允许孩子去尝试做一些家务，孩子一定会很开心的。虽然他们刚开始做起来会动作笨拙，速度很慢，也可能半途而废，但只要父母给以耐心的鼓励和指导，那么孩子在感受到成功的喜悦后会增强学做家务的兴趣和信心，探索的欲望会更强烈。

　　当然，在整个过程中，任何打击性的语言都会严重挫伤孩子的积极性，这是每个家长都必须要记住的。

3岁的小女孩总是想和爸爸妈妈一起做家务。在大人看来，这是女儿在捣乱。妈妈洗衣服时，女儿也要来洗。一会儿的工夫，小女孩就把身上全弄湿了。妈妈冲她嚷："你就别帮倒忙了，一边玩去。"爸爸在拖地，女儿过来抢拖把，结果地是越拖越脏。妈妈在旁边严厉地对她说："真是越帮越忙，一边待着去！"

这样的场景在很多家庭里都会发生，但是我们要知道：虽然孩子还不能完全做好家务，但他们已经尽力了，应该值得鼓励。

很多孩子在第一次做家务时，心里难免会紧张，害怕自己做不好。这时，父母千万不能对孩子进行嘲笑或呵斥，而应给予积极正面的鼓励，可以对孩子说："宝贝，没事的，来试试吧！""我相信我的宝贝一定能做好！"

对孩子的劳动予以表扬和鼓励是一种正面强化。孩子十分希望自己的劳动能得到成人的承认和肯定，而及时肯定孩子的劳动成果，可以更好地保护孩子的劳动积极性。

父母还需要记住的是，让孩子做家务是为了让他得到一定的锻炼，当孩子有反抗情绪时，不要继续强迫他去做，先试着找到情绪的来源。最好的结果是让孩子在其中找到实现自我能力和完成一项任务的乐趣，让他对任何事情的参与都有一个良好的态度。

3岁孩子"恐惧"的事物是什么

3岁孩子特别爱幻想，这时父母不要打击他们。要知道，未受到过打击的孩子，成年后，他们的发明、创造的能力会非常强。

与此同时，新的恐惧会突然出现在3岁孩子的身上，比如害怕动物、假面具、黑暗等。想让这一年龄段的孩子分清什么是真实的，什么是虚幻的，并不是件容易的事。对他们来说，房间里有一只隐形怪兽的可能性，似乎更加真实。

那些由于被父母逼着吃饭等问题而精神紧张的孩子，因为受到太多的警告而使想象力受到打击的孩子，缺乏人际交往的孩子，以及被父母溺爱的孩子，更容易出现幻想中的恐惧。

有个3岁的小男孩每天晚上都不睡觉，眼睛总是不住地盯着家里的房门，说是害怕魔鬼进来。妈妈却不耐烦地说："怕什么怕，什么都没有。"就这样，小男孩的恐惧被无知的妈妈压下去了，但这个阴影一直跟着男孩，给他后来的生活带来很多负面的影响。

孩子幻想恐怖的事情而产生的恐惧心理是成长过程中的必然现象，但是并不意味着这些恐惧就是无关紧要的，我们一定要帮助孩子化解掉由幻想而产生的恐惧心理。

1. 害怕黑暗

黑暗是很多孩子不喜欢的，尤其是3~4岁的孩子。那么，孩子为什么对黑暗有深深的恐惧心理呢？

俄国著名心理学家巴甫洛夫的条件反射理论对此做了很好的解释。巴甫洛夫做了这样一个实验，给狗喂食的同时摇响铃铛，并在以后每次给狗喂食时都重复强化这一刺激。经过一段时间后，这些狗只要一听见铃声，嘴里就会自然而然地分泌出唾液。此时铃声就成了一个刺激条件，能引起狗分泌唾液的条件反射。

孩子对黑暗产生恐惧的原因，也是同样的道理。本来孩子对黑暗并不害怕，因为刚开始他并不理解周围的各种事物，因而除了某种本能的反应外，一般不会产生恐惧心理。但如果孩子在黑暗中受到过某种惊吓，黑暗就形成了一个刺激条件，以后他再进入黑暗的环境就会触景生情，产生恐惧的条件反射。

上述情形通常会在短时期内自行消失，但如果你的孩子真的开始怕黑了，还是要想办法帮助他。这更多地取决于你的态度，而不是你的说教。

当孩子说黑暗中有"鬼怪"，很害怕时，你可以抱着实事求是的态度，认真对待他的幻觉。你可以给孩子一个手电筒，并告诉他打开手电筒可以驱除鬼怪；或者播放一些轻柔平缓的音乐，转移孩子的注意力，让他轻松入睡；或者给他洗热水澡，讲一些轻松的故事；或者在房间里开一盏小夜灯……当然，在帮助孩子消除恐惧心理的同时，还要告诉他父母时刻陪在他身边，没有什么比父母陪在孩子身边更让他有安全感的了。

要帮助你的孩子走出"黑暗"的阴影，在黑暗中陪伴他，给他壮胆也是一个不错的方法。

一天晚上，妈妈带着女儿去没有开灯的卧室睡觉。可是刚到了卧室门口，女儿就不敢走了，并说害怕。这时妈妈紧紧地抓住女儿的手，微笑着说："宝贝，有妈妈陪着，不用害怕。咱们可以玩一个游戏——睁大眼睛找玩具。"

女儿这才跟在妈妈的后面，慢慢地往卧室里走，可是走了几步后还是站住了。这时妈妈蹲下来，抱住女儿，并用愉悦的声音问："宝贝，睁大眼睛，找一找你的玩具熊。"这时女儿开始睁大眼睛，努力找寻着。当她发现玩具熊就在自己的床头时，就高兴地走了过去，并兴奋地喊道："妈妈，妈妈，我找到了。"此时的小家伙已完全忘记了对黑暗的恐惧……反复几次，她就不再害怕黑暗的房间了！

睡觉前给孩子讲恐怖故事是最不明智的做法了，哪怕你的孩子爱听（有时候恐怖故事带给他们的刺激会让他们暂时感觉好玩）。

在保证安全的前提下，每天可以给孩子安排充足的时间，让孩子多和小伙伴们一起玩。游戏和活动会转移孩子内心的恐惧。

如果孩子不惜一切代价想躲避黑暗，那么，你最好带着孩子找专业的医生看一看，即使你不是很确定是否有必要，也应该积极寻求医生的帮助。

2. 害怕凶猛的动物

很多3岁孩子喜欢性格温顺的小动物，对于一些凶猛的动物却非常害怕，尤其是比自己高大的动物。3岁孩子的想象力非常丰富，他们通常认为高大凶猛的动物会咬人，会把自己吃掉。

孩子对动物产生恐惧的原因也是因人而异的。有的孩子可能因为有过被动物玩具或真实动物伤害的经历，所以会特别害怕某些动物。也有的孩子受到过大人的吓唬，比如有的父母经常说："如果你再淘气，狗狗就会来咬你！"久而久之，在孩子的心目中，狗就是一种凶恶的动物，爱咬人，有了这种错误的认识，他就会对狗产生恐惧情绪。

如果你的孩子害怕某些动物，就不要把他拉到这些动物面前证明不会有危险，那是没有用的。你越是这样做，他就会越害怕。也不要说任何威胁恐吓孩子的话，避免让孩子想象动物的凶残。

平时我们可以多为孩子讲一些关于动物的小故事，让孩子从电视中了解一些海洋生物和陆地动物，或者让孩子背诵一些关于动物的儿歌，甚至和孩子一起做动物游戏，以此来消除孩子对某些动物的恐惧。

3. 害怕水

刚出生的孩子通常喜欢玩水，可是到了3岁左右，有的孩子就开始怕水。与其说是孩子怕水，倒不如说是大人的问题。

有的父母想把孩子放到浴盆里洗澡，结果孩子却哭闹不停。这可能是因为孩子以前洗澡时曾有过不愉快的经历，比如呛过水，这就会使孩子形成心理阴影。也有的父母给孩子洗澡的姿势让孩子感觉不舒服，久而久之，孩子可能就会怕水。

当然，父母切忌强行让害怕水的孩子下水，那样只会让孩子的内心形成更深的恐惧感。应该慢慢引导孩子去接近水，他最终会克服对水的恐惧心理。

孩子和小朋友闹矛盾，该不该插手

3岁孩子们在一起，发生一些冲突是很正常的。例如，"爸爸，××抢了我的小汽车。""妈妈，××把我的积木推倒了。""妈妈，××打我。"诸如此类的矛盾和冲突在3岁孩子之间时有发生，这让一些父母头疼不已。一不小心，小家伙们就争斗起来，弄得大人们紧张兮兮的。

3岁多的莎莎是个非常活泼的小女孩，当她和邻居家的小弟弟楚楚一起玩的时候，经常会发生一些"战争"。这天，莎莎和楚楚一起玩积木，她很快就搭好了自己的城堡，却不小心撞翻了楚楚的城堡。楚楚上来就把莎莎的城堡推倒了，这让莎莎很生气。"你为什么推倒我的城堡？"莎莎几乎咆哮起来。"是你先撞倒了我的城堡!"楚楚也非常愤怒。这时，双方的妈妈开始不停地劝孩子，结果越劝两个孩子哭闹得越厉害……

为什么在一起就不能好好玩？为什么冲突和矛盾不断呢？心理学家研究认为，3岁孩子是以自我为中心的，他们只考虑自己的意愿，不会站在对方的角度考虑问题，也不能采纳他人的意见和建议，所以彼此发生冲突就在所难免了。

当孩子与小伙伴发生冲突时，父母应该扮演什么角色呢？应该如何帮助孩子解决冲突？有的父母要么直接去没收孩子的玩具，要么警告或批评自己的孩子。这些做法大多得不到良好的效果。有时候，明明是孩子之间的一点儿小矛盾，经过成年人的一番折腾，反而使矛盾升级。

其实，孩子间的冲突和矛盾，是他们成长的一部分。孩子在走出家庭、走向社会的时候，难免会遇到这种情况，与其代替孩子解决各种问题，还不如勇敢放手。因此，最好的办法就是，父母要对孩子间无伤大雅的争斗做到"视而不见"，把解决矛盾的权利留给孩子，让孩子自己处理。

当孩子和同伴发生冲突时，父母应该先冷静、客观地观察，一定不要急于去干涉，要让孩子有充分的时间和空间去发挥自己的能力，尝试着自行解决矛盾。

一对双胞胎兄弟正在为谁先玩遥控车争得不可开交。这时爸爸走了过来，对他们说："我现在要把遥控车收起来，直到你们想出一个两全其美的好办法，再来找我，我会把遥控车还给你们。"起初，兄弟俩谁都不相让。过了一会儿，哥哥走过来跟爸爸说："爸爸，我和弟弟商量好了，让弟弟先玩半个小时，然后我再玩半个小时好不好？"两兄弟的冲突就这样被聪明的爸爸轻松地解决了。

让孩子学会自己去处理冲突和矛盾，但当他们实在无法解决的时候，父母就有必要介入了。

孩子凡事都表现得很霸道，处处想占先，这时父母可以给孩子制订一些基本的规则：每个人都有权利轮流玩自己想玩的玩具，谁也不能独霸玩具，一定要分享。

你的孩子可能缺少主见，很容易受到一些强势同伴的摆布。这时候父母可以告诉孩子，要敢于把自己的想法说出来，不一定非要按照其他小朋友的方式去做。

如果孩子胆小、懦弱，总怕被人取笑，父母可以通过画册或者影视节目，帮助他认识这种状况，并帮助他预先做好一定的心理准备。比如，启发孩子想想"如果别的小朋友捉弄你的时候，你应该怎么回应呢？"这有助于孩子思考如何解决矛盾。

如果孩子喜欢用交换利益的方式来取得自己想要的东西时，比如，"你给我玩这个玩具汽车，我就给你一块糖。"父母要立即纠正他的行为，这种利益交换会影响孩子日后对事情是非的认知和判断。

孩子爱骂人、说脏话，如何引导

小亮一直是个乖巧听话的孩子，可是最近妈妈突然发现他常常会冒出一些脏话，跟小朋友玩着玩着就说对方"你真是个猪，太笨了！"跟爸爸妈妈玩恼了，也会说"我要打死你！"之类极端的话。为此，爸爸妈妈没少严厉批评小亮。小亮每次也会哭着承认错误，并保证不会再说了，但是过几天又故技重演，让大人很头疼。

当孩子一天天长大后，很多家长会遇到像小亮爸爸妈妈这样的烦恼。不知道从什么时候起，曾经那个咿呀学语的小朋友嘴里居然冒出了令人尴尬、气愤的脏话。

那么，孩子为什么会说脏话呢？究其原因，大概有以下几点：

一是随着孩子一天天长大，他们的社交圈子会不断扩大，遇到的小朋友有懂礼貌的，也有爱说脏话的；有跟自己同龄的，也有比自己大得多的。在交往的过程中，尤其是出现冲突时，难免会学到其他小朋友的一些不良用语。

二是这一阶段的孩子正处在语言能力飞速发展的时期，他们缺乏判断是非的能力，会有意无意地模仿成人说话。有的父母在日常生活中自己就常常说一些脏话，孩子听到后很自然地就学会了。其实很多时候孩子并不知道是什么意思，但是会去尝试使用。

三是当孩子的愿望得不到满足，或者与人发生冲突时，他们一时不知道该如何发泄、如何表达心中的不满和愤怒，就会很自然地用日常学到的脏话来发泄自己的情绪，以缓解心中的压力。

现实的环境是纷繁复杂的，父母不可能为了不让孩子说脏话，而将孩子完全封闭起来，或者让他成长在一个"纯净"的世界里。那么，如何让脏话在孩子的口中消失？如何让孩子尽量少受到脏话的影响呢？

1. 父母要注意自身的言行

父母是孩子最亲近的人，也是孩子最容易模仿的人。父母首先要做到使用文明用语，不爆粗口，在家里为孩子提供一个健康的语言环境。如果父母不小心说了脏话，那么要及时向孩子解释，并真诚地承认自己的错误。告诉孩子"刚才说出那句话，是爸爸（妈妈）的不对，不应该这样表达"。告诉孩子不要去模仿。

2. 不要过度关注孩子的脏话

当孩子说脏话时，有的父母可能感觉很好玩，甚至会在孩子说脏话时哈哈大笑，还有的父母则会严厉批评孩子，甚至采取暴力举动。

这两种做法都是不可取的。对于孩子来说，他们只是在运用自己所学的新鲜词汇，他们也在悄悄地观察这些语言的力量。当他们发现这些脏话能够引起成人的关注时，就会一次次地尝试去使用，因此，以上两种做法反而起到了强化孩子说脏话的作用。

3岁的小容有一天开始突然喜欢称呼妈妈"臭妈妈"，并且还一边这样叫妈妈，一边观察妈妈的表情。然而，妈妈总是仿佛没听见一样，不批评她也不理睬她，继续做自己的事情。渐渐地，小容感觉很没意思，因为妈妈都没什么反应，她就不再这样称呼妈妈了。

当听到孩子说脏话时，父母最好采取冷处理的方式，保持平静，假装没有听到，或者不理睬孩子，走开。当看到父母对这样的话语并没有特别的反应时，孩子就会感觉说脏话并不好玩，慢慢地也就不会过度关注和模仿了。

3. 引导孩子使用正确的语言表达

如果孩子一而再再而三地说脏话和用不恰当的语言来表达自己的情绪，那么父母要非常严肃地跟孩子说，这样的语言是不文明不好听的，不可以这样说话。

小美和奶奶一起玩游戏，奶奶半天也没搞懂规则，小美不满地说："你怎么笨得跟猪似的，说什么都听不懂！"奶奶当时就愣住了。一旁的爸爸强压住怒火把小美叫到另一个房间问她："小美，你为什么要那样说奶奶？"小美说："因为我说了半天她还是听不懂啊，我都急死了。"爸爸严厉地说："奶奶年纪大了，而且不会玩你的游戏，听不懂你在说什么很正常。你再着急也不能那样说奶奶，这是非常不礼貌的，很不好听。奶奶非常伤心。爸爸也很不开心。"小美看着爸爸严肃的面孔说："我知道了。我错了。"爸爸说："那我们现在去跟奶奶道歉好不好？你如果想跟奶奶继续玩，就要耐心地解释，否则可以换个简单点儿的游戏。""好的。"小美答应着。

遇到孩子说脏话的情况时，先问清楚孩子为什么这样说，想表达什么样的情绪，并告诉孩子这是不文明的行为，然后再教给孩子正确的说法，比如，跟小朋友发生冲突了，可以明确跟对方说"我非常生气，你这样做是不对的"，或者"你不讲道理，我没办法继续跟你玩了"，等等。慢慢地，孩子就会知道应该说什么，不应该说什么。当孩子能够正确表达自我时，父母给予及时肯定和赞扬，孩子就会逐渐远离那些脏话、骂人的话。

孩子沉迷于看电视、玩平板电脑，怎么办

"我家儿子啊，才3岁就会玩iPad里的游戏了，而且玩得比我都熟练！每天玩不够，从他手里都拿不走iPad。"

"我家宝贝简直是个超级电视迷，一打开电视就不肯关了。无论是广告、新闻，还是动画片，都能看入迷。"

"我给孩子下载了很多讲故事学知识的软件，现在孩子不需要我的陪伴，就能自己对着屏幕玩好几个小时了。"

当看到孩子痴迷于电子产品，沉溺于那些早教软件时，不少家长觉得非常欣喜，认为这是开发孩子智力的有效手段，不但能够教育孩子，而且孩子在电子产品的陪伴下，还能解放父母，让父母自由地做自己的事情。

然而，根据美国儿科学会的研究，2岁以下的孩子看电视、玩平板电脑等不仅起不到早教的作用，反而会影响其健康和发育。

一是影响孩子的视力。婴幼儿的眼睛正处于发育阶段，过早过多地使用电子产品会对孩子的眼角膜、晶体、视网膜造成损害，影响孩子的视觉发育，形成近视、弱视、散光等疾病。

二是影响孩子的语言发育和表达能力。孩子的语言发育、沟通表达能力是通过与父母的交流实践来不断提升的，而电子产品中的声音是机械的，孩子只是被动地接受，缺乏沟通和交流，自然也就谈不上语言能力的发展。另外，沉溺于电子产品的孩子，往往与他人接触沟通的时间较少，这样也就很难通过实践去感受语言，学习表达。

三是影响孩子的大脑发育。对于孩子来说，0~3岁正是大脑发育和完善的黄金时间，是他们的创造力、想象力等形成和发展的关键期。而当孩子在看电视、玩平板电脑的时候，由于信息变换太快，孩子缺乏必要的思考和互动，对电子产品上的画面、信息都处于被动接受的状态。久而久之，大脑就会缺乏运转力，形成惰性。

四是影响孩子注意力的形成。研究表明，孩子在3岁以前看电视、用平板电脑的时间越长、次数越多，在7岁以后就越容易出现注意力缺陷。每天多看1小时的孩子，其注意力出现问题的概率会提高10%。

由此可见，电子产品对孩子的负面影响是非常大的。父母一定要意识到这个问题的严重性，并采取必要的措施，引导孩子远离电子产品。

1. 多陪伴孩子

很多孩子接触电子产品的起因就是，由于爸爸妈妈没有时间陪伴，就把孩子甩给了"电子保姆"。要想让孩子避免受到它们的伤害，父母首先要明确自己的责任，多陪伴孩子，与孩子共度亲子时光。比如，与孩子一起读读绘本、做做手工、玩玩游戏。当孩子的时间被这些温馨的时刻填满时，他自然就会忘记那些冷冰冰的"机械保姆"。

2. 让孩子参与到自己的活动中来

每次妈妈做饭的时候，小芸就会跟过来捣乱，妈妈虽然拼命阻止，还是挡不住小芸搞出来的各种意外：不是打翻了盐瓶子，就是洒了油，要么就是把菜叶子扔得满厨房都是。本来只需要做饭，结果现在还要收拾厨房。无奈的妈妈只好每次在自己做饭时让小芸去看动画片。可是，小芸却逐渐上瘾了，有时候连饭都不肯吃。

妈妈向朋友抱怨，朋友说："为什么不让孩子参与到你的活动中呢？给她分配个任务，让她做点儿力所能及的事情。"妈妈豁然开朗，再次做饭时，妈妈就给小芸布置了任务，帮自己洗菜，或者给她一个锅，自己"炒菜"。本来让妈妈头疼的做饭时间就这样变成了温馨的亲子时光。

陪伴孩子与自己进行工作和做家务并不是完全对立的。当父母必须有事要忙时，可以开动脑筋，改换一下思路，让孩子也参与到你的活动中来，给孩子一些简单的任务，将原本忙碌的工作、家务劳动变成美好的亲子时光。就像故事中的妈妈把做饭变成了与小芸共同参与的一场游戏。

3. 要严格限定孩子看电视、玩电脑的时间

让现在的孩子完全远离电子产品是不可能的。必要的节目、教学软件对于孩子的成长也是有一定好处的。关键是在使用的时候，父母一定要注意把握原则，有节制地让孩子接触。

通常来说，2岁以下的孩子尽量不要接触电视、电脑等电子产品。2～3岁

的孩子如果避免不了，那么一定要限制好时间，家长提前跟孩子商量好，专注看选定的内容，一旦看完立刻关掉。另外，要注意每天累计使用时间不超过30分钟，如果可能，最好是分开多次给孩子看。

4. 父母要自律

很多时候孩子的习惯都是大人给养成的。因此，如果希望孩子少看或者不看电视、不玩电脑，那么首先父母要以身作则，不要总是埋头于各类电子产品。此外，还要设立统一的家庭规则，不能因人而异。否则，孩子也不可能去遵守，还会影响家长的教育权威。

如何应对孩子上幼儿园后的分离焦虑

上幼儿园的第一天，妈妈准备好了漂亮的衣服和书包，带着小文来到幼儿园。小文很顺利地随着老师进了教室，可是，随后当发现妈妈不见了时，她立即开始痛哭。之后的几天，每天早上小文都会大哭一场，为了把她顺利送入幼儿园，妈妈不得不对她连哄带骗，甚至是她一边哭闹着一边被强行抱到幼儿园。

每年的9月入学季都是孩子们痛哭流涕的日子，几乎每一个新入幼儿园的孩子都会出现不同程度的不适应。有的孩子可能哭个一两天就算了，有的孩子则十天半个月地不停息，还有的孩子可能不哭不闹，却生病了。

为什么在成人看来那么温馨、有趣的幼儿园，却被有的孩子视作虎狼之所呢？这主要是由孩子的分离焦虑所造成的。对于3岁孩子来说，父母家人是他们最熟悉、最依恋的人，家庭是他们最安全的港湾。而进入幼儿园则意味着他们要进入一个完全陌生的地方，要去接触完全陌生的老师、小朋友，还要去学习独立生活。他们的安全感受到了极大的挑战。

通常孩子的这种分离焦虑会在一周到一个月内消失，也正因如此，很多家长会想当然地认为不需要刻意对待这种焦虑，让孩子哭几天，发泄一下，时间长了自然就不会哭了。然而，事实上，对于分离焦虑严重的孩子来说，如果处理不当这种情绪会一直伴随他，甚至影响到成年后的生活。

有一位妈妈就是因为自己小时候的这种分离焦虑没有被正确地疏导和缓解，以致在成长过程中总是怕自己被抛弃，特别害怕与家人分开。甚至在成年后，面对自己的孩子入园时都无法控制情绪。

作为父母一定要理解和体谅孩子的这种分离焦虑，并从各方面入手，为孩子顺利入园做好积极的准备。

1. 提前带孩子认识幼儿园

在正式上幼儿园之前，父母可以经常带孩子到幼儿园门口去看看。告诉孩子这就是他要去上学的地方，让他看看小朋友们是怎样在里面活动的，玩得多么开心，激起孩子对上幼儿园的渴望。

如果条件允许，最好能多带孩子进入幼儿园里面玩玩，让他熟悉一下那里的环境和老师。这样孩子真正入园时，就不会感到那么陌生了。

2. 提前帮孩子交到新朋友

成成从小就是个内向的孩子，马上就要入园了，妈妈一直很担心他能否适应幼儿园的生活。一天，在楼下晒太阳时，妈妈突然看到好几个与成成同龄的孩子，询问后得知他们都要上成成选的那个幼儿园。于是，妈妈特意留了几个孩子看护人的电话，每天都约在一起玩耍。

9月份该入园了，妈妈早早地就跟几个小伙伴约好了，一起到了幼儿园，孩子们手拉着手，开开心心地进去了。成成的入园危机就这样成功化解了。

孩子入园时之所以有很强烈的抗拒，多数都是因为对环境陌生、对身边的小朋友陌生。如果能有几张熟悉的面孔，那么孩子就会有较强的安全感，紧张的情绪也能得到缓解。

因此，父母可以平时带孩子与周围同龄的小伙伴多接触，多交朋友，尤其是多与上同一个幼儿园的小朋友一起玩耍。这样一方面锻炼了孩子的人际交往能力，让孩子能更快地融入新环境，另一方面，当孩子入园后发现自己的新同学是熟悉的面孔时，他会减轻分离焦虑。

3. 孩子入园时，父母要有平常心

小景上幼儿园了，自小就对他照顾有加的妈妈很不放心，担心他自己不会吃饭、上厕所，担心他被小朋友欺负，担心他在幼儿园里孤单。每次去接小景时，妈妈总忍不住问他："宝贝，今天没人欺负你吧？""宝贝，今天你没哭吧？"原本入园很顺利、适应得很好的小景在妈妈的引导下，开始对幼儿园产生排斥心理，也不再喜欢跟小朋友一起玩了。

孩子入园很多时候对父母也是一种考验。有的父母在送孩子去幼儿园时，自己哭得比孩子还伤心，把孩子交到老师手上还一步三回头地依依不舍。还有的父母过于宠爱孩子，总是担心孩子不适应，遇到事情不会处理，就不停地追问孩子是否有不好的事情发生，就像事例中的小景妈妈。最终，这种负面的情绪必然会潜移默化地影响孩子。这些都会加重孩子的焦虑，不利于孩子尽快适应幼儿园的生活。

4. 提前锻炼孩子的自理能力

孩子入园后，吃饭、穿衣服、穿鞋、如厕、睡觉等，一切事情都要靠自己，这对于在家娇生惯养的他们来说是一个很大的挑战。孩子本来就因为跟亲人分离心情糟糕，再一次次因为这些日常小事而受挫，更会对去幼儿园产生排斥心理。因此，父母在孩子入园前就要有意识地训练孩子的自理能力。

5. 允许孩子释放情绪

当孩子经过一天紧张的幼儿园生活回到家中时，思想终于放松下来，难

免会因为分离焦虑而发脾气。父母不要急于责怪孩子，要给予孩子释放情绪的空间，让他好好把脾气发泄出来后再安抚、讲道理。多陪伴孩子，一起做做游戏、讲讲故事，让孩子感受到父母仍然是爱他的。让他体会到，去幼儿园只是一种暂时的分离，并没有改变什么。

孩子总是爱问"为什么"，怎么办

"妈妈，为什么太阳会挂在天上？""为什么我每天都要喝牛奶？""为什么小草是绿色的？""为什么人必须要睡觉？"……每天，妈妈都要被乐乐的"十万个为什么"轰炸。一开始，乐乐提出各种各样的问题时，妈妈还很开心，非常耐心地回答他。然而，当乐乐的"为什么"越来越多时，妈妈就有点儿招架不住了。

3岁孩子正是好奇心强烈的时期，他们就像是个装满了"为什么"的提问机器，对世界充满了探求的欲望。他们渴望了解所见到的一切，渴望知道更多。有一个针对2～9岁孩子的调查显示，一天之内，一个孩子向父母提出了将近300个问题。要知道，孩子向父母提问的同时，也是他主动思考的过程。他是在通过不断地寻求答案来构建对世界的认知。

然而，面对孩子层出不穷的问题，父母的耐心往往会消磨殆尽，会厌烦、疲惫，有的父母甚至会因为被孩子追问而恼羞成怒，呵斥孩子，打击孩子的好奇心，从而对孩子的成长造成不利的影响。

如果你拥有一个爱问"为什么"的孩子，那实在是值得欣喜的。因为一个从来不问"为什么"的孩子才是"有问题的"。父母要学会耐心一点儿，给予你的孩子更多的热情和知识，让他快乐地成长吧。

1. 认真倾听，积极回应

无论孩子提出的问题父母是否能够回答，都要积极地回应孩子，让孩子感到自己是被重视的、父母对待自己的提问是认真的。而不要觉得孩子缠人，打击孩子，扼杀孩子思考问题的积极性。

如果父母正在忙于工作，没有时间回答孩子的问题，完全可以对孩子说："你能提出这个问题真是太棒了，爸爸现在要忙点儿事情，稍等一会儿回答你好不好？"孩子肯定能够理解，并且学会等待。

2. 反问一下孩子，锻炼孩子的思考力

总是不爱睡午觉的童童问妈妈："妈妈，为什么要睡午觉？"妈妈笑着问他："是啊，为什么童童要睡午觉呢？我记得有一天你没有睡午觉，然后发生了什么事情？"童童想了想说："我没吃晚饭就睡觉了。"妈妈继续追问："为什么会这样？"童童道："因为我没睡午觉，下午太累了。好的，妈妈，我知道答案了。"

有的时候，面对孩子提出的问题时，父母不必急于给出答案，而是像故事中的妈妈一样，反问一下孩子，鼓励孩子学会思考。

3. 引导孩子一起去寻找答案

每个人都不是无所不知的，有的时候，父母也回答不了孩子提出的问题，或者只是一知半解。这个时候不妨坦诚地跟孩子说，爸爸妈妈也不知道，然后陪伴孩子一起去寻找答案吧！一起去网上查查资料，一起去看看书，这样不但回答了孩子的提问，而且还教给了孩子解决问题的办法。

4. 回答孩子的问题要考虑他的认知水平

小海不爱吃青菜，每次吃饭都只吃肉。为此，妈妈没少给他讲道理。这天，当妈妈又要求小海多吃青菜时，小海反问道："为什么必须要吃青菜？"妈妈一本正经地说："青菜有营养啊，可以帮助你……"一旁的爸爸打断妈妈

的话说："我给你讲个故事吧。有一家有三个孩子，老大只爱吃青菜，老二只爱吃肉，老三呢既爱吃青菜又爱吃肉。有一天，他们一起去参加跑步比赛，老大老二使了半天劲儿只跑了倒数，而老三却轻轻松松跑了第一名。所以说，除了肉之外，青菜是不是也要吃呢？"小海听了爸爸的故事立刻喊道："我要吃青菜，我也要跑第一名！"

父母回答孩子的问题时不要过于刻板，要注意结合孩子的年龄和理解力，学会灵活机动地用孩子能听懂的语言来解释。就像小海的爸爸巧妙地把饮食均衡的好处融入到了故事中，从而说服了儿子。

为什么孩子上幼儿园后总是生病

为了照顾自己的宝宝，玲玲妈妈一直是全职在家。终于盼到玲玲上幼儿园了，妈妈开开心心地去上班了。然而，还没等妈妈的开心劲儿过去呢，玲玲就开始不断地生病，妈妈也不得不一而再再而三地请假回家照顾她。

很多父母都有这样的体会，自己呵护三年的宝贝很少生病，但是一去幼儿园就三天两头生病。有调查显示，50%以上的孩子入园后生病的概率明显增加，90%的孩子会出现各种不适应症状。这究竟是为什么呢？

第一个原因就是孩子上幼儿园前的环境太纯粹太干净。现在的孩子多是独生子女，好几个大人看护一个宝贝，照顾得非常细心。孩子的用品经常消毒，给孩子吃的食品也是百般挑剔，几乎是生活在无菌的环境中。而到了幼儿园，孩子开始进入集体生活，接触的小伙伴多了，接触到病菌的机会也多了。老师很难像家里人那样完全地照顾到每一个孩子。由于孩子在家中很少生病，免疫系统的承受能力也较弱，抵抗病菌的能力不足，这样自然就会较容易生病。

第二个原因则是因为孩子受分离焦虑的影响，情绪不佳，适应能力较差。在幼儿园不好好吃饭，不好好睡觉，消化吸收能力紊乱，从而导致抵抗力下降，容易生病。

第三个原因是因为孩子在家中被照顾得无微不至，导致其自理能力太差。在幼儿园里不知道多喝水，不懂得表达自己的意愿，缺乏勤洗手等卫生意识，身体不舒服也不懂得及时与老师沟通交流。

孩子刚刚开始上幼儿园总要有个适应过程，生病是难免的，但是如果父母的措施得当，那么也能有效地减少孩子生病的次数。

1. 要保持与幼儿园的作息规律一致

周一刚去了一天幼儿园，小岩就突然发烧了。妈妈向老师请假时，老师不经意地说了句："为什么在幼儿园好好的，一休周末小岩就生病呢？"这引起了妈妈的思考。每到周末，因为担心小岩在幼儿园吃不好，妈妈总是会买各种各样的零食，让小岩尽情地吃。而且，为了让小岩放松心情，妈妈总是随他自己的意愿，往往玩到晚上十一二点才上床睡觉，这样第二天睡到日上三竿自然是不可避免的了。

很多父母为了让孩子周末彻底放松休息，总是打破规律，随孩子的意愿来吃饭、睡觉。这样，很容易打乱孩子在幼儿园时的生物钟，该吃饭的时候孩子吃不下，该睡觉的时候又睡不着，从而缺乏必要的精力来应对在幼儿园的活动和学习。因此，就算是休息在家，也要尽量让孩子与幼儿园的作息习惯保持一致。

2. 多带孩子参加户外运动，增强体质

在幼儿园里，孩子要接触到很多小朋友，与大家一起玩玩具，手拉手做游戏，不可避免地要接触到各种病菌。要想少生病，最关键的一点就是要增强

孩子自身的体质。而最简单有效的方式就是多带孩子进行大量的户外活动，从而拥有强健的体魄。

3. 孩子生病时不要送到幼儿园

有的父母因为工作忙碌，或者是对孩子生病不重视，往往在孩子不舒服时还会送去幼儿园，这样不但容易让孩子的病情反复，延长孩子的病期，而且还容易造成孩子们之间的交叉感染。因此，当孩子生病时，父母一定要让孩子痊愈后再送到幼儿园，不要过于心急。身体好了，孩子才能更好地适应幼儿园的学习和生活。

4. 关注孩子的心理

如果孩子是因为分离焦虑而容易生病，父母就要在日常生活中注意多疏导孩子的情绪，细心观察孩子的变化。多问问孩子在幼儿园发生了哪些好玩的事情，要好的朋友是谁，哪个老师表扬他了等积极的讯息，引导孩子逐渐认识到在幼儿园生活的乐趣，从而消除对幼儿园的抵触心理，爱上幼儿园。

孩子怕生，不爱与小朋友交往，怎么办

"我家宝宝不喜欢跟同龄的小朋友一起玩，每次我刻意带他到小朋友多的地方，他也是自己安安静静地在一旁玩，不愿意到人群中去。"

"我家儿子很懂事，在家也挺活泼的，但是就是不太愿意凑热闹，比如他正玩着滑梯，突然来了一群小朋友也想玩，他就让开滑梯，不玩了。"

"我家宝贝平时由奶奶带的多，到哪儿都黏着奶奶。在外面晒太阳，别的小朋友都热热闹闹地一起跑着、追着，他却待在奶奶身边不肯过去参与。"

在日常生活中，很多父母都有这样的烦恼。他们希望自己的孩子能够很快地融入小朋友中，多与小朋友接触，有更多的玩伴。然而，孩子却偏偏表现得不合群，不懂如何跟小朋友相处，不愿意主动去找小朋友。

孩子怕生不合群、不爱交往的原因有很多：

有的孩子之所以人际交往能力差往往是由于父母本身也不太喜欢交往，很少与邻居、同事来往。父母是孩子的第一任老师，孩子不会看父母在说什么，而会关注父母在做什么。因此，如果希望孩子能够广泛交际，父母首先要从改变自身开始，多走出家门，与周围的人沟通交流，带孩子参与到社会活动中去。

有的孩子不爱交往则是由于被家人过度呵护，几个大人围着一个孩子团团转。孩子身边总是有人陪伴，很难产生寻找同伴的欲望。另外，由于家人的溺爱，总担心被其他小朋友欺负，一旦孩子之间发生冲突，就会限制他们继续交往，导致孩子与人交往的机会越来越少。

还有的孩子不爱交往可能是交往能力较弱，不懂得如何与人沟通，导致在尝试交往的过程中遭到拒绝，产生了逃避心理。

心理学家指出，一个人的人际关系是其心理健康的重要标志，缺乏正常人际交往的孩子往往会变得孤僻退缩、胆小任性，在未来的成长过程中也会产生一系列的问题。因此，对于孩子的交往问题父母一定要高度重视。那么，父母应如何改变孩子怕生、不爱交往的现状，提升孩子的人际交往能力呢？

1. 引导孩子参与到小朋友的活动中

有时候孩子不是不想，而是不知道该如何与小朋友打交道，如何融入陌生的群体中。这个时候就需要父母来做一下引导。

小方从小害羞胆小，不敢与人交往。周末爸爸带他在楼下玩，看到一群孩子在一起追赶，小方很羡慕却不知道该如何参与进去。爸爸看在眼里，就拉着小方来到了孩子们身边，对孩子们说："小朋友们好，叔叔跟你们一起玩好不好？我来当大灰狼，你们都是小绵羊，我要抓住你们！啊呜！"孩子们看到小方爸爸扮成大灰狼的样子，都大笑着跑开了，小方也加入了其中，一起玩起来。经过这次，小方认识了好几个新朋友。

父母应有意识地常带孩子到小朋友聚集的地方去，帮助自己的孩子赢得其他小朋友的欢迎，尝试参与到小朋友的活动中。让孩子慢慢地，一步一步地感受到与同伴玩耍的乐趣，从而提升孩子人际交往的主观能动性。

2. 为孩子提供与人交往的机会

孩子的交往能力不是一蹴而就的，需要在实践中一点点培养和积累起来。而且，只有在与同伴的交往过程中才能得到更好的训练，这些单靠父母的指导和教育是无法获得的。

生活中，父母要有意识地多为孩子创造与同龄人交往的机会。鼓励孩子交朋友，允许孩子邀请同伴到家中做客，教孩子如何招待小朋友。多带孩子外出聚会、去小朋友家串门，多陪孩子参加各种以小朋友为主体的活动。通过这些活动，逐步消除孩子在交往中的胆怯恐惧、不知所措的心理。

3. 教给孩子必要的交往知识

孩子的交往能力不是与生俱来的，不但需要实践，也需要必要的知识储备。父母可以利用书籍或者动画片，多给孩子讲一些交往方面的知识，教给孩子正确的交往技巧。教育孩子在与人交往的过程中要坦诚相待，互相帮助，互相谦让。要尊重他人，学会合作，遵守规则。让孩子成为同伴中受欢迎的人，在与小朋友交往的过程中获得快乐。

孩子要不要报兴趣班

"孩子喜欢画画，我也很想提高一下她的艺术素养，刚刚给孩子报了一个艺术创意的班，这周就去上课。"

"邻居家的孩子在学迪士尼英语，里面都是外教，我感觉挺不错的，我也准备给儿子报名，让他也多熏陶熏陶。"

"我想让孩子体魄强健一些，所以专门给他报了个跆拳道的兴趣班。"

现在的各类培训机构层出不穷，各种特长班、兴趣班铺天盖地，家长们天天遭受着这些宣传攻势，越来越多的孩子选择了一种甚至是多种兴趣班，小小的年纪就开始辗转在上课下课的忙碌中。不但孩子缺少了尽情玩乐的童年生活，而且家长的日子也是备受煎熬，得不到充分休息。

为什么家长那么热衷于给孩子报兴趣班呢？原因无非有这么几个：一是做父母的都希望自己的孩子能够成才，能有一技之长，将来可以出类拔萃，于是就给孩子报了兴趣班；二是看到别的孩子都在上各种兴趣班，担心自己的孩子不上会落后，出于攀比和虚荣心而给孩子报兴趣班；三是孩子非常喜欢，家长也支持他进一步发展，从而理智地选择了某个兴趣班。

那么，究竟孩子该不该报兴趣班，如果要报又是几岁合适呢？

任何事情都是有利有弊的，也是因人而异的。报兴趣班这一问题并不能简单地用该不该来评价。

孩子在成长发育的过程中有一系列的关键期，如果家长能够把握住这些关键期，对孩子进行必要的潜能开发和教育，会起到事半功倍的效果，为孩子将来的发展打下良好的基础。从这个意义上来说，兴趣班的存在是有其必要性的。但是，从另一个角度来说，并不是每一个孩子都有着与众不同的潜质，不是每一个选择兴趣班的孩子都能成长为特殊的人才。因此，作为父母如果想要为孩子选择兴趣班，一定要注意把握以下原则。

1. 孩子要感兴趣

小薇妈妈从小就喜欢钢琴，但是因为当时家里没有条件，便没学成。因此，当女儿出生时，妈妈就立志一定要让女儿学习钢琴。可是小薇不喜欢钢琴，她喜欢画画，但是无论她怎么说，妈妈都不同意，坚决给她报了钢琴班。

选择兴趣班是为了发挥孩子的潜能，让孩子变得更加优秀，因此，首要的原则是孩子要感兴趣。作为父母切不可为了圆自己的梦，或者盲目跟风，而违背孩子的意愿，强迫孩子去上他不喜欢的兴趣班。如果孩子喜欢音乐，那就不要勉强他去学美术；如果孩子喜欢跆拳道，那就不要强迫他去学围棋。父母一定要明白孩子的兴趣点在哪里。

2. 关注过程，不关注结果

小冉很喜欢画画，妈妈给她报了一个绘画的班。但是，喜欢画画的小冉在这方面并没有天赋，画得远不如其他学员好。妈妈每次看到其他孩子的作品总是忍不住怪小冉不好好学。渐渐地，小冉开始排斥画画，不再肯去学习了。

给孩子选择兴趣班后，父母一定要摆正态度，不要抱有过高的期望值。另外，孩子的兴趣往往是很容易改变的，这都是很正常的，作为家长不要强迫孩子坚持最初的选择，要允许孩子做出调整。

当父母不给孩子设置目标，并能尊重孩子的兴趣指向时，孩子就能更加自如地去享受学习的过程，感受这一领域的奥妙，反而可能出现意想不到的效果。

3. 不要同时选择太多的兴趣班

为了让儿子成为卓越的人才，小磊妈妈一口气给他报了5个兴趣班，几乎每天小磊从幼儿园放学都要奔波着去上兴趣班。然而，没过多久，妈妈却发现小磊对这些兴趣班都没兴趣了。而且，老师反映小磊在幼儿园时经常注意力不集中，对什么都提不起兴趣。

给孩子选择兴趣班时，要把握重点，不能一下子让孩子学习太多的技能。孩子的年龄还小，接受能力较弱，过多的兴趣班会分散他的注意力，反而不利于他接受和掌握。

4. 要根据孩子的年龄来选择兴趣班

虽然很多兴趣班都强调要从小培养孩子的兴趣，很多父母也认为早一点儿让孩子接触，能更早地开发孩子的智力，发现孩子的潜能。但是，对于年龄过小，比如4岁以下的孩子来说，学习能力、操作能力都较弱，就算是上了兴趣班，收获也是有限的。

另外，有些兴趣班对于孩子的年龄和身体发育情况也是有要求的。比如，专业的舞蹈训练要求10岁以上，否则会对孩子的成长发育不利；跆拳道要求身体的柔韧性、爆发力较好，只有7岁的孩子才适合学。做父母的一定要根据孩子成长发育的情况来做出科学、慎重的选择。

孩子动不动就生气，怎么办

"我家那个小朋友啊，动不动就发脾气，我们都不明白怎么回事呢，他就已经开始大哭大闹了。"

"我家女儿啊，心思太细，一点儿小事不顺心，那小嘴噘得啊！"

"今天在外面玩，别的小朋友不小心碰了他一下，他就不依不饶地发起了脾气，真是太尴尬了！"

家里有爱生气的宝贝，常常会令爸爸妈妈备感无奈和头疼。尤其是年龄小、语言能力不足的孩子，遇到稍不顺心的事情时，说不清道不明，就很容易发小脾气，使小性子。要是在公共场合，那更是弄得父母手足无措，狼狈不堪。

通常来说，孩子生气的原因有以下几种：

一是需求没有得到满足。很多父母对孩子过于溺爱，总是有求必应。当孩子因不如意而大吵大闹时，大家都会尽量满足他，长此以往，就助长了孩子的脾气。

二是感觉受到了忽视。现在的孩子受家人关注度很高，习惯了被人呵护，一旦感觉被冷落了，就会发脾气表示不满。

三是遇到了挫折。孩子由于年龄小，能力水平还达不到，在做某些事情达不到心中所想时，就会通过发脾气来表达自己的情绪。

四是受了委屈和伤害。当小伙伴们之间发生冲突时，或者与父母意见不一致却要被迫听从时，孩子往往会用发脾气来宣泄情绪。

生气是每个人的基本情绪之一，当孩子感觉不舒服、失望、害怕等时，自然就会表现出这样的情绪。那么面对爱发脾气的小孩，父母该如何应对呢？

1. 接纳孩子的情绪，具体问题具体分析

有的父母一看到孩子发脾气、大吵大闹就用更大的脾气来压制住孩子，严厉地批评孩子："有什么好生气的，人不大脾气不小！""再闹就把你关到小黑屋里去！"仿佛只要孩子不敢生气了，问题就解决了。其实是埋下了更大的隐患，给孩子做了一个反面的榜样。

有的父母则试图淡化孩子的怒气，安慰孩子"这算什么事啊，不值得生气。""没什么大不了的，不生气了哈。"但是，孩子的负面情绪并没有得到合理的宣泄，也不利于孩子的健康成长。

任何孩子发脾气都不是无缘无故的，父母首先要学会接纳孩子的情绪，给孩子一个温暖的拥抱。"妈妈知道你很生气。""爸爸明白你受委屈了。"

然后再耐心地找出孩子发脾气的原因，最后才能根据不同的原因来采取相应的措施，从而解决问题。

2. 教给孩子表达情绪的正确方法

告诉孩子生气是可以被理解的，每个人都有负面情绪，都会生气，但是发脾气并不是解决问题的好方法。

顺顺来小强家做客，妈妈拿出了小强最钟爱的玩具车给顺顺玩，小强很不高兴，冲着妈妈大发脾气。妈妈问明原因后，对小强说："你如果不想分享这个玩具可以直接跟妈妈说，妈妈就会明白，换个玩具给顺顺。你这样大吵大闹，妈妈不理解就会生气，而顺顺作为小客人也会不开心，你明白了吗？"小强点点头。妈妈继续说："好的，妈妈相信你以后会做好的。那你自己选一个玩具给顺顺玩好不好？"小强爽快地说："好！"

每一个孩子都有表达自己情绪的需求，但是不一定有表达情绪的能力。作为父母要在日常的生活中，把握时机教给孩子表达情绪的正确方式。如果有需求可以明确向爸爸妈妈提出来，大家一起商量怎么办。如果是受到了小朋友的伤害就直接告诉对方自己的感受，告诉他不要再这样做。

3. 冷处理

有时候孩子发脾气只是想宣泄一下心中的烦躁，不一定有什么原因或者目的，如果父母过于较真儿，孩子反而容易不依不饶。在这种时候，父母不妨试着做一下冷处理。给孩子一定的空间，任由他哭闹、"耍赖"一会儿，等他发泄够了，情绪自然就平静下来了。

4. 转移孩子的注意力

当孩子纠结于一件事上，发脾气、烦躁不安时，父母可以尝试用孩子感兴趣的事情来转移他的注意力。

小元已经能拼20块的拼图了，妈妈兴奋地给他买了套50块的拼图。可是，没想到这套新拼图的难度有点儿大，小元怎么也拼不起来，眼看屡战屡败的小元就要大发脾气，爸爸故意叫他："小元，快来帮爸爸个忙！"小元不情愿地来到书房，看到爸爸正在收拾书柜，很快便被那些花花绿绿的封面吸引了，原来的不快情绪也不见了。

有的孩子生气时往往是听不进去父母所讲的道理的，但孩子总是很容易被新的环境或者新的事情所吸引的，在日常生活中，巧妙地利用这种方法，可以在无形中让孩子忘记之前的不快。

有位发展心理学家曾说："幼儿的世界就是一个情绪的世界。"因此，作为父母要关心孩子的情绪，理解孩子的情绪，多用喜悦、愉快的情绪来感染孩子、影响孩子，为孩子营造温馨民主的家庭氛围，从而培养出心态平和、积极快乐的孩子。